JN074545

ダイナミック・ケイパビリティのフレームワーク

木下耕二
Kinoshita Koji

[著]

資源ベース
再構成の
組織能力

The Framework of
Dynamic Capabilities

中央経済社

目　次

第5章　HORIBA事例研究Ⅰ：調査・分析の結果 ── 129

序章

本書の問題意識と概要

序.1　本書の背景と問題意識

序.1.1　社会的背景

　細田他（2009）によると，日本において設立30年未満の企業は高い成長性を
みせるが，30年以上経過した企業は成長性を急激に鈍化させる。帝国データバ
ンクの調査からは，倒産企業に占める設立30年以上の企業の割合が1990年代以
降，急増していることがわかる。1980年から2009年に創設した企業の創設後経
過年数ごとの平均生存率からは，創設10年後に約３割，20年後に約５割の企業
が撤退していることがわかる（中小企業庁，2011）。

　リクルートマネジメントソリューションズ組織行動研究所・野中（2010）に
よると，ロイヤル・ダッチ・シェルの調査において1970年にフォーチュン500
にリストアップされた企業のほぼ３分の１が13年後に買収などにより消えてい
る。三品（2004）によると，『エクセレント・カンパニー（Peters and
Waterman, 1982)』に掲載後２年も経たずに業績不振に陥るエクセレント・
カンパニーが続出した。ベースとなった43社のうち少なくとも６社が既に消滅，
特に優良とされた14社のうち12年後に『ビジョナリーカンパニー（Collins and
Porras, 1994)』で再選されたのは６社のみである[1]。環境変化の激化に伴い

競争優位を持続することは困難さを増している。

　山田（1997）は，競争優位について，企業が収益を達成する基盤であり，Pümpin（1987）の定義を一部修正し，「企業が競合相手より平均以上の成果を長期にわたって獲得できる能力（p.90）」と定義している[2]。そして，競争優位は長期的かつ継続的に経営資源を傾斜配分することで開発されるものであり，長期ビジョンと整合を図る必要があるとしている。また，競争優位のポイントについては，製品，技術というレベル，企業イメージ，生産，ロジスティックス，マーケティング，マネジメントというレベルなど，いろいろなレベルがあるとしている。

　ダイヤモンド社（2018）によると，2019年4月時点の株式の時価総額では，1988年において上位5社を日本企業が占め，また上位50社中32社は日本企業であったが，2018年においては上位をアメリカのGAFAなどのIT企業と中国IT企業が占め[3]，日本企業は50位以内ではトヨタ1社のみである。ユニクロ，日本電産，YKKなど輝く日本企業が存在する一方で，東芝，松下などかつての輝きを失ってしまった日本企業は数多い。

　日本企業の競争力[4]の低下は，経済状況や政府の効率性などの要因もあるが，環境変化への対応が十分でなかったことによるところが大きい。経済産業省他（2012）によると，2000年前後に2つの構造変化が急速に進展した。1つ目の構造変化はサプライサイドの構造変化である。半導体，ソフトウェアの進歩によってデジタル化が進展し，インターフェースの標準化を通じたモジュール化の領域が拡大した[5]。三次元CADの普及，製造機械へのソフトウェアの搭載によって主にアジアの産業集積におけるものづくりのレベルが上昇し，日本の産業集積との格差が縮小した。こうして生産コスト削減のため，ものづくりはアジアの産業集積で行うことが増加し，モジュール化の領域はさらに拡大した。この結果，日本企業のものづくりに係る付加価値は急速な低下をみせた。

　2つ目の構造変化はマーケットサイドの構造変化である。新興国マーケットでは中間層の著しい増加によって，日本企業は先進国よりも甚だしく低い価格の設定を求められるようになった。また，新興国マーケットでは変化の激しい多様なニーズに応える必要があり，ニーズの深い理解や洞察，開発スピードの短縮化，開発・生産コストの低減化が求められるようになった。

　これらの環境変化に対応する取り組みとして，自動車，航空機，半導体，家電などの分野で，自社でコア技術は確保し，モジュール単位で外注化を進める取り組みが一般化し，産業構造は大きく変容した。さらに，IoT（Internet of Things）が普及し，インターネットを通じあらゆるものが接続されることで，膨大なデータが蓄積されるようになり，資源調達，開発，設計，生産，物流，サービスのバリューチェーン全体に及ぶ製造業のデジタル化が進展した[6]。以上のような極めて激しい環境の変化に日本企業の多くは十分に対応できておらず，競争力を低下させている。

　IMDの「世界競争力年鑑」[7]のビジネス効率性に関するデータにもとづくと，日本企業のビジネス効率は低下している。ビジネスの効率性は，ピークであった2014年の19位から2019年は46位と順位を落としている。このビジネス効率の低下は，機会と脅威への素早い対応，意思決定の迅速性などの経営プラクティス，変化に対する柔軟性や適応性などの取り組み・価値観などが十分でないことによる。またこれらの背景として，管理職の国際経験，有能な管理職の厚みという人材面の弱さ，海外アイデアを広く受け入れる文化の開放性の低さ，デジタル対応の遅れが挙げられる（三菱総合研究所，2019a）。

序.1.2　学術的背景

　1990年代以降の日本企業の競争優位，競争力が低下したメカニズムに関しては，学術界で調査・分析が行われ，長期的な成長のための課題や方策が提唱された。伊地知（2004）は，1990年代における日本の民間企業の研究開発活動は，新たなことへの挑戦の消極性や，資源・情報を社内に取り込む傾向の強さなど，その質に課題を有する可能性について指摘した。軽部（2004）は，1990年代に日本企業が抱えた問題はバブル崩壊後に顕在化したにすぎず，問題の要因は長期的雇用による人件費の増大，低収益事業での横並び投資などの戦略なき投資であると指摘した。

　加藤（2004）は，日本的品質管理は収益性向上に必ずしも結びつかず，形式主義の横行，過剰品質，原因不明の品質低下などの問題が生じており，組織全体の最適行動を促進する連結ピンとしての役割を管理会計に期待すると指摘した。太田（2017）は，日本企業の生産性や競争力の低下，日本人の仕事に係る

4

エンゲージメントや組織への帰属意識の低さなどの諸問題を取り上げ，共通する根本原因として，個人が組織や集団から分化されていない，すなわち個人の未分化[8]について指摘した。

　日本的経営の観点から，また日本的経営に関連し株主主権型経営，ステークホルダー型経営などコーポレートガバナンス論の観点から，日本企業の環境不適合の要因，今後の可能性，展望についての研究も行われた。池内（2019）は，日本的経営の独自性を説明する家の論理（三戸，1991a，1991b）に基づき，バブル崩壊前後で，維持繁栄を第一目標とする日本的経営の原理は維持される一方で，会社と従業員，企業系列における元請企業と下請企業の関係である親子関係的な構造は変化し，「会社の繁栄＝社員の繁栄，社会の発展」が成立しなくなったと論じた。

　亀川（2019）は，従業員賃金がグローバル市場の最低金額に近づく半面，経営者報酬は株価に連動し増加するなどの格差を生み出す等の問題が生じると前置きしたうえで，資源配分論として株主主権論を位置づけると日本的経営は変容せざると得ないと指摘した。勝部（2019）は，現在の日本のコーポレートガバナンス論は株主重視経営に大きく方向転換したと思われるが，実態は妥協を見出しながらステークホルダー型経営を志向していると論じた。

　菊澤（2019a）は，日本の製造業を中心に多発しているデータ改ざんの不祥事の原因を1990年以降の株主主権論による市場ベース経営と日本の伝統的な組織ベースの生産システムに係る乖離にあるのではないかと論じた。そして，株主主権論による株主利益最大経営から付加価値最大化経営に回帰し，その回帰においては日本企業が後述するダイナミック・ケイパビリティ（Dynamic Capability，以下，DC）を発揮する必要性を指摘した。

　以上のように研究開発，投資，品質管理，日本的経営，コーポレートガバナンス等の観点から日本企業低迷のメカニズムに関する調査・分析，成長に向けた課題や方策の提唱が学術界よりなされたが，日本企業の競争優位，競争力は回復するには至っていない。

　競争優位（competitive advantage）の源泉や競争優位持続の方策をめぐり経営戦略論[9]が展開された。競争優位は外部環境要因と内部環境要因の適合によってもたらされる（加護野，1980；伊丹，2012）。競争優位の源泉を，

Positioning View（以下，PV）(Porter, 1980）は外部環境に，Resource based View（以下，RBV）は内部環境に求めた。

　PVは外部環境（業界構造）の5つの競争要因に着眼し，競争優位はポジショニングの巧みさによって規定されるとする。業界への参入障壁，戦略グループ間移動障壁の構築によりポジションの有利さを維持し，競争優位の持続を図る。

　RBVにおいて，Barney（2002）は経営資源や組織能力の，①経済価値（value），②稀少性（rarity），③模倣困難性（imitability），④組織（organization）の4要素の保有が競争優位を規定し，模倣困難性を構成する社会的複雑性などが競争優位を持続するうえで重要であるとした。Hamel and Prahalad（1994）は組織能力の観点から，経営資源の全社的な効率的配分のための手法であるプロダクト・ポートフォリオ・マネジメント（Product Portfolio Management, 以下，PPM）[10]などによるリストラクチャリング，事業の統廃合のみでは持続的な成功は困難であるとの認識の下，競争優位の中核となる組織能力としてコア・コンピタンス（Core Competence）を提唱した。

　経営戦略論が展開される中で，経営戦略の分類が行われた。Mintzberg, et.al（1998）は戦略形成の考え方をデザイン・スクール，プランニング・スクール，ポジショニング・スクール，ラーニング・スクール，パワー・スクール，エンバイロメント・スクールなどの10に分類した[11]。沼上（2009）は，1960年代の戦略計画学派，70年代の創発戦略学派，80年代のPV，90年代のRBV，2000年代のゲーム論的経営戦略と時系列的に5つに分けた。青島・加藤（2003）は，利益の源泉を企業外部に求めるかあるいは企業内部に求めるか，注目点は要因かあるいはプロセスかの観点から，ポジショニング・アプローチ，資源アプローチ，ゲーム・アプローチ，学習アプローチと経営戦略論を4つに分類した。

　リクルートマネジメントソリューションズ組織行動研究所・野中（2010）によると，「優れた企業」に関する研究が2つの問題意識に基づき，学術界，実務界において行われた。1つ目の問題意識は，「勝ち組と負け組に分かれる要因。企業の成功の可否を分かつ要因」に関する解の研究であり，『エクセレント・カンパニー（Peters and Waterman, 1982）』『ビジョナリーカンパニー（Collins and Porras, 1994）』『日本の優秀企業研究（新原, 2006）』『戦略不全

の論理（三品，2004)』『戦略不全の因果（三品，2007)』などが該当する。2つ目の問題意識は企業の寿命に着目する「長寿企業の特徴」に関する研究であり，『企業生命力（Greus，1997)』などが該当する。

　これらの研究の他，伊丹（2012）は，技術開発力，熟練やノウハウ，特許，ブランド，顧客情報の蓄積，組織風土などの「見えざる資源」，リクルートマネジメントソリューションズ組織行動研究所・野中（2010）は持続的成長企業が有する3つの組織能力，「徹底した行動とたゆまぬ自己変革」という実行・変革力，「重層的なコミュニケーションや豊かな関係性による知の創出」という知の創出力，「ぶれない軸を意味レベルで共有」というビジョン共有力[12]が競争優位の持続において重要であると指摘した。また加護野・井上（2004）は，製品やサービスにとどまらない事業の仕組みのレベル，すなわち事業システム[13]の差別化が競争優位の持続において重要であることを示した。

　競合他社や消費者の動向，業界の変化の予測が著しく困難となり競争優位を持続できる期間が短縮化されたことから，高業績の維持や生存のためには競争優位持続の確立ではなく，一時的な競争優位の連鎖を生み出すことが重要との指摘がなされた（D'Aveni and Gunther，1994；Wiggins and Ruefli，2003；McGrath，2013）。

　競争優位の源泉を外部環境に求めるにせよ，内部環境に求めるにせよ，あるいは競争優位持続のために一時的な優位の連鎖を生み出すにせよ，永続的な持続を確立するにせよ，高業績の維持，生存に向けては，西岡（2012）の言う環境変化を認識し適応し顧客価値を実現する，新しい製品やサービスを作り出し提供する全社活動，すなわち広義のイノベーションを不断のサイクルとして実現し続ける環境変化への動的な対応力が必要であることは言を俟たない。

　環境変化へ企業が動的に対応するうえでDCに期待が寄せられている[14]。Teece（2007）は，優れた資源・ケイパビリティの入手・獲得・統合に係る能力の卓越さが競争優位の確保・維持において重要と考察し，DCに関する研究の統合を図り，DCを「企業独自の資産ベースを継続的に創造・拡張・改良・保護し，価値ある状態に維持することにより，持続的競争優位の構築を図る，企業独自の複製困難なケイパビリティ（邦訳，p.6)」と定義づけた。Helfat et al.（2007）は重要な特性をすべて具備していないと前置きしたうえで，DCを

「組織が意図的に資源ベースを創造，拡大，修正する能力（邦訳，p.6）」と定義づけている。

　菊澤（2016）はDCについて「ポーターのように環境状況の変化を認識し，それに対応させて資源ベース理論のように企業に固有の資源を認識し，それを再構成したり，再構築したりして，最終的にオーケストラの指揮者のように全体的にオーケストレーションする能力」と述べており（p.295），DCはPVとRBVとを併せ持つ組織能力とも捉えられる。

　Teece（2009）によると，国際的なビジネスにおいて急速な技術の変化によって機会・脅威に直面しており，提供する製品・サービスが複数の要素の有機的結合によりシステム的である等の環境の下で事業を展開している多国籍企業，特にハイテク分野の企業にとってDCは成果を上げるうえで有効とされる。

　DC論は企業の行動理論[15]（March and Simon，1958；Cyert and March，1963），取引費用経済学[16]（Williamson，1975），企業の進化論[17]（Nelson and Winter，1982）の関係諸理論を基に発展してきた（Teece，2009）。DC論に関する理論的基盤の整備は進展しているが，菊澤（2019b）によるとEisenhardt and Martin（2000），Winter（2003），Helfat and Peteraf（2003）などによる独自議論の積極的展開のためDCに係る議論は錯綜し，DCの定義が未確定，DC発揮プロセスが未解明など，DCに係る先行研究には課題が山積している（木下，2016）。

　永野（2018）は経験的事象への照射により経営戦略論が発展してきた経緯があると述べている。Helfat et al.（2007）はDCの概念的基礎の明確化と発展には経験的観察が必要であると指摘している。DC論が発展し理論として完成に至るためには，理論的な研究と併せ，組織能力の複雑性に起因する組織能力の研究の困難さを前提に，実際の経営の場に踏み込み丁寧な実証的研究を行うことが重要である。

序.1.3　問題意識

　「序.1.1」「序.1.2」にて述べた通り，2000年代以降の日本企業の競争優位および競争力の低下は，世界的なデジタル化，インターネットやIoTの発達によるモジュール化，ネットワーク化の進展，新興国との技術格差縮小，新興国マー

ケットの拡大と低価格化，資源調達から開発，生産そしてサービスに至るバリューチェーン全体のデジタル化進展などの激しい環境変化へ日本企業が迅速に対応できなかったために生じたとされる。学術界より調査・分析，課題や方策の提唱がなされ，また経営戦略論が様々展開されたが，日本企業の競争優位，競争力は回復するには至ってはいない。

　日本企業が2000年代以降に迅速な対応が困難であったとされる環境の下で成果を上げるうえで，PVとRBVの能力を併せ持つ，組織能力の入手や統合・再編成に係るDCは有効であり，期待される。戦略論にとどまらない関係諸理論を包括し発展してきたDC論の広範な学術的知見は，またDCに関する先行研究が抱える問題点の克服への貢献は，多国籍企業，大企業はもとより，世界的な激しい環境変化を受けることが常態化している日本の中小製造業やサービス業にとっても，競争優位持続，競争力の強化のうえで有益であるのではないかと考えた。

　しかしながらDCに係る先行研究には課題が山積しており，DC論は理論に至る過程にある。筆者は学術的観点に立脚した実務的貢献を果たすDCの操作化に貢献するフレームワークの構築を念頭に，「①DCはどのような組織能力であるのか具体的な提示が不十分」「②DC発揮におけるミドルマネジメントの貢献実態に関する実証的な検証が不十分」というDC先行研究の問題点に着眼し，実証的な研究を進めてきた（木下，2016，2017a，2017b，2019，2021a，2021b，2021c，2022a）。

　ミドルマネジメントへ着目するのは，DC論ではDCの発揮および形成（以下，DC発揮）はトップマネジメントが担うとされるが，戦略論や企業家論の先行研究レビュー等からミドルマネジメントの一部も担っている可能性が高い[18]からである。またDC発揮の主体を特定する研究によりDC論を抽象論や概念論に留めず，具体論や実践論として実務的貢献に資するDCの操作化を進展させるためである。

序.2　本書の概要

序.2.1　本書の目的と結論

　前項までにおいて，日本企業の競争力低下という社会的背景，競争力や競争優位に関わる経営戦略論の展開，環境変化への動的な対応に関し期待されているDCの研究動向などの学術的背景，そしてこれら社会的背景，学術的背景による問題意識について述べた。

　本書の目的は，以上の社会的背景，学術的背景，問題意識に基づき，DC先行研究に山積する問題点の中から「①DCはどのような組織能力であるのか具体的な提示が不十分」「②DC発揮におけるミドルマネジメントの貢献実態に関する実証的な検証が不十分」に着眼し連鎖的に克服するために，DCを組織能力として具体化する枠組みを提示し，DC発揮におけるミドルマネジメントの貢献実態を明らかにすることである。また，実務におけるDCの応用展開を進めることである。

　本書の結論としては，DCを提示する枠組みを策定し，この枠組みに基づき調査・分析対象企業のM&Aに係るDCを具体的に提示した。またミドルマネジメントはM&A成功のために必要不可欠な存在であり，DC発揮に大きな貢献を果たしていることを明らかにした。以上の結論は学術的な貢献に値する。

序.2.2　本書の研究方法

　前項で示したDC先行研究の2つの問題点の克服のため，リサーチ・クエスチョン（Research Question，以下，RQ）として「RQ①　企業の経営プロセスに係るDCとは具体的にどのような組織能力か」「RQ②　DC発揮におけるミドルマネジメントの貢献実態はいかなるものか」を設定した。DC概念を明らかにしDCの操作化を容易化するため，調査・分析の結果からの考察を通じてDCを最終的に定義づけるまでの，一時的なDCの定義づけを行った。

　研究方法としては，本書の研究が仮説・理論構築（探索）型であること，実際の経営の場に踏み込んだプロセスの丁寧な調査・分析の必要性を踏まえ，単

一事例研究を選択した。この研究方法の選択にあたっては事例研究への批判や事例研究の問題への対処方略を講じ，また単一事例研究の条件を満たした。

　調査・分析対象の経営プロセスは，DCがM&Aのプロセスに内在する公算が大きく，DCを具体的に提示等するうえで効果的である等の理由からM&Aを選択した。調査・分析の対象企業は，前述したTeece（2009）の言う急速な技術の変化によって機会・脅威へ直面しており，DCが有効とされる環境の下で事業を展開していることなどの基準を設け選定した。

　「RQ①　企業の経営プロセスに係るDCとは具体的にどのような組織能力か」の解答の導出のため，2つの手順からなる枠組みを策定した。1つ目の手順はDCである可能性の高いプロセス，経営資源およびそれらが繋がり一体化した組織能力を抽出するための手順である。2つ目の手順は抽出した組織能力について，DCである可能性の高さを評価し，具体的に提示するための手順である。また，「RQ②　DC発揮におけるミドルマネジメントの貢献実態はいかなるものか」の解答の導出については，分析視座として「意思決定の参加レベル」と「上方向の影響力」を設けた。

序.2.3　本書の構成

　本書は，序章，終章を含め**図表序-1**で示す通り8つの章から構成されている。序章では，本書の研究背景を社会的背景と学術的背景から述べたうえで問題意識を示す。そして本書の概要として，目的，方法，構成を明らかにする。

　第1章では，DCの先行研究をレビューしその問題点を，またDC論がいまだ理論に至っていないことを指摘する。そして，本書において着眼し連鎖的に克服に取り組むDC先行研究の問題点である「①DCはどのような組織能力であるのか具体的な提示が不十分」「②DC発揮におけるミドルマネジメントの貢献実態に関する実証的な検証が不十分」を明示する。

　第2章では，組織能力および組織能力に関連する経営資源，ケイパビリティ，コア・コンピタンス，ルーティンなどについて先行研究レビューを行い，各種概念の定義や特徴などを明らかにする。そして，本書における各種概念や用語の定義などを示す。

　第3章では，DC論，企業家論，戦略論などに関する先行研究のレビューか

[図表序-1]　本書の構成

| 序章
本書の問題意識と概要 | 第1章
ダイナミック・ケイパビリティに係る先行研究の理論的考察
第2章
組織能力に係る先行研究の理論的考察
第3章
ミドルマネジメントに係る先行研究の理論的考察 | 第4章
ダイナミック・ケイパビリティ調査・分析の枠組み | 第5章
HORIBA事例研究Ⅰ：調査・分析の結果 | 第6章
HORIBA事例研究Ⅱ：発見事実と考察 | 終章
本書の成果と残された研究課題 |

出所：筆者作成

ら，DC発揮においてミドルマネジメントが貢献している可能性について検証する。また，本書におけるミドルマネジメントの定義や要件を，そしてDC発揮へ貢献が想定されるミドルマネジメントをアッパーミドルマネジメントと称しその要件を示す。

　第4章では，第1章から第3章を踏まえ，本書の目的を確認したうえで，RQを明示し，DCの一時的な定義づけを行い，研究方法，調査・分析の対象とした経営プロセスと企業について示す。そして，DCの提示に関する枠組み，DC発揮におけるミドルマネジメントの貢献に係る分析視座を示す。

　第5章では，調査・分析の対象としたM&Aについて，調査・分析の経緯，対象企業およびM&Aの概要，次いでM&Aの詳細を示す。

　第6章では，第5章の調査・分析の結果に基づき，DCの提示およびミドルマネジメントの貢献の観点からの発見事実，考察を明らかにする。またDCの最終的な定義づけを行う。終章では，本書の要約，学術的貢献および実務的貢献，残された研究課題について述べる。最後に参考文献，参考資料を示す。

《注》

1）　三品（2004）はこれらの現象から，「戦略の何たるかを帰納的に推論するために参考にすべき企業を選ぶのだが，参考にすべき企業をきちんと選ぶためには戦略の何たるかを

知っていなければならない」「本当は戦略が機能していない企業を優良とみなす過誤，あるいは本当は戦略が機能している企業を優良でないとみなしてしまう過誤」「優良企業に共通する特徴が組織文化へ偏向」などの教訓を挙げている（pp.15-17）。

2） 網倉・新宅（2011）は，ライバル企業との競争を自社にとって有利に展開できることから，競争優位は「ライバルに比べて『収益ポテンシャル』が高い状態を指す（p.37）」とした。

3） GAFAはGoogle，Amazon，Facebook，Appleである。GAFAにMicrosoftを加えるとGAFAMとなる。アメリカIT企業のGAFAに対して中国を代表するIT企業であるBaidu（バイドゥ），Alibaba（アリババ），Tencent（テンセント），Huawei（ファーウェイ）をBATHと言う。

4） 藤本他（2019）は「『競争』や『競争力』といった基本概念そのものに関する考察は，意外にも，必ずしも十分とは言えない」としたうえで，競争を「ある一群の被選択者（selectees；製品や現場など）が，それらとは独立の意思決定主である選択者（selectors；顧客，投資家，企業経営者など）によって選択されるための努力」，競争力を「被選択者（競争者）が選択者によって選ばれる力，あるいはその選ばれる根拠」「価格，品質，生産性などの相対値によって表示されるのが基本」と述べている（pp.6-7）。

5） デジタル化，モジュール化について，自動車産業を例に挙げると，車載組み込みソフトウェアが増大し，モジュール化によって共通プラットフォームが進展し，自動車産業は大きな変容をみせた（経済産業省他，2019）。

6） IoTの普及に伴い，日本が目指す産業の姿としてデータを介して機械，技術，人など様々なものを接続することを通じた新たな付加価値創出と社会課題の解決が，また第四次産業革命の技術による新たな社会（Society 5.0）実現の方法として"Connected Industries"が提唱されている（経済産業省他，2012）。

7） IMD（International Institute for Management Development）はスイスのビジネススクールであり，国の競争力に関連する幅広いデータにもとづく競争力指標を，毎年，「世界競争力年鑑（World Competitiveness Yearbook）」にて公表している。2019年の総合順位1位はシンガポール，以下，香港，アメリカ，スイスが続く。競争力の総合順位は4つの大分類分野（経済状況，政府の効率性，ビジネスの効率性，インフラ）ごとの順位と大分類分野ごとの5つの小分類（計20個）から算出される。日本の総合順位は1989年から1992年にかけ1位であり1996年までは5位以内で推移した。しかし金融システム不安が顕在化した1997年に17位へと急落，その後20位台で低迷，2019年は過去最低の30位（63カ国中）となり，アジア・太平洋地域でも10位（14カ国・地域中）である（三菱総合研究所，2019b）。日本企業の競争力の低迷を含む日本の国力の低下の現象については「失われた10年」「失われた20年」「失われた30年」として，金他（2010），経済産業省（2016），経済産業省（2020），経済産業省・官民若手イノベーション論ELPIS（2020）などにて検討，評価が行われた。

8）　分化とは，個人が組織や集団から制度的，物理的，あるいは認識的に分別されること
であり，未分化とは逆に個人が組織や集団のなかに溶け込み，埋没してしまっている状
態である（太田，2017）。

9）　経営戦略の定義は多様であるが，網倉・新宅（2011）は経営戦略の多様な定義の共通
点として「到達すべき目標やゴール」「企業外部の環境要因と企業内部の資源・能力との
関係づけ」「目標にいたるための長期的・包括的に描いた道筋やシナリオ」を見出し，経
営戦略を「企業が実現したいと考える目標と，それを実現するための道筋を，外部環境
と内部環境とを関連づけて描いた，将来にわたる見取り図」と定義している（pp.2-3）。
井上（2008）は様々な論者の経営戦略の定義の共通項を整理し，経営戦略を「企業が環
境に適応し，長期的な成長・発展を図る方向を指し示すとともに，意思決定の基準とな
るもの（p.3）」と定義した。

10）　PPMは多角化された複数の事業を「企業にとっての魅力度：例 市場成長率」と「強み
（競争力）：例 マーケットシェア」から分類し，各事業の基本的な方向性，各事業への資
金配分方針を示唆する（伊丹・加護野，2003）。

11）　デザイン・スクールは形式にこだわらないコンセプト構想プロセスとしての戦略形成
に焦点をあてる。プランニング・スクールは戦略形成をより独立したシステマチックな
形式的プランニングと捉える。ポジショニング・スクールは戦略形成のプロセスよりも
実際の戦略の内容を重視し市場における戦略的ポジショニングの選択に焦点をあてる。
以上の3スクールは戦略がどのように形成されるべきかが中心で規範的な性格を持つ。
アントレプレナー・スクールは戦略形成を起業家精神，偉大なリーダーによるビジョン
の創造と結びつける。コグニティブ・スクールは戦略家の心（mind）の中に入り認知心
理学を応用する。ラーニング・スクールは戦略が組織の適応あるいは学習の中で少しず
つ姿を現すと考える。パワー・スクールは戦略形成を組織内で衝突するグループ間，ま
たは直面する外部環境へ組織がとる交渉プロセスとして捉える。カルチャー・スクール
は組織のカルチャーに戦略形成は根ざすと捉える。エンバイロメント・スクールは戦略
形成を外部環境への反応プロセスと捉える。以上の6スクールは規範というより実際ど
のように戦略が形成されていくかを記述的に示している。コンフィギュレーション・ス
クールは以上の9つのスクールを包括・統合する中で戦略の様々な要素を成熟期などの
ステージや状態に明確に区分等する（Mintzberg et.al. 1998）。

12）　実行・変革力，知の創出力，ビジョン共有力の3つの組織能力の土台として，「社会的
使命の重視，しかし経済的価値も同時に追求」「共同体意識，しかし健全な競争共存」「長
期志向，しかし現実も直視」という3対の価値基準がある（リクルートマネジメントソ
リューションズ組織行動研究所・野中，2010）。

13）　事業システムとは「経営資源を一定の仕組みでシステム化したものであり，どの活動
を自社で担当するのか，社外のさまざまな取引相手との間に，どのような関係を築くか，
を選択し，分業の構造，インセンティブのシステム，情報，モノ，カネの流れの設計の

結果として生み出されるシステム」である（加護野・井上，2004，p.37）。

14）　菊澤（2015a）は「DCはビッグ・アイデアでありこのアイデアが1990年代に出現したことによって経営学は学問としてかろうじて生き延びた（pp.61-62）」と述べている。

15）　企業の行動理論は，経営学，社会学，心理学，政治学，経済学，数学，統計学，人類学などの行動諸科学の成果を援用して作り上げられ，サイモン（Simon, H. A.），マーチ（March, J. G.），サイアート（Cyert, R. M.）などのカーネギー・メロン学派によって提唱された（小林，1979）。「人は合理的な意思決定を行うが，その認知力や情報処理力には限界が存在する」という限定合理性や「知の探索を怠り知の深化に重きをおく組織の傾向は，長期的には組織の適応力を弱める」というコンピテンシー・トラップ（Competency Trap）などが提示された。

16）　取引費用は人間同士の駆け引きにより生じる無駄のことである。人は不完全な情報の下で意思決定を行う限定合理的な存在で，同時に相手のすきにつけ入り利己的利益の追求も目指す機会主義的な存在でもあることが仮定されている（菊澤，2019b）。取引費用経済学は取引コストを最小化する形態・ガバナンスを見出すことを目的とする（入山，2015）。

17）　進化経済学について，進化経済学会（2006）は確立したものはないとしたうえで，「進化の視点により経済現象を分析・研究することにより，従来の経済学の限界を突破し，新しい経済学を構築しようとする未然形の学問運動（p.13）」と暫定的に定義している。

18）　3.2.2にて詳述するが，DC発揮を担っている可能性が高いミドルマネジメントの一部とは副社長，執行役員を含むビジネスユニットの長や事業部長のクラスを指し，主に上意下達，部下の育成や動機づけなどを担う日本のいわゆる中間管理職ではない。

章 **1** 章

ダイナミック・ケイパビリティ
に係る先行研究の理論的考察

　Helfat et al.（2007）によるとDCの当初のアイデアの精緻化のため研究が行われてきたがDC論には多くの問題が残されたままであり，黄（2011a）によるとDC論は「ジャングル状態」を呈しているとされる[1]。このような状況に至った背景について福澤（2013）は，専門を異にする多くの研究者が必ずしもDCの本質的な議論をすることがなかったことなどを指摘している。菊澤（2015a）によるとDC論は多くの支持者によって理論の洗練，高度化が続けられており完成に至る途上にある。

　本章ではTeece et al.（1997），Eisenhardt and Martin（2000），Zollo and Winter（2002），Teece（2007），Helfat et al.（2007），Teece（2014a）を中心に，DCの先行研究について，背景・要因，コンテンツ系，プロセス系の3つの観点からレビューし，理論的な考察を行い，DCの先行研究の問題点を明らかにする。そして，本書で着眼する問題点を設定する。背景・要因とはDC先行研究に多くの問題点が存在するに至った背景・要因である。コンテンツ系とは「DCとはどのような能力か」「DCはどのような環境下で機能するか」など主にDCの内容自体に関連するものである。プロセス系とは「DC発揮の主体やプロセス」「DCのモデル化」などに関するものである。

1.1 問題点の背景・要因

　DC先行研究に多くの問題点が存在する背景・要因は大きく2つある。1つ目は多様な分野の様々な論者のアプローチである。DCは，企業の行動理論，取引費用経済学，企業の進化論の関係諸理論を基に発展し（Teece, 2009），Teece et al.（1997）らの研究によりDC論の基礎が構築された。しかし以降の研究について，菊澤（2019b）によると，Eisenhardt and Martin（2000），Winter（2003），Helfat and Peteraf（2003）などによる独自議論の積極的展開により，DC論は錯綜したとされる。また福澤（2013）は，DCで焦点があてられる「ダイナミックな変化」「競争優位」「ケイパビリティ」などのキーワードが論文や研究ノートに記されればさしあたって参考文献として提示しDCと研究を関連づけることが多数あったと指摘している。

　DCは様々な理論の様々な論者により多様なアプローチがなされ，ケイパビリティ，資源，ルーティン，学習などの重要な概念，用語の区分や統一が十分でないまま論者各々のとらえ方で使用され，様々な見解を生み出し，統一的見解が導出されないなどDC先行研究には多くの問題・限界が生じている。

　DC先行研究に多くの問題点が存在する2つ目の背景・要因は，具体的，詳細な解明の不十分さである。Helfat et al.（2007）によると，学習，製品開発，買収などDCは様々な形で生じるが，DCの理解においてはケイパビリティのタイプに関わる一般的な類型論を超越する必要がある。例えば，学習のDCは，学習が実行によるものか，観察によるものか，あるいは書類によるものかによって異なる。実行による学習のケイパビリティは，トヨタなどの自動車製造とウォルマートなどのディスカウントストアでは異なる。DCの議論を進めるためには特定のDCをできるだけ詳細に分析することが有効である。

　山田（2010）は「今後の研究ではDCのより詳細な内容（構成要素）や組織能力を修正，変更していくプロセスを解明していくことが必要になるであろう（p.69）」と指摘している。しかしDCの先行研究では，特にDCの構成要素やDCがいかに形成され発揮されるかのプロセスについての研究は，具体性や詳細さの点で十分ではない。

　DC先行研究において具体的で詳細な解明が十分でなかった要因として，RBVの新古典派経済学批判を強く志向する経済学ベースの経営学者らが，新古典派経済学に替わる理論的根拠として進化経済学（Nelson and Winter，1982）をDC先行研究において多数援用したことが挙げられる。

　沼上（2008）によると進化経済学（Nelson and Winter，1982）の研究の意図は「新古典派の均衡論とは別の進化論を用いて経済システム全体のダイナミクスを解き明かそうという意図をもって行われた研究であって，企業内のダイナミクスや個別企業のダイナミックな成長を子細に検討するための枠組みを構築しようとしたものではない（p.49）」。新古典派経済学をベースとするPV（Porter，1980）への対抗理論として進化経済学（Nelson and Winter，1982）が脚光をあびるようになる過程で，初期RBVにおいて理論的支柱や重要な議論のテーマであった「見えざる資産のダイナミクス（伊丹，2012）」「知識創造におけるダイナミックなプロセスの解明（野中・竹内，1996）」といったダイナミックな組織能力への着目が次第に薄れていき，後期RBVでは取り込まれていないことを沼上（2008）は指摘している[2]。

　福澤（2013）はDCの先行研究がDCと親和性の高い藤本（1997）の「進化能力（能力構築能力）」やBurgelman（1983a，1983b，1994，1996，2002a，2002b）の「戦略形成プロセス」に係る一連の研究を参照していないことを指摘している[3]。これらの研究は個別企業へ具体的，詳細なアプローチがなされており，これらの研究成果やアプローチ方法がDCの先行研究では十分に取り込まれていない。具体的で詳細な解明がDCの先行研究では十分ではないため，DC論は抽象度が高いものとなり，DC先行研究に多くの問題・限界を生じさせることとなった。DC論の発展のためには，ケイパビリティなどの重要な概念，用語の区分や統一を進めつつ多様なDCを具体的，詳細に分析する必要がある。

1.2　コンテンツ系

1.2.1　ダイナミック・ケイパビリティの定義

Teece et al.（1997）は，環境が急速に変化する場合において企業がなぜ競

争優位を獲得し維持できるのかという疑問を理解・説明するうえで，PV（Porter，1980）やRBV（Barney，2002）では十分でないとの問題意識に基づき，「企業におけるほとんどのケイパビリティの本質は市場を通じて容易に組み立てることができず非市場的である（p.517）」と捉え，模倣困難なケイパビリティの企業内形成をDC論の焦点とした。そしてDCを「急速な環境変化に対応するために企業内外のケイパビリティ[4]を統合，構築，再構成する企業の能力（p.516）」と定義づけた[5]。

Eisenhardt and Martin（2000）は，DCは製品開発，提携・買収，戦略的意思決定などの固有のプロセスからなり，曖昧でもなければトートロジー的に定義された抽象概念でもないとした。またDCは効果的な企業あるいはベストプラクティスにある共通性を示し，伝統的なRBVの考え方が意味するものより企業間で同等性，同質性，代替性が高いとした[6]。さらにDCの効果的なパターンは市場のダイナミズムによって異なるとした。そして，DCを「市場変化に対応，さらに市場変化を創造するために，リソースを統合，再構成，獲得そして棄却するプロセス」「マーケットの出現，衝突，分割，進化，消滅に合わせ新たなリソースの構成を実現する，組織的，そして戦略的なルーティン（p.1107）」と定義づけた。

Zollo and Winter（2002）はR&D，リストラクチャリング，リエンジニアリング，買収後の統合をDCとして取り上げ，学習メカニズムとDCおよびオペレーティング・ルーティン（Operating Routines，以下，OR）の進化を関連づけ，DCの創造，進化の理論的説明を提示した。ORは現在の収益および利益の生成のための既知の手順の実行に関係する優位性の源となるルーティンであり，DCは将来の利益の増大のためORに望ましい変更を加える。DCをZollo and Winter（2002）は「学習によって形成された安定した集団活動のパターン（p.340）」と定義している。

Teece（2007）は，共特化[7]された資産などの優れた資源・ケイパビリティは薄い市場[8]で取引されるがゆえに，優れた資源・ケイパビリティの入手・獲得・統合（逆にいえば，低価値の資源・ケイパビリティの提供・破棄）の能力の卓越さが競争優位の確保・維持に強く関わると考察した。またコア・リジディティ（core rigidity）（Barton，1995）[9]という指摘へ進化論的視点をと

り入れるなどしてそれまでのDCに関する研究の統合を図った。そしてDCを，「企業独自の資産ベースを継続的に創造・拡張・改良・保護し，価値ある状態に維持することにより，持続的競争優位の構築を図る，企業独自の複製困難なケイパビリティ（邦訳，p.6）」と定義づけた。

　Helfat et al.（2007）はDCを「組織が意図的に資源ベースを創造，拡大，修正する能力」と定義づけ，「たった1つのフレーズだけでDCの重要な特性をすべて網羅できるなどとは思っていない。だがこの定義は，DCの重要な特性の多くをとらえていよう」と述べている（邦訳，p.6）。この定義の資源ベースには「組織が所有，コントロールの対象として優先的にアクセスできるようなケイパビリティだけでなく，有形・無形・人的資産（ないし資源）も含まれている（邦訳，p.6）」[10]とされる。意図的とは，DCはある程度明確な意図を反映するもので，DCと意図を欠いた機械的なルーティンとを区別することを含意するものである。DCを含むケイパビリティはある一定レベル以上着実な実行が可能でパターン化された反復可能な活動から構成され，アドホック（その場限り）に対応する能力を組織能力とはみなさない。

　Helfat and Winter（2011）は，組織能力は意図された特定の目的を有し活動を行い，アドホックな活動とは対照的に反復され信頼のある実行を可能にするとし，Helfat et al.（2007）と同様に，アドホックに対応する能力と組織能力とを区分した。そして，Teece et al.（1997），Eisenhardt and Martin（2000），Zollo and Winter（2002），Helfat et al.（2007）らに準じ，Helfat and Winter（2011）は，「DCはオペレーショナル・ケイパビリティ（Operational Capability，以下，OC）またはオーディナリー・ケイパビリティ（Ordinary Capability）とは対照的に企業が現在の生計方法を変えることを可能にする」「DCはさまざまな方法で生計を立てる方法を拡張または変更することができる」とした（p.1244）。

　Helfat and Winter（2011）によるとOCは「現在において企業が生計を立てる」「企業は同一顧客集団に対する既存の製品およびサービスをサポートするために，技術をほぼ同規模で使用し継続的に活動を実施する」ことを可能とする組織能力である（p.1244）。

　與那原（2010）はDCに係る代表的研究を検討したうえで，DCは「ダイナ

ミックな環境変化の中で，社内外の能力を統合・調整したり，組み替えること
で組織能力を継続的に創出し続ける能力，あるいはビジネスシステムを変革す
る能力，破壊的イノベーションを実現するのに有効な組織能力」と述べている
（p.143）。

　菊澤（2016）はDCを「ポーターのように環境状況の変化を認識し，それに
対応させて資源ベース理論のように企業に固有の資源を認識し，それを再構成
したり，再構築したりして，最終的にオーケストラの指揮者のように全体的に
オーケストレーションする能力（p.295）」と述べている。

　菊澤（2019b）はまた，DCについて「均衡への道を破壊するようなイノベー
ティブな能力」「均衡への道が破壊され，ビジネス環境が急速に変化し，不確
実性が高まる状況で，企業固有の歴史を通して形成されてきた固有の資産，知
識，そして技術を再構成し，指揮者のように企業内外の資産をオーケストレー
ションして対応する経営者や企業が持つ自己変革能力」「最適解のない不確実
な状況に耐え抜く能力」「一夜にして形成されたり，獲得されたりするもので
はなく，企業固有の歴史を通して形成されるものである。それゆえ，そのよう
な歴史を共有しない他社がそれを模倣することは困難な能力でもある」と述べ
ている（p.9）。

1.2.2　ダイナミック・ケイパビリティが機能する環境

　Teece et al.（1997），Teece（2007）はDCは急速に変化する環境で機能する
とした。Eisenhardt and Martin（2000）は適度にダイナミックな市場と高速
に変化する市場，すなわち市場のダイナミズムによってDCの効果的なパター
ンは異なるとした。適度にダイナミックな市場は変化が頻繁に起こるがおおよ
そ予測可能であり直線的な経路に沿う。比較的安定した産業構造を有し市場の
境界は明確でプレーヤー（競合他社，顧客，補完者など）はよく知られている。
このような市場におけるDCは伝統的なルーティン（Cyert and March，1963；
Nelson and Winter，1982）に似ており，複雑で詳細な分析プロセスで予測可
能な結果を生み出すため既存知識と線形実行に広く依存している。

　高速に変化する市場は市場の境界やプレーヤー，業界全体の構造は曖昧で変
化しており不透明で成功するビジネスモデルが不明確である。不確実性は将来

起こり得る状態を事前に特定することができないためモデル化できない。このような市場におけるDCは適度にダイナミックな市場のDCのように複雑ではなくシンプルなルーティンである。シンプルなルーティンは多くにおいて少ないルールからなる。注意が不足する動きの速い市場においてマネジャーのアクションの境界を明示し，優先順位を示すことで重要な問題にマネジャーを集中させる。必然的に既存知識に依存することは少なく，状況に応じた新しい知識を迅速に作成する（Eisenhardt and Martin, 2000）。

　Zollo and Winter（2002）は環境変化が激しくなくとも自社の能力を統合，構築，再構成している企業が存在していることから，Teece et al.（1997）のDCの定義にある「急速に変化する環境」という文言を使用せずDCを定義づけており，環境変化の激しさの程度にかかわらずDCは機能するとしている。

　Helfat et al.（2007）は前述のようにアドホックな対応力をDCを含むケイパビリティとはみなしていない。この認識によるとあまりに急速に変化する環境の下でアドホックに対応せざるを得ない場合のアドホックな対応はDCを含むケイパビリティにもとづくものではない，すなわちあまりに急速な環境変化においてはDCは機能しないこととなる。

　Helfat and Winter（2011）は，変化は常に起きているとし，観察の対象の大小や期間の長短，観察がどれほど具体的かすなわち観察の粒度によって変化への気づきに差が生じることから，急速な変化を正確に定義することは困難であるとした。またDCが非常に大きな変化を起こす組織能力であるならば，経済的に重要で達成困難な変化を漸進的に支える組織能力はDCとはならない。これらのことから急速な変化のみならず短期的にはあまり激しくない変化，比較的落ち着いた外部環境をDCの研究に含めることを提案した。

1.2.3　ルーティン

　ルーティンとは，Nelson and Winter（1982）によると，「企業の規則的で予測可能な行動パターンのすべてを表す」「物を生産するための明確に定義された技術的ルーティンから，すなわち，雇用や解雇，発注，需要の旺盛な製品の生産の増強，さらには，投資，研究開発（R&D），広告に関する政策，製品の多角化や海外投資に関する企業戦略を含んだものをさしている」「企業の行動

のなかには通常の言葉の意味でのルーティンではないものも多くある。同様に、個別企業の観点から見ても社会的な観点から見てももっとも重要な企業の意思決定は明らかにルーティンではない」とされる（邦訳，pp.16-17）。

　Eisenhardt and Martin（2000）は，DCには共通性があり，同質性，代替性が高いとし，DCを「マーケットの出現，衝突，分割，進化，消滅に合わせ新たなリソースの構成を実現する，組織的，そして戦略的なルーティン（p.1107）」などと定義づけていることから，DCをルーティンとみなしている。Zollo and Winter（2002）は，DCの定義「学習されて安定した集団活動のパターン」における"安定""パターン"という文言にDCは構造化され永続的であることの強調の意を含めていることから，DCをルーティンと捉えている。Helfat et al.（2007），Helfat and Winter（2011）は，DCを含む組織能力はアドホックな対応力ではないとしており，アドホックな対応力の対極はルーティンによる対応力であるため，DCをルーティンと捉えている。

　Teece（2014a）は，Winter（2003）が「アドホックな問題解決であっても小さなルーティンが埋め込まれている可能性を認識していた」としたうえで，「完全にルーティン化されたものと完全なアドホックにはかなりの距離がありその中間もDCを構成している」と述べている（pp.21-22）。よってTeece（2014a）は，DCはルーティンでもあり，アドホックでもあるとの認識を示しているといえる。

1.2.4　ダイナミック・ケイパビリティとオペレーショナル・ケイパビリティ

　Zollo and Winter（2002）は組織のケイパビリティをORとORに望ましい変更を加える伝統的に進化経済学において探索ルーティンと同定されるルーティンに区別し，後者をDCの構成要素とみなした。組織はDCによって，システマチックにORを生成，修正し組織の有効性を高める。DC，ORの関連は，経験の蓄積，知識の結合，知識の成文化からなる学習メカニズムを含め**図表1-1**の通りである。

[図表1-1]　**学習，ダイナミック・ケイパビリティ，オペレーティング・ルーティン**

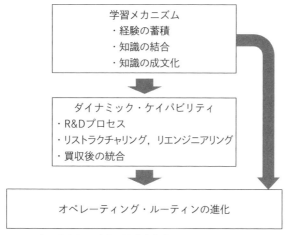

出所：Zollo and Winter（2002）図2にもとづき筆者作成

　Zollo and Winter（2002）によると，学習メカニズムがDCおよびORを，DCがORを生成，修正する。学習メカニズムはそれ自体がシステマチックであれば二次的なDCとみなせる。変化が迅速であるだけでなく，予測不可能であり，方向性が可変であるならば，コア・コンピタンスがコア・リジディティ（Barton, 1995）に変化しないようDCやさらに高次の学習アプローチ自体も繰り返し更新される必要がある。

　Teece（2009）はDCを，一般ケイパビリティ（OC，経営ケイパビリティ，ガバナンス・ケイパビリティ）の変化に影響を与える，すなわち一般ケイパビリティの高次のケイパビリティとしてDCを位置づけ，DCとOCを区分した。また，ケイパビリティに関して，専門的適合度（technical fitness）と進化的適合度（evolutionary fitness）という2つの測定基準を提案した。専門的適合度はケイパビリティの有効性に関する基準であり，収益獲得の貢献への有効性とは関係しない。進化的適合度はケイパビリティの収益獲得に対する貢献の有効性に関する基準であり，外部的適合度ともいえる。DCは環境形成に主に資することで進化的適合度の達成を支援する[11]。

　Helfat and Winter（2011）は，前述のように，Zollo and Winter（2002），

[図表1-2] オーディナリー・ケイパビリティとDCの相違

	オーディナリー・ケイパビリティ	ダイナミック・ケイパビリティ
目的	事業機能の技術効率	顧客ニーズや技術・ビジネスチャンスとの適合
到達のモデル	購入または構築（学習）	構築（学習）
３つの構成要素	運営，管理，統治	感知，捕捉，転換
キーとなるルーティン	ベストプラクティス	署名プロセス
経営における重点	コスト管理	企業家的な資産オーケストレーションとリーダーシップ
優先	ことを正しく行う	正しいことを行う
模倣可能性	比較的模倣可能	模倣不可
結果	技術的適合性（効率）	進化適合性（イノベーション）

出所：Teece（2014b）Table1にもとづき筆者作成

Helfat et al.（2007）らに準じ，DCは「現在の生計方法を変えることを可能にする組織能力」，OCは「現在において企業が生計を立てる組織能力」とし，DCとOCとを区分している。しかし既存事業を支える組織能力に重要なダイナミックな特性が存在するかもしれず，また市場にアクセスする能力などDCとOCの両方に使用される組織能力が存在すること，さらに前述したように急速な変化を正確に定義することは困難であることから，DCとOCとの明確な区分は不可能としている。

　前述のように，Helfat and Winter（2011）は短期的にはあまり激しくない変化，比較的落ち着いた外部環境をDCの研究に含めることを提案したが，この提案の理由としてDCとORの不可分性も挙げている。Teece（2014b）はOCと同義のオーディナリー・ケイパビリティの概念を用いて，**図表1-2**の通りオーディナリー・ケイパビリティとDCとの相違を示した。

1.3　プロセス系

1.3.1　高次ケイパビリティ機能

前述のように，Zollo and Winter（2002），Teece（2007），Helfat and

Winter（2011）はDCをOCの上位にある高次のケイパビリティとして位置づけている。このような階層としてのケイパビリティの認識や高次ケイパビリティとしてのDCの位置づけは，DC論の系譜の研究ではない藤本（1997）が，ルーティン的な組織能力そのものをライバル企業よりも速く構築するダイナミックな組織能力である進化能力を，ルーティン的な組織能力よりも高次の能力として位置づけていることと共通する[12]。

　しかし，ルーティン機能は，活動パターンを繰り返し複製，安定させるものであり，イノベーション・ルーティンは（学習メカニズムも）集団活動の安定したパターンとして，必然的に決められた枠組みの中で関心や学習，行動を形成し，プログラム化された思考と問題の枠組みを複製する。この根底にある論理からすると，イノベーション・ルーティンが刻み込まれたプログラムを超越することは簡単ではない（Schreyögg and Kliesch-Eberl, 2007）。

　「ルーティンを構成要素とするDCは，ルーティンの複製，安定という特徴ゆえに，既存ルーティンを刷新することは困難である」との批判に対して先行研究は十分な論証を示せてはいない。「DCが低次の確立されたルーティンを修正することが可能なのか」「そのメカニズムはいかなるものなのか」などの疑問に対する解明は十分でない。

　遠山（2007）は，DCがOCを介して（直接ではなく）成果に影響を与える高次的でメタ的なケイパビリティである性格を強めるほど，DCは特定コンテクスト下の特定目的において形成される特殊なケイパビリティではなく，汎用性，一般性を帯びることとなり，従来からの革新的志向の組織文化や組織ケイパビリティとDCとの異同について疑問が生じると指摘している。

　Zollo and Winter（2002）は，学習，DC，ORの関連を，図表1-1で示し，経験の蓄積，知識の結合，知識の成文化からなる学習メカニズムによってDCは生成され，DCがORを進化させる，また学習メカニズムは直接（DCを介することなく）ORを進化させるとした。しかし福澤（2013）はこのZollo and Winter（2002）の研究成果について実証は行われていないと指摘している。

26

1.3.2 発揮の主体

(1) 個人と組織

DCは**図表1-3**にて示す通り，トップマネジメントなどの少数個人に存在するとするTeece型と，組織のルーティン化が可能とするEisenhardt型に分類される（入山，2016）。Teece型とEisenhardt型の相違の要因の1つは，1.2.2にて記述したように，各々のDCが機能する環境の相違である。Teece et al. (1997)，Teece（2007）は，急速かつ激しく変化する環境をDCが機能する環境としている。Eisenhardt and Martin（2000）は，穏やかに変化する環境では伝統的ルーティンに似るDCが機能し，激しく変化する環境ではシンプルなルーティンを基盤とするDCが機能するとした。

激しく変化する環境下においては，適用すべきルーティンの探索，設定は極めて困難であり，この環境を前提とするTeece et al. (1997)，Teece（2007）の，すなわちTeece型のDCは，Eisenhardt and Martin（2000）が言う穏やかな環境変化へ対応するDCを想定していないこともあり，トップマネジメント，企業家という少数個人に宿ることとなる。一方，変化が穏やかな環境では，適用すべきルーティンの探索，設定は比較的容易であり，この環境を前提とする。

[図表1-3]　Teece型とEisenhardt型のDCの比較

	代表的な論文	重きを置く理論基盤	ダイナミック・ケイパビリティを高める要素	個人と組織の重視度
Teece型	Teece et al. (1997) Teece（2007）	RBV，カーネギー学派の理論	センシング，サイジングなど	ダイナミック・ケイパビリティは，ある程度は少数個人（経営者）に存在
Eisenhardt型	Eisenhardt & Martin (2000) Zollo & Winter (2002)	進化理論（ルーティン）	シンプル・ルールなど	ダイナミック・ケイパビリティは組織ルーティン化が可能

出所：入山（2016）図表3にもとづき筆者作成

Eisenhardt and Martin（2000）のDC，すなわちEisenhardt型のDCはルーティン，組織に宿ることとなる。

⑵　トップマネジメントとミドルマネジメント

Helfat et al.（2007）は経営者をDCの重要な主体として捉え，経営者のDCを「経営者が組織の資源ベースの意識的な創造・拡大・修正を実行する能力」「資産とオーケストレーションは，経営者のDCに含まれる」と明示した（邦訳，p.40）[13]。

Teece（2009）は，経済理論において経営者の役割は過小評価されており，それは経済学がマネジメントの重要な意味についての理解が不足し，また不完全市場での取引に必要な高度な知識の必要性，さらにビジネスモデルのデザイン，リーダーシップに関する経営者が担う役割の重要性を経済理論が認識できていないことに起因していると指摘している。また，組織維持のために経営者が行うコントロール，監督，管理（Barnard，1938）は組織維持に不可欠であるが，DCは資産のオーケストレーションの遂行などに関する経営者のケイパビリティであり，経営者がDCの重要な役割を担っていると述べている。

Teece（2007，2009）は，DCの一般的な枠組みとして，DCを感知（sensing），捕捉（seizing），再配置（configuration）[14]の3つの能力からなるダイナミック・ケイパビリティ・フレームワーク（Dynamic Capability Framework，以下，DCF）を提示した。Teece（2009）によると，感知とは機会の同定・評価，捕捉は機会への対処を通じ価値獲得を実現する資源の動員，再配置は継続的な更新を意味する。

Teece（2009）によると，感知において情報の解釈（意味づけ）に関わる仮説の構築，検証，総合は極めて重要でありトップマネジメントチームが担うべきであるとされる。捕捉においては共特化やドミナント・デザイン[15]，ネットワーク外部性[16]を見通す投資の意思決定，創造的なビジネスモデルの構築などを可能ならしめる高度かつ広範な知識，経験が求められる。反イノベーション・バイアス（anti-innovation bias）[17]の理解，既存ルーティンから生じる逆機能化の打破がラディカル（非連続的，破壊的）・イノベーションの実現のために極めて重要である。確実性効果[18]や過度な楽観主義による低収益を

もたらす投資の意思決定は避けなければならない。

　捕捉に必要な能力は一般化されていないものであり，トップマネジメントチームが強いリーダーシップを発揮して担うことが基本であるとされる。再配置における変化する内外の環境に応じて資産および組織構造を恒常的に変革する能力は稀少であり，経営者が発揮すべき能力であるとされる。

　Lee and Teece（2013）によると，いくつかのDCを含むほとんどのケイパビリティは組織のルーティンによって支えられているが，DCがルーティンに埋め込まれているとは考え難い。強いDCを持つ企業において，マネジャー，特にトップマネジメントの課業の鍵は企業家精神であり，リーダーシップである。資産オーケストレーション，ケイパビリティの再編成に必要な企業家能力の鍵はトップマネジメントのスキルや知識に帰する。トップマネジメントの多くの活動において，その本質はルーティンではない。

　Teece（2007）によるとミドルマネジメントにDCの担い手としての役割は基本的には期待されない。Lee and Teece（2013）によるとミドルマネジメントの目的はOCに注意を払うこととされる。このように，DCはルーティンとは考え難く（非ルーティンであり），トップマネジメントが担い，OCはルーティンでありミドルマネジメントが担い，DCの担い手としてミドルマネジメントは期待されていない。DCの先行研究では，経営者の能力やリーダーシップについて述べられたものが多く（西澤，2015），ミドルマネジメントにDCの担い手としての役割は基本的には期待されない（Teece，2009）というのがDC先行研究の主旨である。

　しかし，優れた戦略は試行錯誤の後に明らかになる（Teece，2014a），すなわち優れた戦略は創発（Mintzberg, et.al, 1998）によって形成され，創発の過程においてミドルマネジメントが大きな貢献を果たしていたことを示すBurgelman and Sayles（1986），Mintzberg（1994），榊原他（1989），野中・竹内（1996），山田（2000）らの先行研究が多数存在する。

　組織学習によってDCは形成される（Eisenhardt and Martin, 2000）との立場に立てば，組織構成員の学習を組織目標に結びつけるためのトップマネジメントのビジョンに沿って実際に組織構成員の学習を推進するのがミドルマネジメント（十川，2002）であり，すなわち，ミドルマネジメントは組織学習を通

じてDCの形成に重要な役割を担う。定常性が崩れた環境下においては必要となる試行錯誤的なOCの新たな組み合わせの探索においてはボトムアップ的対応がとられ（吉田，2007），ボトムアップ的対応の局面ではミドルマネジメントの貢献が想定される。

　DCの端緒やその形成のプロセスをリードする主体は，企業それぞれによって，また同一企業であっても時期によって異なると考えられる（和田，2013）。例えばシンプル・ルール戦略（Eisenhardt and Sull，2001）の展開においてトップがシンプルなルール[19]を設定した後は，ミドルマネジメントによる創発的な活動にマネジメントが委ねられると考えられる。

　福澤（2013）はHelfat et al.（2007）において資産のオーケストレーションを行う経営の役割や能力の考察が十分でないことを指摘している。Teece（2009）は，経済学は組織内部（マネジメント）の意味の重要度の理解不足や市場は過不足なくスムーズに機能するという前提によって経営者の役割を過小評価していたと指摘しているが，経営者に対する以上にミドルマネジメントの役割を軽視し，この軽視は現在も続いている可能性がある。

1.3.3　モデル化

(1)　ダイナミック・ケイパビリティ・フレームワーク

　DCF（Teece，2007，2009）は，**図表1-4**で示す通り，感知，捕捉，再配置という３つの能力およびそれらの能力を支えるミクロ的基礎からなる。ミクロ的基礎とは，DCをサポートする経営的なプロセス，手法，システムである。

(2)　能力フレームワークの要素

　Teece（2014a）は，プロセス，ポジション，経路の観点から，DCとOCを区分するフレームワークを**図表1-5**の通り提示した。DCはVRIN資源[20]に基づき，独自のプラクティスおよびビジネスモデルに埋め込まれたケイパビリティである。DCはプロセス（ルーティン）に埋め込まれ粘着性がある（移動は難しい）ため模倣は困難である。DCは進化論的な適合（正しいことをやること）を可能とする。OCは技術的な適合（物事を正しく行うこと）が可能で競争優位の基礎ではあるが，ベストプラクティス，標準以下のプラクティスは

[図表1-4] ダイナミック・ケイパビリティ・フレームワーク

	感知	捕捉	再配置
定義	機会や脅威に感づく（理解・把握する）能力	機会捕捉のために，新製商品・サービスを開発する能力	資産（無形の内部・外部のケイパビリティ）を効率的に取得，連結，再配置，転換する能力
ミクロ的基礎	●学習，機会の感知・フィルタリング・形成・調整のための分析システム（および個人の能力） ・自社R&Dの誘導，新技術の選択に向けたプロセス ・外生的な科学・技術の発展を活用するプロセス ・サプライヤーや補完主体のイノベーションを活用するプロセス ・ターゲットとする市場セグメント，顧客ニーズの変化，カスタマー・イノベーションを同定するプロセス	●機会の捕捉に向けた企業の構造，手続き，デザイン，インセンティブ ・カスタマー・ソリューションとビジネスモデルの明確化 ・補完製品のマネジメント，プラットフォームの「コントロール」に向けた企業境界の選択 ・意思決定プロトコルの選択 ・ロイヤリティとコミットメントの構築	●特殊的な有形・無形資産の継続的整合化・再整合化 ・分権化と準分解可能性 ・共特化 ・ガバナンス ・ナレッジ・マネジメント

出所：Teece（2007，2009）にもとづき筆者作成

[図表1-5] 能力フレームワークの要素

主要な構成要素	弱いOC	強いOC	強いDC
プロセス（ルーティン）	標準以下のプラクティス	ベストプラクティス	独自プラクティスとビジネスモデル
ポジション（資源）	わずかな普通の資源	贅沢な普通の資源	VRIN資源
経路（戦略）	下手にやる	正しくやる	正しいことをやる

出所：Teece（2014a）Table2にもとづき筆者作成

社外調達やベンチマークにより急速に拡散するため，長期的な競争優位に関して十分な機能を果たせない（Teece，2014a）。以上のように，DCの先行研究においては，「いずれが生成・修正の主体あるいは対象となるのか」「競争優位持続の効力の大きさ」の点からDCとOCを区分している。

しかし，Barney et al.（2001）はRBVの過去の貢献を評価し将来を見越した拡張を提示する中で，DCへの取り組みは重要としたうえで，Eisenhardt and Martin（2000）のDCはRBVの論理と一致しており，DCは単にダイナミックなケイパビリティであるとし，DCは従来からのケイパビリティ概念に包括できるとしている。Helfat and Winter（2011）は，環境の変化の客観的な測定は困難であること，既存業務とダイナミックな業務のいずれにも使われるケイパビリティが存在することから，DCとOCの区分は難しいと指摘している。

(3)　ダイナミック・ケイパビリティの枠組みの論理的構造

Teece（2014a）はDCの枠組みの操作を可能とするためには優れた戦略が必要であるとし，また優れた戦略はカーネル（核）を持たなければならないとした。カーネル（核）とは十分な根拠に裏づけられたゆるぎない基本構造であり，診断，基本方針，行動の3つの要素から構成される。診断とは，極めて重要な問題点を選別し，また複雑に錯綜する状況を明快に解明し，取り組むべき課題を判断することである。基本方針とは，診断で明らかにした課題についてどのように取り組むかについて大きな方向性，方針を示すことである。行動とは，基本方針の実行のための一貫性を有する一連の行為である（Rumelt, 2011）[21]。

DCに必要なカーネル（核）を有する優れた戦略を挙げたうえでTeece（2014a）は，DCF（Teece, 2007, 2009）の感知，捕捉，再配置の3要素をカーネル（核）の3つの構成要素と対応させ，戦略とDCの相互関係を明らかにした。具体的には，**図表1-6**に示す通り，DCF（Teece, 2007, 2009）の感知は戦略における診断に，捕捉と再配置は基本方針，行動と対応しているとした。また，同様に，経営者のオーケストレーションの本質を，企業家的，管理

[図表1-6]　ダイナミック・ケイパビリティと戦略の相互関係

戦略的核心	先見性のある判断	指針となる戦略的方策	首尾一貫した行動
関連するダイナミック・ケイパビリティのクラスター	感知	捕捉／再配置	捕捉／再配置
経営者のオーケストレーションの本質	企業家的	管理的	リーダーシップ

出所：Teece（2014a）Table1にもとづき筆者作成

[図表1-7] ダイナミック・ケイパビリティの枠組みの論理的構造

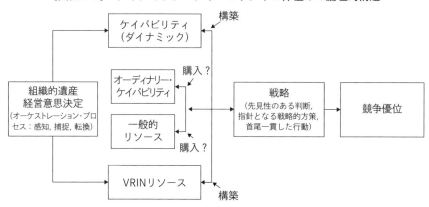

出所：Teece（2014a）Figure2にもとづき筆者作成

的，リーダーシップと分け，カーネル（核）の構成要素と対応させた。

　Teece（2014a）はDCと戦略との相互関係を明らかにしたうえで，組織的遺産・経営意思決定，DC，OC，リソース，戦略，競争優位を構成要素とするモデルを図表1-7として示した。

1.4　ダイナミック・ケイパビリティに係る先行研究の問題点

1.4.1　コンテンツ系の問題点

　DCの定義については，「DCはどのような環境下で機能することが可能か」「資源ベースの創造や拡張に重きを置くか，学習に重きを置くか」「DCをルーティンとするか否か」などの点の見解の相違により，定まっていない。統一的な見解の導出が求められる。

　DCが機能する環境に関して，「急激な環境下で機能する」「急激，緩慢のいずれの環境においても機能する」「あまりに激しい環境下では機能しない」と見解が統一されていない。元来（そもそもとして），環境変化の激しさの程度を客観的に観察・測定することは困難であるとの指摘もある。「DCはどのよう

な環境において機能するのか」「環境変化の程度をいかにして測定するのか」などの点の解明が必要である。

　ルーティンの点についてDCの先行研究においては，DCは基本的にルーティンと捉えられているが，「DCはルーティンでもありアドホックでもある（Teece，2014a）」との認識も存在し，「DCはルーティンであるのか」「アドホックな対応もDCとみなすのか」について見解は定まっていないため，統一した見解が求められる。また，アドホックな対応をDCによるものではないとすれば，「DCとアドホックな能力とはいかなる関係にあるのか」「どのような状況下であればDCが機能し，あるいはアドホックな能力が機能するのか」「DCとアドホックな能力は，どのようなタイミングで，いかにして切り替わるのか」などについての解明が必要である[22]。

　DCとOCの区分については，環境の客観的な測定の難しさからDCとOCとを区分することに否定的な見解が存在する。「能力フレームワークの要素（Teece，2014a）」によるDCとOCの区分には，「実証研究が不十分で仮説の提示に留まっている」「プロセスがどの程度の長さ，連鎖のことなのか不明である」「独自プラクティスであるか否かについて客観的に認識，理解，判断することは困難である」などの問題点を指摘できる。「DCとOCの区分は可能なのか」「区分するための基準をいかに設定するか」「どの程度までの精緻さで区分することが学術的にまた実務的に意義があるのか」などに関する調査・分析，考察が必要である。

1.4.2　プロセス系の問題点

　DCの高次ケイパビリティ機能については，DCに既存ルーティンを修正，刷新する力はないとの指摘に対して先行研究は十分な論証を示せてはいない。「DCは高次ケイパビリティである」とのDCの位置づけは実証的な検証が必要である。DCが高次ケイパビリティであるとの前提を置いた場合，「（一般性・普遍性ゆえに）DCが持続的競争優位に貢献できるのか」という点に関して解明が必要である。また，DCの形成については，組織学習によりDCは形成されるものとされるが，実証的な検証は十分ではなく，解明が必要である。

　DC発揮の主体に関して，DCの先行研究では，DC発揮の主体は経営者，トッ

プマネジメントとするものが多く，ミドルマネジメントにDCの担い手としての役割は基本的には期待されないとされる。しかし，戦略策定や実行にミドルマネジメントが貢献を果たすことを指摘する経営学の流れをくむ研究などが多数存在している。DCの先行研究では，DC発揮におけるミドルマネジメントの貢献について，その貢献の可能性も含め解明が十分でないため，解明が必要である。

DCのモデル化に関しては，DCF（Teece，2007，2009），DCの枠組みの論理的構造（Teece，2014a）のいずれもが，DC論の統合を志向する，DC論の発展に資するモデルであるといえる。しかし，DCF（Teece，2007，2009）は，取引コストや企業行動，ルーティン，資源ベースなどの多様な理論，概念の包含により，理解や操作が容易とは言い難い[23]。DCの枠組みの論理的構造（Teece，2014a）は，戦略の構成要素として戦略的核心（Rumelt，2011）を採用した理由や戦略的核心をいかにして創出すればよいのかが不明である。また，DCF（Teece，2007，2009），DCの枠組みの論理的構造（Teece，2014a）のいずれもDC形成のプロセスが組み込まれていない。DCのモデルの高度化は引き続き必要である。

1.5　着眼する先行研究の問題点

DCの先行研究をレビューし，背景・要因，コンテンツ系，プロセス系の観点から明らかにしたDC先行研究の問題点を**図表1-8**の通り整理する。DCの先行研究には問題点が山積している。

田村（2006）の「問題発生，複数理論生成，通説理論の確立，通説理論の制約，新パラダイム創造という段階を経て理論は発展する（pp.11-12）」を援用しDC論の発展段階を表現すると，DC論は「実証的裏付けが十分でない複数の有力な仮説が競合している」状態にあり，「仮説の実証的裏付けによる通説理論の確立が期待される」段階にある。友枝（2000）が社会学の理論の良し悪しを判断する基準として重視する論理的整合性，経験妥当性の観点からは，DC論はいまだ理論に至っていない。

DC論が理論として発展するためには，他にも有効な方略はあるであろうが，

[図表1-8]　DC先行研究　レビュー内容，問題点と考察

		レビュー内容，問題点	考察
1.問題点の背景・要因		●多様な分野の様々な論者のアプローチ ●多様でダイナミックなDCの具体的，詳細な解明が不十分	●概念，用語の定義が必要 ●具体的，詳細なアプローチが必要
2.コンテンツ系	(1)DCの定義	●DCの定義は様々	●以下の見解の相違によりDCの定義は未確定 ・DCはどのような環境下で機能するか ・DCはルーティンか，否か ●DCの定義の見解は統一の必要あり
	(2)DC機能環境	●DCが機能する環境は以下の2つに大別 ・急激な環境 ・緩慢な環境	●DCが機能する環境の調査分析，考察が必要
	(3)ルーティン	●DCはルーティンの観点から以下の2つに大別 ・DCはルーティン ・DCはルーティンかつアドホック（その場限り）	●以下の調査分析，考察が必要 ・DCのアドホック機能 ・DCのルーティン機能とアドホック機能の関係 ・ルーティン機能とアドホック機能の切り替え
	(4)DCとOCの区分	●DCとOCの区分は以下の2つに大別 ・DCとOCの区分は可能 ・DCとOCの区分は困難	●DCとOCの区分の基準は以下の通り ・修正の主体（高次）か，修正の対象（低次）か ・競争優位持続への貢献が強いか，否か ●DCとOCの区分基準に関する調査分析，考察が必要
3.プロセス系	(1)形成・発揮のプロセス	●DCの形成・構築や発揮の過程についての実証的な検証は十分ではなく，未解明	●DCの形成・構築や発揮の過程の調査分析，考察が必要
	(2)形成・発揮の主体	●DCの主体はトップマネジメントでミドルマネジメントは期待されず ●一方で分権化などの点から，ミドルマネジメントの貢献の重要性を示唆 ●DCへのミドルマネジメントの貢献の実態は未解明	●戦略の構築や実行におけるミドルマネジメントの貢献を示す先行研究は多数存在 ●経営者以上にミドルマネジメントの役割を軽視している可能性あり ●DCへのミドルマネジメントの貢献の調査分析，考察が必要
	(3)モデル化	●DCF，DCの枠組みの論理的構造などのDCモデルが提示	●DC研究の大きな枠組みに資するモデルが提示 ●DCのモデル化の高度化は引き続き必要

出所：DC先行研究にもとづき筆者作成

DC先行研究の問題点の多さや錯綜性を鑑みると，ある問題点の単発的な克服ではなく，DC先行研究の核となる問題点および関連する問題点を，整備が進んでいるDCの理論的枠組みを活用しつつ理論的枠組みの問題点を実証的に克服するという，問題点の連鎖的な克服が有効である。

　そこで本書では，DCの先行研究に山積する問題点の中から「①DCはどのような組織能力であるのか具体的な提示が不十分」「②DC発揮におけるミドルマネジメントの貢献実態に関する実証的な検証が不十分」に着眼し連鎖的に克服する，すなわちDCを組織能力として具体化する枠組みを提示し，DC発揮におけるミドルマネジメントの貢献実態を明らかにすることを，ひいては実務におけるDCの応用展開を進めることを目的に研究する。

　「①DCはどのような組織能力であるのか具体的な提示が不十分」とのDC先行研究の問題点に着眼するのは，1.1にて示したように，この問題点がDCの先行研究に多くの問題点が存在している主要な要因だからである。第2章で後述する藤本（2003）の表層の競争力，Porter（1996）のポジショニングといったレベルにDCの提示はとどまっており，組織能力の複雑さを鑑みると，DCの理論化に向けた研究の進展は難しい。またDC論が実務的に貢献することは，実務においては当然ながら具体性を重視するため，極めて困難なものとなる。

　「②DC発揮におけるミドルマネジメントの貢献実態に関する実証的な検証が不十分」とのDC先行研究の問題点に着眼するのは，「①DCはどのような組織能力であるのか具体的な提示が不十分」という問題点を克服しDCを組織能力として具体的に提示するうえで，DC発揮の主体を特定してDCを調査・分析する，すなわち「だれがどのような背景，状況，経緯において，どのような相互作用によって，どのような意思決定をくだし，どのようにそれが実行されたか」「その実行がDCといかに関係しているか」を明らかにする必要があるからである。DCを組織能力として具体的に提示し，DC論を抽象論や概念論に留めず，具体論や実践論として結実させるためには，DC発揮の主体に着眼した研究が必要である。

　特定するDC発揮の主体としてミドルマネジメントに着眼する。その理由は大きく3つある。1つ目の理由は，DC論においてはミドルマネジメントが果たすDCにおける重要な役割はトップマネジメントを補足して完全にすること

(Lee and Teece, 2013)，すなわちミドルマネジメントはDC発揮においてトップマネジメントの下支えであるとされ，ミドルマネジメントのDCへの貢献は評価されていないからである。

新製品や新事業の開発，戦略の構築や形成，実行などにおいてミドルマネジメントが大きな貢献を果たしている先行研究が多数存在している（Mintzberg, 1994；野中・竹内，1996；Kanter, 1983；Burgelman and Sayles, 1986）。これらの新製品や新事業の開発などに係る組織能力は，資源ベースの取得，統合が行われるなどDCであり，またDC発揮においてミドルマネジメントが貢献した可能性がある。

2つ目の理由は，ニーズや機会の未感知，共特化資産の統合の未実現，あるいは不十分なイノベーションなどを克服する強力なリーダーが常に存在するとは限らず（Teece, 2009），またトップマネジメントの強力なリーダーシップが組織の柔軟性や学習を阻害する危険が存在する（十川，2002），すなわちトップマネジメントは万能とは言えないのが現実であるからである。

3つ目の理由は，戦略観が特定の方向に偏向する傾向である戦略バイアス（沼上，2009）の影響を受け，DCはトップマネジメントが担う（ミドルマネジメントがDCを担うことは期待されない）と論じられている可能性があるからである。沼上（2009）によると，労働市場の特性などに起因しアメリカはトップダウン志向の戦略観が，日本はボトムアップ志向の戦略観が成立しやすい。

1.6　おわりに

本章では，Teece et al. (1997)，Eisenhardt and Martin (2000)，Zollo and Winter (2002)，Teece (2007)，Helfat et al. (2007)，Teece (2014a) らのDCの先行研究をレビュー，理論的考察を行い，DC先行研究に問題点が山積するに至った背景・要因を述べ，コンテンツ系の問題点，プロセス系の問題点を整理，DC論はいまだ理論に至っていないことを指摘した。そして本書で着眼し研究に取り組むDC先行研究の問題点を明らかにした。

DC先行研究に多くの問題点が存在するに至った背景・要因は「多様な分野の様々な論者のアプローチ」「具体的，詳細な解明の不十分さ」である。DC先

行研究のコンテンツ系の問題点は「DC定義の未確定」「DCが機能する環境の不明確さ」「DCはルーティンか否かの見解の未確定」「DCとOCの区分の可否に関する見解の未確定」である。プロセス系の問題点は「DCの高次ケイパビリティ機能による既存ルーティン修正，刷新に係る過程の解明の不十分さ」「DC発揮におけるミドルマネジメントの貢献実態の解明の不十分さ」「DCのモデル化の不十分さ」である。

　本書では，DCの先行研究に山積する問題点の中から「①DCはどのような組織能力であるのか具体的な提示が不十分」「②DC発揮におけるミドルマネジメントの貢献実態に関する実証的な検証が不十分」に着眼し連鎖的に克服する，すなわちDCを組織能力として具体的に提示し，DC発揮におけるミドルマネジメントの貢献実態を明らかにすることを目的に，またひいては実務におけるDCの応用展開を進めることを目的に研究する。

《注》

1 ）　ジャングル状態について黄（2011a）は「クーンツの『マネジメント・セオリー・ジャングル』という言葉に倣って，今日，DC論の混乱している状態を称した」「『マネジメント・セオリー・ジャングル』については島（1981）が詳しい」と述べている（p.41）。

2 ）　沼上（2008）はRBVの多様な研究業績を簡略化して，経営学者や社会学ベースの研究者による学習やプロセスを重視する「①日本企業の実証研究を基礎とする経営戦略論研究」「②知識論・学習論」，経済学をベースとする研究者による「③非・新古典派経済学を基礎とする経営戦略論研究」の 3 つに分類した。そして，①～③すべてを包含していたものを初期RBV，③を主とし一部①，②を取り入れたものを後期RBVと呼んだ。

3 ）　藤本（1997）がDCの先行研究で十分に参照されていない理由について，福澤（2013）は「藤本（1997）の研究が，海外の研究者が行うよりも先に，組織の進化に関する命題や概念を早い時期に先取りし，かつ詳細な現場研究にもとづき実証している卓越した研究」「藤本（1997）はそのタイトルにもあるように『生産システム』の進化を扱っているので，戦略論の範疇にはないとみなされている」と述べている（p.74）。Burgelmanの一連の研究がDCの先行研究で十分に参照されていない理由については，福澤（2013）は「研究の焦点が，Burgelmanは戦略のつくり方（プロセス）であるが，DC論を推進している研究者は実現された特定の資源配分のあり方，持ちようであり，異なる」「Burgelmanの研究はその研究の対象が歴史的一回性の現象であり再現性の点で，DC論を推進している研究者からケイパビリティとはみなされていない可能性がある」と述べている（pp.75-76）。

4 ）　原著ではcompetencesと表記されているが，本書においてはケイパビリティと記載して
　　いる。Teece（2009）によると，ケイパビリティ，コンピタンスなどは論者によって様々
　　に用いられているが，Teece（2009）の訳者（谷口他）に対して著者（Teece）から，
　　competencesという言葉は文脈に応じ（一般的）ケイパビリティに訳出してほしいとの要
　　請があり，Teece（2009）の邦訳ではケイパビリティと訳出されている。この訳出に本書
　　は従っている。

5 ）　Teece et al.（1997）はDynamicという用語について「変化するビジネス環境への適合
　　の達成のためにケイパビリティを更新する能力（p.515）」と示している。

6 ）　DCの同質性，代替性ゆえにEisenhardt and Martin（2000）は長期的な競争優位の源泉
　　はDC自体ではなくDCによって構築される資源構成であるとする（p.515）。しかし遠山
　　（2007）は「"ベストプラクティス"としての結果指向的視点に立つならば，DCは模倣が
　　可能であり，持続的競争優位の源泉とはならない。しかし，DCを形成し，具現化する特
　　異性ある学習プロセスを重視してDCを認識するならば，そこには優れて模倣困難性を生
　　み出し，持続的競争優位の源泉となる要因が存在する（pp.34-35）」としている。山田
　　（2010）は「DCの本質が既存の組織能力，あるいはORの修正や変更にあるということか
　　らすると，そのプロセスを詳細にみていくならば，修正・変更プロセスに要する時間的
　　速さやコストの点で企業間には異質性が存在している」「DCの共通性という点をもって
　　DCが競争優位の源泉になりえないという議論を受け入れるわけにはいかないと考える」
　　と述べている（p.62）。

7 ）　Teece（2009）によると，共特化とは「ある資産が別の資産に対して，戦略が構造に対
　　して，あるいは戦略がプロセスに対して，それぞれもちうる関係性を表す（邦訳，p.42）」。
　　具体的には，ディーゼル技術とディーゼル電気機関車，水素自動車と水素スタンド，ゲー
　　ム機とゲームソフト，コンピュータOSと一連のアプリケーション・プログラム，クレ
　　ジットカードとその取扱い業者，が挙げられる（邦訳，pp.31-32）。共特化資産は補完資
　　産の1つであり他の特定資産との共同利用により価値を向上させる。共特化資産はその
　　市場売買の困難さ，便益獲得のためのオペレーション統合の必要性から製品・サービス
　　の差別化，コスト削減に資する（邦訳，p.44）。半導体の性能向上によるソフトウェアの
　　進歩によりデジタル化，モジュール化，ネットワーク化が進行し，インターネットおよ
　　びモバイル端末の広範な普及，通信コストの劇的な低下とあいまって，建設機械，工作
　　機械，自動車等がネットワーク化してきている（経済産業省他，2012）現下の状況にお
　　いて共特化は一層進行する。なお，菊澤（2016）は「共特化の経済は2つ以上のものを
　　結合・融合するメリットであり，異なるビジネスを多角的に展開するメリットを有する
　　範囲の経済とは異なる（p.298）」と述べている。

8 ）　Teece（2009）の訳注によると「薄い市場は，厚い市場とは対照的に取引量が小さく，
　　取引が成立しにくい市場を表している。したがって，市場，取引を形容するために用い
　　られる『薄い』という言葉は，数量がきわめて少ないといった状況を含意している（邦訳，

pp.69-70）」とされる。薄い市場からしか得ることのできない（稀少な）資産の取得・獲得，既存資源との転換，あるいは廃棄等の能力が，資産の有効性，ひいては競争優位の持続のうえで，重要度を増す。

9）　コア・リジディティとは競争優位の源泉であったコア・ケイパビリティが柔軟性を失って環境変化に適応できず，強みから弱みに転化した現象である（Barton, 1995）。同様の現象について戸部他（1984）は，大東亜戦争における日本軍の作戦失敗例から日本軍の組織的な不備，特徴を明らかにし，「適応は適応能力を締め出す（adaptation precludes adaptability）」「特定の戦略原型への徹底的な（過度な）適応が学習棄却能力をひいては自己革新能力を喪失させた」と指摘している。

10）　Helfat et al.（2007）によると，資源ベースという用語は，ケイパビリティを最も一般的な意味での資源と捉えていることを暗示している。資源は目的達成のために組織が頼りにできるものであり，最も広く普及しているオックスフォード（Oxford）など英語辞書における資源の定義である「依拠できる行動・物」などと一致している（邦訳, pp.6-7）。

11）　専門的適合度（technical fitness）と進化的適合度（evolutionary fitness）については，Helfat et al.（2007）の「DCのパフォーマンスと適合」「適合度の測定基準」「専門的適合度と進化的適合度の関係」「進化的適合度と市場のパフォーマンス」「進化的適合度の経験的な測定基準」（邦訳, pp.11-28）が詳しい。

12）　ただし藤本（1997）は，本書の第2章にて言及するが，「進化能力は創発過程（emergent process）を前提とする，具体的に内容規定されたシステム構築能力で，既存DC概念とは一線を画す（p.20）」と述べている。

13）　Adner and Helfat（2003）は，経営者が組織のリソース，ケイパビリティを形成，統合・再編成するダイナミック・マネジリアル・ケイパビリティ（dynamic managerial capability）という概念を提示している。

14）　再配置（configuration）については，Teece（2007）の邦訳では「再構成」，Teece（2009）の邦訳では「再配置（ないし転換）」，菊澤（2018）では「変容」と訳出されている。Teece et al.（1997）等にてconfigurationと共にtransformationが記述されており，「再配置」「再構成」「転換」「変容」のいずれであっても意味合いに大きな相違はないと判断し，感知，捕捉とともにDCFを構成する能力について本書では「再配置」との訳を用いている。

15）　ドミナント・デザインとはTeece（2009）の訳注によると「業界で支配的となった，標準化したデザイン（邦訳, p.18）」である。

16）　ネットワーク外部性とは利用・参加者数の増加に伴って1利用・参加者の便益が増加する現象。新規利用・参加者の便益は既存利用・参加者の数に依存する。利用・参加者数が閾値を超えると普及が一気に加速する。

17）　反イノベーション・バイアスとはTeece（2009）の訳注によると，旧習に重きを置きイ

ノベーションを回避しようとする一般的な傾向である。過大評価によって多くの資金が投入されるプログラム持続性バイアス，既存メンバーを守ったり事業間のカニバリゼーション（共食い）を回避したりする反カニバリゼーション・バイアスなどが要因となる（邦訳，p.21）。

18)　Teece（2009）ではKahneman and Lovallo（1993）により，確実性効果を，意思決定主体が確実性の低い案件を高い案件よりも軽視する傾向としている。

19)　Eisenhardt and Sull（2001）は，ダイナミックな環境下においては，方向性を明示，すなわち注意を向ける領域や対象は示すが，それらを限定しすぎない少ないルールからなるシンプル・ルール戦略が有効であるとした。具体的なルールとしては，ハウ・トゥ型ルール，制約のルール，優先順位のルール，タイミングのルール，撤退のルールが示されている。

20)　Value：価値，Rare：稀少，Imperfectly imitable：模倣困難，Non-substitutability：代替不可能（Barney，1991）。

21)　Rumelt（2011）は，優れた戦略は診断，基本方針，行動から構成されるカーネル（核）を持つ必要があると述べたうえで，戦略を，重大な課題に取り組むための分析や構想，行動指針の集合体であるとした。

22)　吉田（2007）は，分析ができなくなるほど急激に環境が変化する状況下では，DCが機能せず，DCと共生する即興ケイパビリティ（improvisational capability）の必要性を述べている。

23)　Teece自身もDCFは「枠組はモデルと同様，現実を抽象化したものである。関連のある変数に加え，変数間の相互関係をも明らかにする。しかし，存在しうる特殊な理論的関係について懐疑的な態度をとらざるをえないこともあるため，モデルほど頑健ではない（Teece，2007，邦訳，p.5）」との認識を有している。

第**2**章

組織能力に係る
先行研究の理論的考察

　組織能力はDC研究の基盤を成しDCを論ずるにおいて極めて重要な概念である。しかし「概念定義自体に関していまだに混乱がある（藤田，1997，p.39）」という状況が続いている。この混乱はDC研究が進展しない要因の１つとなっている。よって，本章では組織能力および経営資源，ケイパビリティ，コア・コンピタンス，ルーティンなどの先行研究レビューを通じ，第４章での調査・分析の枠組みの検討の前提となる各種概念の定義や特徴などを明らかにする。

　組織能力およびケイパビリティという用語については，「経営資源，組織能力，ケイパビリティ，コア・コンピタンスなどの用語の違いは理論上存在するが，実際の経営では区別が難しく，また実用上の価値が認められない（Barney，2002，邦訳，p.245）」「組織能力は英語ではケイパビリティあるいはコンピタンスになる（藤本，2003，p.27）」であることに則り，本書では組織能力とケイパビリティは同義とし文脈や出所によって使い分ける。

　本章ではまたM&Aについて，M&Aのプロセス，M&Aと組織能力との関連性などについて明らかにする。本章でM&Aを取り上げるのは２つの理由がある。１つ目の理由は，M&Aはその一連のプロセスを効率的にマネジメントする様々な専門知識，スキルからなる経路依存的な経験により形成される企業特殊的な模倣が困難な独自価値をもたらす組織能力である（中村，2003）からである。２つ目の理由は，M&Aは組織能力を入手・再編成する手段として有効でありDC発揮の公算が大きく，調査・分析の対象とする経営プロセスの極め

て有力な候補であるからである。

2.1 経営資源

2.1.1 経営資源の定義・分類

　経営資源についてWernerfelt（1984）はブランド名，社内の技術知識，熟練した人材の雇用，取引先，機械，効率的な手順，資本などを挙げている。Penrose（1995）は企業を経営資源の集合体と捉え，有形の物的資源としてプラント，設備，土地および天然資源，原料，半製品，廃棄物，副産物，最終製品（含，在庫）を，人的資源として不熟練および熟練労働者，事務・管理・財務・法律・技術・経営に係るスタッフを挙げた。

　Christensen（1997）は，人材，設備，技術，商品デザイン，ブランド力，情報，資金，供給業者，流通業者，顧客との関係などを経営資源として挙げ，それらの大半は物，すなわち資産であるとした。経営資源の質が高く，量が豊富であれば，組織の変化への対応の可能性は高まる。

　Grant（2002）は経営資源を有形資源，無形資源，人的資源に分類した。有形資源は財務的資源（資金力等），物的資源（土地，建物，機械，在庫等）である。無形資源は技術的資源（知的所有権，企業秘密等），評判（ブランド，関係性）である。人的資源は従業員，技能，専門知識，忠誠心等である。

　Barney（2002）は経営資源を財務資本，物的資本，人的資本，組織資本に分類した。財務資本は金銭的資源であり起業家自身の資金，出資者あるいは債権者からの金銭，銀行からの借入金，内部留保利益などである。物的資本とは物理的技術，工場・設備，地理的な位置・立地，原材料へのアクセスなどである。人的資本はマネジャーや従業員および彼らの経験・判断・知性・人間関係・洞察力，人材育成訓練などである。組織資本は組織構造，公式・非公式の計画・管理・調整のシステム，企業内部のグループ間の非公式な関係，自社と他社との関係などである。藤田（2007）は**図表2-1**の通りに，経営機能と経営資源の種類という二次元で経営資源を整理し，経営資源をより網羅的に具体的に捉えた。

[図表2-1]　経営資源の例示

	研究開発	生産 (オペレーション)	マーケティング	財務・経理	人事
財務資源	研究開発費	研究開発費	販売費，広告宣伝費	貸借対照表上の金融資産	人事関連の諸費用（人件費等）
物的資源	研究所・オフィス	工場，設備，機械，備品	商品，流通・販売拠点	広義のオフィス	広義のオフィス
人的資源	研究者，エンジニア	生産技能者	マーケティング担当者	財務・経理担当者	人事担当者，ライン管理者
情報・技術的資源	特許権，技術情報	特許権，品質，管理技法，マニュアル	顧客データ・ベース	財務データ・ベース	従業員に関する情報

出所：藤田（2007）第3-1表にもとづき筆者作成

　Helfat et al.（2007）はDCを定義するにあたり資源という用語を用いた際に，資源は「組織がその目的達成のために組織が頼りとできるもの」であり，最も広く活用されている英語辞書[1]に記載されている「依拠できる行動・物」「困難な状況に対処するために利用できる手段，もしくは生産量や利潤を増やすために企業が利用できる全体的な手段」「支援の源泉，もしくは利用可能な手段」「支援の手段」と整合するとした（邦訳，pp.6-7）。

2.1.2　競争優位に資する経営資源

　Barney（2002）は持続的な競争優位の源泉となり得る経営資源か否かを判定する「①経済価値（Value）：その経営資源は外部環境の脅威や機会への適応を可能とするか」「②稀少性（Rareness）：その経営資源はごく少数の企業しかコントロールできないか」「③模倣困難性（Inimitability）：その経営資源を他企業が模倣することは困難か」「④組織（Organization）：その経営資源の潜在力が十分に発揮できるよう組織は整っているか」という4つの基準によるVRIOフレームワークを提唱した。

　Barney（2002）はVRIOフレームワークの限界について「①環境の激変による持続的競争優位の喪失：脅威と機会が突然に予測不可能な状態で変化する

46

シュンペーター的変革が生じた場合，経営資源の価値の劇的な変化により持続的競争優位を維持することは困難である」「②すべての企業が持続的競争優位を得ることは不可能：長期間にわたり，価値を有する稀少な模倣にコストのかかる経営資源やケイパビリティを開発・蓄積する企業しか持続的競争優位を得ることはできない」「③データの収集，精査の困難さ：PVが分析する業界と異なり，経営資源やケイパビリティ，またそれらの目に見えない潜在的収益力に関してデータを収集したり記述したりすることは困難である」と言及している。

　伊丹・加護野（2003）は，**図表2-2**に示す通り「可変性と固定性」「汎用性と企業特性」の２軸で経営資源を分類した。「可変性と固定性」は外部調達の容易さの程度，「汎用性と企業特性」はある企業にとってのみ意味を持つ程度による分類である。汎用性の高い経営資源は一般的に可変性が高く外部調達が容易である。企業特性の高い経営資源は固定性が高く外部調達は困難であり獲得・蓄積にコストを要する。経営資源の中でも情報的資源は「カネを出しても買えないことが多く自分でつくるしかない」「つくるのに時間を要する」「複数の製品や分野で同時多重利用が可能」という性質を有するため競争優位の基本的な経営資源となる可能性が高い。

[図表2-2]　経営資源の分類

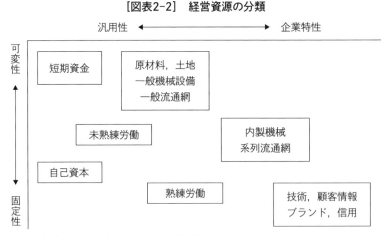

出所：伊丹・加護野（2003）図1-2にもとづき筆者作成

2.2　コア・コンピタンス

　RBVにおいて経営資源の分類，競争優位とその防御方法などに加え，経営資源を活用する能力，すなわち組織能力に関する研究への関心が高まっていった。Hamel and Prahalad（1994）は，経営資源の全社的な効率的配分のための手法であるPPMなどによるリストラクチャリング，事業の統廃合のみでは持続的な成功は困難であるとし，モトローラの高速サイクルタイム生産に係る技術，ソニーの技術，ホンダのエンジン技術などの研究から，企業の競争優位の中核となる組織能力としてコア・コンピタンス（Core Competence）を提唱した。

　Hamel and Prahalad（1994）によるとコア・コンピタンスは，「他社には提供できないような利益を顧客にもたらすことのできる，企業内部に秘められた独自のスキルや技術の集合体（邦訳，p.376）」であり，個々のスキルや組織という枠を超えた学習の積み重ねによって形成される。コア・コンピタンスは**図表2-3**に示す様に，コア技術を構成する多様な技術やスキルがコア・コンピタンスによって調整，統合されコア技術が作られ，コア技術によってコア製品が

［図表2-3］　構成技術・スキル，コア技術，コア製品とコア・コンピタンス

出所：Hamel and Prahalad（1994）にもとづき筆者作成

生み出される。複数のコア製品の調整，統合を経て最終製品が製造され顧客の利益に資する。

　Hamel and Prahalad（1994）によるとコア・コンピタンスは3つの要件を満たす。1つ目は顧客価値である。そのスキル，技術により製造された最終製品の価値が顧客に認知され，また顧客の価値の向上に貢献する。2つ目は競合他社との相違である。そのスキル，技術は業界のどこにもあるようなものではない，ユニークな競争能力である。3つ目は企業力の拡張である。そのスキル，技術から，全社的視点に基づき，新製品や新サービスの具体的なイメージが描け，広範な市場への参入が可能である。

2.3　ケイパビリティ

　Stalk et al.（1992）はウォルマート，ホンダなどの研究から，ケイパビリティとコア・コンピタンス（Hamel and Prahalad, 1994）とは似て非なる相互補完の関係にあるとしたうえで，ケイパビリティとコア・コンピタンスとの相違を，また競争優位におけるケイパビリティの重要な役割を明らかにした。Stalk et al.（1992）によると，コア・コンピタンスはバリューチェーン上の特定のプロセスにおける技術力ないし製造能力であるが，ケイパビリティはバリューチェーン全体におよぶ能力であり，戦略的に意味づけられた一連のビジネスプロセスであるとされる。

　Stalk et al.（1992）は事例としてホンダを挙げた。ホンダが長年にわたり幅広い事業へ進出できたのは，Hamel and Prahalad（1994）がコア・コンピタンスと考えたエンジン設計のためだけではない。マーチャンダイジング，営業，販売ディーラーの店舗設計，サービスマネジメントなどの業務の方針やプロセスについてディーラーを教育・支援する一連のビジネスプロセスによるところが大きい。このディーラーを教育・支援する一連のビジネスプロセスがケイパビリティである。ホンダはオートバイ事業で構築したディーラーを教育・支援する一連のビジネスプロセスの再現により新規事業参入を実現してきた。戦略的に意味づけられたとは，SBUと職能部門を結びつけ，双方の能力の最大化のためにインフラへ戦略的な投資を行い，それらの構築，推進がCEOなどによ

[図表2-4]　能力のマトリックス

	Individual 個人	Organizational 組織
Technical 技術・技能面	① 個人の 職務能力	③ 組織の コア・コンピタンス
Social 人間関係面	② 個人の リーダーシップ能力	④ 組織の ケイパビリティ

出所：Ulrich and Smallwood（2004）図1にもとづき筆者作成

り部門横断的に行われる状態を指す。

　Ulrich and Smallwood（2004）は組織能力を**図表2-4**で示す通り，「個人あるいは組織のいずれに帰属するか」「技術・技能面（technical）あるいは社会関係面（social）のいずれに関連するか」という2軸によって分類した。①は個人のマーケティング，財務，製造などの技能，②は方向性の決定，ビジョンの伝達，部下の動機づけなどの個人のリーダーシップ能力，③は組織の技術・技能であるコア・コンピタンス（例：金融機関における与信管理ノウハウ），④は組織DNA，企業文化など組織の人間関係面を強調したケイパビリティである。Ulrich and Smallwood（2004）の図表2-4で示す分類によると，コア・コンピタンスとケイパビリティは，個人ではなく組織に帰属する，技術・技能面と人間関係面で相互補完の関係にある組織能力である。

2.4　組織能力

　Christensen（1997）は，組織能力は経営資源，プロセス，価値基準から構成されるとした。経営資源は人材，設備，技術，商品デザイン，ブランド力，情報，資金，供給業者，流通業者，顧客との関係などであり，プロセス，価値

50

基準と比較すると，分かりやすく，また雇用や解雇，購入や売却を通じた組織譲渡などによる価値の増減が容易である。同じ経営資源を有していても高付加価値の製品・サービスを創出できるか否かは組織によって異なるため，経営資源のみでは組織能力として十分ではない。

　プロセスとは，資源のインプットを高付加価値の製品・サービスに変換する際の相互作用，協調，コミュニケーション，意思決定のパターンである。プロセスの例としては，製造，商品開発，調達，市場調査，予算作成，事業計画，人材開発，給与決定，資源配分などが挙げられる。プロセスは価値創出の組織のメカニズムであるが，一定の方法の反復作業によって確立され一貫性を保つため，基本的に変化を拒否する（Christensen, 1997）[2]。

　価値基準とは，注文の魅力度，顧客の重要度，新製品のアイデアの良否などを判断し，仕事の優先順位を決定する際の基準である。価値基準はコスト構造や事業モデルに合致させるべきであり，従業員が準拠する必要のあるルールを定義する。優良企業の価値基準は少なくとも粗利益率，成長率という2つの次元に向かい進化する傾向がある。一貫性のある明確な価値基準の組織全体への浸透は優れた経営を示す重要指標の1つである（Christensen, 1997）。

　Teece et al.（1997）は企業の特徴的なケイパビリティを把握するためにケイパビリティをプロセス（process），ポジション（position），経路（path）に分類した。プロセスは企業内で物事がどのように行われているか，すなわちルーティン，実践や学習のパターンである。ポジションは特定の技術，知的財産，補完的資産，顧客基盤，およびサプライヤーや補完者との対外関係である。経路は企業が利用可能な戦略的代替案，収益の増加，それに伴う経路依存性[3]の有無を指す。プロセスは企業が所有する資産すなわちポジションと企業が実行してきた戦略代替案という進化の経路によって形成される。ケイパビリティはある種のプロセスに組み込まれており，プロセスによってDCと競争優位の本質の理解は可能である。

　Teece（2014a）では，プロセス（ルーティン），ポジション（資源），経路（戦略）の観点からDCとOCを区分する「能力フレームワークの要素」を提示した。Teece et al.（1997）とTeece（2014a）で述べられているケイパビリティの構成要素は同じであり，ケイパビリティはプロセス，経営資源，戦略か

ら構成されるとTeeceは捉えている。

　藤本（2003）は，技術開発，デザイン，生産，調達，販売・マーケティング，物流，財務，法務，戦略構想などに関する組織能力で企業は他企業と差をあけることが可能であるとし，特に生産・製品開発・部品調達などの現場オペレーションの能力であるもの造りの組織能力に注目した。他社より優れ安定した競争力や業績をあげ続けている企業はその企業特有の経営資源，知識，常道的な規範・慣行であるルーティンを有すると推測し，企業特有のルーティンの束によって競合を上回る成果を企業が得ている場合，このルーティンの束を組織能力，英語ではケイパビリティあるいはコンピタンスと呼んだ。

　そして藤本（2003）は，組織能力を「①ある経済主体が有する経営資源・知識・組織ルーティンなどの体系，②企業独特なもの，③模倣困難（優位性持続に貢献），④結果，競争力・生存能力を強化するもの（p.28）」と定義した。

　藤本（2003）は，**図表2-5**の通り，組織の競争力は表層の競争力（表の競争力）と深層の競争力（裏の競争力）からなるとした。表層の競争力は価格，認知された製品，納期など顧客が直接に観察・評価することが可能な指標であり，これらにより企業は競合企業と争い，マーケットシェアを争い，最終的に相応の利益，収益パフォーマンス（収益性）を獲得する。一方深層の競争力は表層の競争力の水面下にあるリードタイム，工数，不良率，品質など顧客の直接的

[図表2-5]　もの造りの組織能力とパフォーマンス

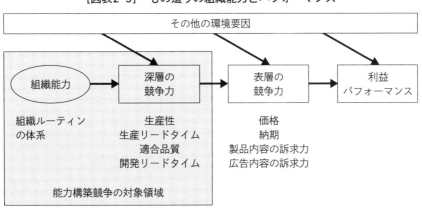

出所：藤本（2003）図2・3にもとづき筆者作成

[図表2-6] もの造りの組織能力の３階層

特性 組織能力	ルーティン的か	能力の対象：レベルか変化か
ルーティン的な もの造り能力	ルーティン的 ［情報転写の 繰り返し］	静態的 ［他社より高レベルの競争 力を繰り返し実現する］
ルーティン的な 改善能力	ルーティン的 ［問題解決の 繰り返し］	動態的 ［他社より速いスピードで 競争力を向上させる］
進化能力 （能力構築能力）	非ルーティン的 ［創発的な能力構築 への対処］	動態的 ［他社より速いスピードで 上記２つの組織能力を構築する］

出所：藤本（2003）表２・１にもとづき筆者作成

　な観察・評価は可能でない指標である。藤本（2003）は，組織能力の改善は深層のパフォーマンスの改善に現れるため，深層の競争力は組織能力と直接関係があるとしたうえで，深層レベルの競争を能力構築競争と呼んだ。

　収益性，表層と深層の競争力，組織能力および能力構築競争の関係性を示したうえで藤本（2003）は，長期にわたり能力構築競争において秀でる製造企業のもの造りの組織能力について，**図表2-6**の通り「ルーティン的なもの造り能力」「ルーティン的な改善能力」「進化能力（能力構築能力）」という三層の能力からなる枠組みを示した。三層の組織能力は能力構築競争における駆動力であり，また競争の成果でもある。

　藤本（2003）によると，ルーティン的なもの造り能力とは「日常的な現場の生産活動において，同じ製品を，競争相手より低いコスト，高い品質，短い納期で供給し続ける能力」「決まりきったこと（ルーティン）を繰り返しハイレベルで行う組織能力」である。ルーティン的な改善能力とは「生産性・品質・納期などの『深層の競争力』を，繰り返して着実に向上させていく能力」「生産現場の『改善活動』や新製品の開発を通じて，生産工程や製品のレベルを不断に向上させていく組織能力」である。進化能力（能力構築能力）とは，「以上二つのルーティン的な組織能力そのものを，ライバル企業よりも速く構築す

る組織能力，すなわち能力構築能力」「ルーティン的でないダイナミックな能力」「その本質は『システム創発的』という混沌とした状況のなかで，なおかつ何があっても学んでしまうという，『しぶとい学習能力』である」である（pp.54-55）。

　藤本（2003）の言う進化能力は非ルーティン的，動態的という点でDCと整合的であるが，藤本（1997）によると，進化能力は創発過程（emergent process）を前提とするシステム構築能力であり既存のDC概念とは一線を画し，また「『進化能力』の概念には具体的な内容規定が与えられ，他の能力概念とははっきり区別されており，その意味で単に『メタ』という修辞語をつけただけの空虚な概念ではない点に注意をようする（p.20)」とされる。

　Porter（1996）によると，戦略とは独自性に優れたポジショニングとそれを担保する活動システムの構築であり，戦略にはトレード・オフの受け入れ，すなわち「何をやる・やらない」の選択が必要である。また，他社とは異なる独自に構築した活動システムに基づき特有の価値を顧客へ提供することで独自ポジションを獲得し他社とは違う存在になることが可能となるため，戦略の本質は活動にある。活動システムとは**図表2-7**に示す通り，有機的に関係しあう様々な活動の集合体，仕組みであり，この活動システムの見取り図を活動システム・マップという。活動システム・マップは戦略ポジションが様々な活動においてどの程度考慮されているかを示す。

　Porter（1996）のサウスウエスト航空の活動システム・マップにおけるノンフリル・サービスなどの戦略ポジションは藤本（2003）の表層の競争力に，Porter（1996）の高い機体稼働率などの活動は藤本（2003）の深層の競争力と整合的である。藤本（2003）が深層の競争力と直接関係があるとした「ルーティン的なもの造り能力」「ルーティン的な改善能力」「進化能力」の三層からなる組織能力のうち改善能力，進化能力は，Porter（1996）が示したサウスウエスト航空の活動システム・マップには示されていない。

　また，Porter（1996）のサウスウエスト航空の活動システム・マップの「着陸から離陸まで15分」などの活動はTeece et al.（1997），Christensen（1997）のプロセスに，Porter（1996）の「高生産性の地上・ゲート職員」はTeece et al.（1997），Christensen（1997）の経営資源に該当する。

[図表2-7]　サウスウエスト航空の活動システム・マップ

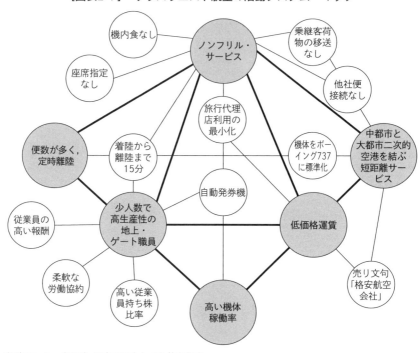

出所：Porter（1996）図表2にもとづき筆者作成

　Christensen（1997）は，組織能力は経営資源，プロセス，価値基準から構成されるとした。Teece et al.（1997），Teece（2014a）は，ケイパビリティはプロセス，ポジション（資源），経路（戦略）によって形成されているとした。藤本（2003）は，組織の競争力を表層の競争力（表の競争力）と深層の競争力（裏の競争力）からなるとし，深層の競争力が組織能力と直接関係があるため深層レベルの競争を能力構築競争と呼んだ。そして，製造企業のもの造りの組織能力を「ルーティン的なもの造り能力」「ルーティン的な改善能力」「進化能力（能力構築能力）」という三層からなるとした。Porter（1996）は，有機的に関係しあう様々な活動の集合体，仕組みである活動システムによって独自性に富むポジショニングを獲得できるとした。

　以上，先行研究によると，組織能力は細分化され，因果や手段-目的などの

関係で連なっている。組織能力の把握の困難さは，組織能力が細分化され，細分化された組織能力が因果などの関係性を有するという組織能力の特性に起因している。組織能力を具体的，詳細に把握するためには，組織能力をその構成要素である組織能力に細分化し，細分化した各々の組織能力を因果などの関係性を表す状態で記述する必要がある。

2.5　プロセス

　Project Management Institute（2017）によると，プロセスは「最終的な成果に向けて系統的に実行する一連のアクティビティ。例えば，ひとつ以上のインプットからひとつ以上のアウトプットを生み出すこと（邦訳，p.732）」とされる。アクティビティとは「プロジェクトの過程において実施されるべくスケジュールに組み込まれた個々の作業（邦訳，p.698）」である。

　Project Management Institute（2017）によると，インプットとは「プロセスが進められる前に必要となる様々な項目。プロジェクトの内外のものであるかを問わない。先行プロセスからのアウトプットであることもある（邦訳，p.700）」，アウトプットとは「プロセスによって生成されるプロダクト，所産，またはサービス。後続プロセスへのインプットとなる場合がある（邦訳，p.698）」，プロジェクトとは「独自のプロダクト，サービス，所産を創造するために実施される有期的な業務（邦訳，p.728）」である。最小の業務であるアクティビティの一連がプロセスを成しプロセスの一連がプロジェクトを構成する。

　高梨（2003）はプロセスを「一定の目的を達成するために関連機能を（最適な）ルートで連結した活動の連鎖（p.14）」と定義した。そして，基本的なプロセスの流れを**図表2-8**のように，サプライヤーからインプット，プロセス，アウトプット，顧客までの実践であるとした。サプライヤーから調達した原材料は企業の経営資源となりプロセスにインプットされる。経営資源はプロセスにおいて価値が高められ製品としてアウトプットされカスタマーに届けられる。

56

[図表2-8] 基本的なプロセスの流れ

出所：高梨（2003）図1-4にもとづき筆者作成

　組織能力を，藤田（1997）は「経営資源を蓄積，形成，統合，活用する能力
（p.51）」），十川（2002）は「様々な組織活動を接着させるような経営資源活用
能力（p.34）」，中橋（2007）は「資源を適切に組み合わせて一体化，協働させ
価値を創出する能力（p.5）」としている。藤田（1997），十川（2002），中橋
（2007）の組織能力概念を要約すると，組織能力は「資源を蓄積，活用，協働
させることで価値を創出する能力」であり図表2-8で示したプロセスに該当す
る4)。

2.6　ルーティン

2.6.1　ルーティンの定義，特徴

　ルーティンとは，企業において，一定の定めに従い秩序立って実行される規
則的な，予測ができる思考や言動のパターン（型，様式）であり，生産技術，
雇用や解雇，発注，生産増強，投資，研究開発，広告，多角化や投資の企業戦
略などあらゆる企業活動に関するものを指す（Nelson and Winter，1982）。

　ルーティンは，大月（2004）によると，公式的な手続きや規則，慣習として
記述され，反復性を特徴としているとされる。March and Simon（1958）は，
「（個人的または組織的）活動は，通常，ある種の環境刺激，たとえば顧客の注
文や火災警報までたどることができる。刺激への反応はさまざまで，一方の極
では，刺激は反応（時には非常に精巧）を想起する。これは，以前，同種の刺
激があったとき，適切な反応として開発，学習されたものである。これが連続
体の『ルーティン化』極で，刺激はほぼ瞬時にプログラムを想起する（邦訳，
pp.177-178）」「すべての人の行動の大部分と比較的ルーティンの仕事につく行

動のほぼ全部はこれで説明できる。たいていの行動，特にたいていの組織内行動は，プログラムが制御している（邦訳，p.180）」と述べている。

Levit and March（1988）は「組織は歴史から行動を導くルーティンへ符号化された推論によって学習する（p.319）」と述べている。これはルーティンには組織の歴史に関連づく知識，ノウハウが埋め込まれていること，ルーティンと組織学習は密接に関連していることを意味している。渡辺（2007）は，「ルーティンは，組織の内において成功体験や合理的な手順として反復され，複雑なコミュニケーションを必要とせずに行為を自動化でき，自動化・システム化された組織ルーティンは，組織内部の安定性や信頼性を増し，組織ルーティンは成長の源として重要な組織資源となる（p.1）」と述べている。

ルーティンは意思決定や問題解決の探索と選択を常軌化，自動化し，それらに係る手続きやコミュニケーションを低減させ，行為を迅速化させることで，組織活動の効率を高める。またその効率から生じた余剰資源を新たな成長分野に関する情報の収集や意思決定に費やすことが可能になる。組織学習はルーティンによってなされる。以上がルーティンのメリットである。

一方で，このようなルーティンのメリットは環境が大きく変化した場合には逆機能化し，組織活動や戦略の修正，変化を阻害する要因となる。現在のルーティンによって高い成果が獲得できている場合，現在のルーティンが最善のものではない状況であっても，より有効性の高いルーティンの探索や活用に関する意識は弱体化する。この現象はコンピテンシー・トラップ（有能性の罠）と呼ばれる（Levit and March, 1988）。

コンピテンシー・トラップが引き起こされる要因として組織学習の近視眼が挙げられる。Levinthal and March（1993）によると，組織における学習では，長期的学習の劣後，狭い領域での学習の優先，失敗からの学習の減少という3つの近視眼が存在する。長期的学習の劣後とは，短期的な学習の方が計画しやすく取り掛かりやすく，長期的学習はそうではないことが多いため，長期的学習が後回しにされてしまう傾向があることである。短期的学習が成果をもたらす場合はさらにこの傾向は強まる。狭い領域での学習の優先とは，例えば現在のマーケットや顧客など空間的に近くに存在することに関する学習は進展しやすいが未知のマーケットなどに関する学習は難しい傾向のことである。失敗か

らの学習の減少とは，組織学習により成功の確率が高まり，一層自信がつき，失敗から学習することが困難になる傾向である。

March（1991）によると，知識の探索（exploration）による成果は，活用（exploitation）のそれと比較し不確実性が高く，また探索は活用よりもより多くの時間を要するため，探索よりも活用の方が優先して取り組まれる傾向にある。探索を伴わないあるいは探索が十分でない活用への傾注は，自己破壊的（self-destructive）であり，探索と活用の適切なバランスが組織の存続，繁栄にとっては重要である。

Teeceは，Teece et al.（1997）においてルーティンをプロセスの主要な要素として捉え，Teece（2009）において既存のケイパビリティやルーティンがラディカル（非連続的）・イノベーションの創造や採用において阻害要因となるとしており，ルーティンとイノベーションの関連について言及している。Teece（2014a）では戦略やビジネスモデルは従業員の日々のルーティンに埋め込まれ，ルーティンは強く一貫した組織価値によって有効性を発揮するため，ルーティンの設計，開発，実行，変更は，トップマネジメントのリーダーシップの一部に帰属するものとしている。Zollo and Winter（2002）は，ルーティンと組織学習の観点からDCの発展メカニズムにアプローチし，図表1-1の通り学習，DCとOCとの関連を示している。

ルーティンはケイパビリティの主要な要素である。DCの発展メカニズムにはルーティンの関わりがある[5]。既存のルーティンの刷新がイノベーションや新たなケイパビリティの獲得を通じた環境変化への適合において重要である。組織から強く支持されているルーティンの設計，変更等にはトップマネジメントが関与する必要がある。DCとルーティンは強く関連しているため，DC研究を前に進めるうえにおいてはルーティン研究を踏まえる必要がある。

2.6.2 ルーティンに関する先行研究からの示唆

大月（2004）は，ルーティンの理解を妨げる要因である「ルーティンへの多くの者の関与」「ルーティン遂行時の創発的行動の可能性」「関与者のルーティンに関する基本的知識の不明瞭さ」「技術革新によるルーティンの複雑化」によって，ルーティンの本質的解明は十分でないと指摘している。したがって，

DCの実体をルーティンにより分析する際には，これらのルーティンの本質的解明が十分になされない要因に十分な注意を払い，分析にあたっては時間や労力など相応のコストを払う必要がある。

　大月（2004）はまた，ルーティンは単純なものが複合し複雑な重層的構造となり，組織ルーティンの問題を議論する際にはどのレベルのルーティンを議論の対象としているか明らかにする必要があると述べている。よって，DCの実態の分析にあたっては，その複雑性，重層性に留意し，どのレベルの組織能力が分析するうえで適切なのかについて検証する必要がある。例えば，ある買収の事例を研究対象として取り上げる場合，DCF（Teece, 2007, 2009）の感知のレベルで捉えるのか，もう一段階ブレイクダウンした，顧客動向に関する感知，競合動向に関する感知，学術動向に関する感知で捉えるのか，さらに顧客動向に関する感知をさらにブレイクダウンした「顧客を招待しての技術展示会」のいずれが分析の対象として適切なのかを検証しなければならない。

　さらに大月（2004）は，組織ルーティンは遂行されなければ単なる絵に描いた餅にすぎなくなるため，その行為主体がだれかを特定化する必要があると述べている。だれがどのような背景，状況，経緯において，どのような相互作用によって，どのような意思決定を下し，どのようにそれが実行されたかは，たとえ同じルーティンにおいてもその遂行の主体によって異なることも十分に考えられる。したがって，ルーティンを構成要素とするプロセス，組織能力の分析には，その主体を明らかにして臨む必要がある。

2.7　人材マネジメント論における能力概念

　人材マネジメント論においてはアビリティ（Ability），コンピテンシー（competency），ケイパビリティなどの能力概念が存在しているため，組織能力について，戦略論と人材マネジメント論の能力概念には若干の混乱もみられる。そこで本節では，戦略論の能力概念としてStalk et al.（1992），Ulrich and Smallwood（2004），藤本（2003）を，人材マネジメント論の能力概念として根本（1998），幸田（2003）を取り上げ，人材マネジメント論と戦略論の能力概念を対比し異同を明らかにする。

[図表2-9] 能力マップ

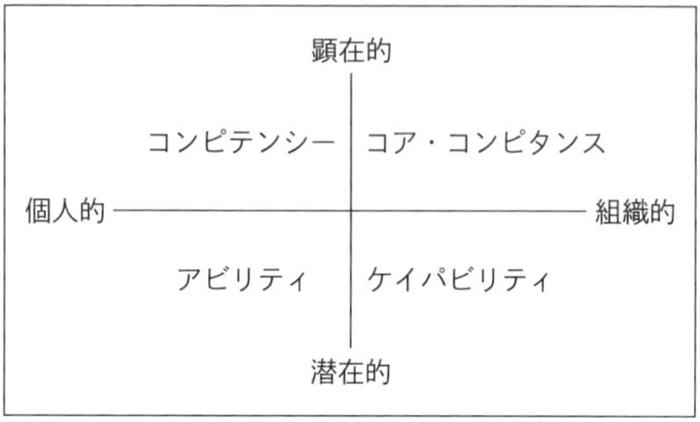

出所：根本（1998）Ⅱ-3にもとづき筆者作成

　根本（1998）はコンピテンシーとコア・コンピタンスの概念整理の過程にお
いて，顕在と潜在，個人と組織の二次元からなる能力マップを**図表2-9**の通り
示した。幸田（2003）によると，アビリティは個人が持つ潜在能力であり，こ
のアビリティの顕在化のため，管理者，人事施策による支援，自己啓発・自己
研鑽が必要とされる。コンピテンシーは企業が個人に期待する成果を創出する
個人の顕在化した行動特性である。ケイパビリティは，個人同士が相互に影響
を与える過程で組織的に形成される潜在的な能力である。コア・コンピタンス
はケイパビリティが顕在化したもので企業の総合的な組織能力である。ケイパ
ビリティは個人の潜在的能力として使用されるケースもある。

　根本（1998），幸田（2003）の人材マネジメント論の能力概念とStalk et
al.（1992），Ulrich and Smallwood（2004），藤本（2003）の戦略論の能力概念
には少なくとも3つの共通点がある。1つ目の共通点は組織的能力の重視であ
る。幸田（2003）によると，持続的競争優位のため人事施策・手法により個人
の潜在能力であるアビリティを有する人材を獲得，顕在化しコンピテンシーと
し，さらに組織的能力であるコア・コンピタンスへと転化する。またアビリ
ティを有する人材から組織的能力である潜在的なケイパビリティを形成しさら
に顕在的なコア・コンピタンスを強化することに人材マネジメントは責任を
負っている。人材マネジメント論，戦略論のいずれも組織的能力を重視してい
る。

　2つ目の共通点は組織能力の顕在と潜在による区分である。組織的能力につ

いて，根本（1998）は顕在化しているか，潜在化しているかで区分した。藤本（2003）は表層の競争力と深層の競争力に区分した。藤本（2003）の表層の競争力は表にみえ顕在的であり，深層の競争力は表にみえず潜在的である。根本（1998）の顕在的な組織能力は藤本（2003）の表層の競争力と，根本（1998）の潜在的な組織能力は藤本（2003）の深層の競争力と，顕在か，潜在かの点で対応し，人材マネジメント論，戦略のいずれも組織能力を顕在と潜在で区分している。

　3つ目の共通点は顕在（発揮）への着眼である。幸田（2003）は潜在化している能力をいかにして顕在化，発揮させるかが人材マネジメント論の最重要課題であるとしている。この幸田（2003）の認識は，経営資源の分類などを研究の主眼としていた戦略論の資源ベース論から，経営資源の組み合わせや活用により顧客価値の実現を果たすかなど，すなわち経営資源が保有する潜在的能力をいかに顕在化させるかに着眼する組織能力への視点の移行と符合する。人材マネジメント論，戦略のいずれも組織能力の顕在（発揮）について着眼している。

　根本（1998），幸田（2003）の人材マネジメントの能力概念とStalk et al.（1992），Ulrich and Smallwood（2004），藤本（2003）の戦略論の能力概念には少なくとも2つの相違点が挙げられる。1つ目の相違点は，能力区分の際の潜在か，顕在かという区分基準の重視度である。根本（1998）は，能力を潜在，顕在で区分することを重視している。一方，Ulrich and Smallwood（2004）の図表2-4では技術・技能面，人間関係面で能力を区分している。戦略論では能力の顕在化，発揮については一定程度所与であり，また能力の区分において技術・技能的か，人間関係的かによる区分を，潜在と顕在で区分することよりも重視している。

　2つ目の相違点は潜在的能力の重要性の認識についてである。根本（1998）の潜在的組織能力に対応する藤本（2003）の深層の競争力について，藤本（2003）は組織能力と直接関係し深層の競争力に係る競争を能力構築競争と呼ぶなど深層の競争力を極めて重要と認識している。根本（1998），幸田（2003）は潜在的能力の顕在化，発揮について重視していることは明らかであるが，潜在的能力そのものの重要性について十分な言及はなされていない。

根本（1998），幸田（2003）の人材マネジメントの能力概念とStalk et al.（1992），Ulrich and Smallwood（2004），藤本（2003）の戦略論の能力概念の対比から，若干の相違点はあるものの共通点があることが判明した。

2.8　組織能力のトートロジー問題

Barney（2002）は，経営資源やケイパビリティのデータへのアクセスは，それらの記述が困難であったり，それらが目にみえなかったりするため困難であると述べている。藤本（2003）は「生産性や製造品質など，競争力の強さを示すパフォーマンス指標で高い成果を出していることが分かったとしても，このことをもって『だからあの企業には組織能力があったのだ』と性急に結論づけるのは，単に『強さがあったから強かった』といっているようなもので，これでは空虚な同義反復に陥ってしまう（p.29）」と述べている。

上田（2007）は「成功企業を取り上げて『顧客を惹きつけ，競争相手と比べて高い成果を上げてきたことは同社が高いケイパビリティをもつことを裏づける』といったような同語反復的で曖昧な議論に陥る危険性もはらんでいる（p.74）」と組織能力に関する研究のトートロジー問題を指摘している。

藤本（2003）はトートロジー的な議論を避けるため，企業の内外を駆け巡る製品設計情報の流れに着目し，もの造りの組織能力を製品設計情報が絶え間なく継続する情報システムとみなし，記述・説明した[6]。

Eisenhardt and Martin（2000）は製品開発，提携・買収，資源配分，知識移転・複製（組織学習）のプロセスによりDCを提示した。Zollo and Winter（2002）は，プロセスとしてR&D，再構築・再配置，買収後の統合のプロセスを取り上げ，DCの解明を試みた。Teece（2007）はDCFにおいて，DCとDCを支える経営的なプロセス，手法，システムなどのミクロ的基礎とを分離した。

藤本（2005）は研究のサイクルにおいてすべての理論概念の操作化が必要とは限らず，「命題X→Yについて操作化して検証することを通じ，間接的に理論概念Aの有用性を証明する」という研究戦略もあると述べ，取引コストという概念の有用性を証明する例を挙げている。ある部品の特性（X）により取引コスト（A）の増加が，さらに取引コスト（A）の増加によってその部品が内

製化（Y）されるケースが多いと論理的に推定されるとする場合，因果関係は
X→A→Yと論理的に推定される。しかし，取引コスト（A）をブラックボッ
クス化[7]し，概念Xの指標 x と概念Yの指標 y によって，命題 x → y を実証
分析し，Aの存在を間接的に主張することができるという。

　トートロジー問題を回避し研究を進めるためには，ルーティン，パターン，
手法などのプロセスも経営資源とあわせ調査・分析の対象としDCを具体的に
解明する必要がある。またDCという概念の有用性を証明するうえで「命題X
→Yについて操作化して検証することを通じ，間接的に理論概念Aの有用性を
証明するという研究戦略（藤本，2005）」を活用することも一考に値する。

2.9　組織能力の概念や定義

2.9.1　組織能力の構成要素

　組織能力の構成要素について，Christensen（1997）はプロセス，経営資源，
価値基準を，Teece（2014a）はプロセス，経営資源，戦略を挙げている。
Christensen（1997）とTeece（2014a）の経営資源，プロセスの概念はほぼ同
じである。組織能力を構成する 3 つ目の要素として挙げているChristensen
（1997）の価値基準，Teece（2014a）の戦略はいずれも，経営資源の活用やプ
ロセスの遂行にあたっての方向性について一貫性をもって明快に示す特性を有
するという点で整合的である。よって，Christensen（1997）とTeece（2014a）
の組織能力の構成要素は，一部名称の異なる要素もあるが，基本的には整合的
である。

　藤本（2003）は組織能力を「ある経済主体が有する経営資源・知識・組織
ルーティンなどの体系（p.28）」と捉え，組織能力は経営資源，知識，ルーティ
ンからなるとしている。藤本（2003）が組織能力を構成すると考えた知識は経
営資源であり，またルーティンはプロセスであることから，藤本（2003）の組
織能力を構成する経営資源，知識は，Teece（2014a）が組織能力として捉え
た経営資源と一致し，藤本（2003）の組織能力の 1 つであるルーティンは
Teece（2014a）が組織能力として捉えたプロセスに包含される。

　Christensen（1997），Teece（2014a），藤本（2003）の各々の組織能力の構成要素の概念に大きな相違は認められない。本書ではChristensen（1997），Teece（2014a），藤本（2003）の組織能力に関する先行研究レビューを援用し，組織能力の構成要素をプロセス，経営資源，戦略とする。

2.9.2　プロセス

　プロセスについてStalk et al.（1992）は，マーチャンダイジング，営業，販売ディーラーの店舗設計，サービスマネジメント，ディーラー教育・支援などのビジネスプロセスと捉えている。Christensen（1997）はプロセスの例として製造，商品開発，調達，市場調査，予算作成，事業計画，人材開発，給与決定，資源配分などを挙げ，プロセスを「資源のインプットを高付加価値の製品・サービスに変換する際の相互作用，協調，コミュニケーション，意思決定のパターン（邦訳，pp.221-222）」とした。Teece et al.（1997）はプロセスを「ルーティン，実践や学習のパターン（p.518）」としている。

　藤田（2007）は経営機能と経営資源の種類という二次元で経営資源を整理し経営資源をより網羅的に具体的に捉えることを試みたが，藤田（2007）の言う経営機能は研究開発，生産（オペレーション），マーケティング，財務・経理，人事であり，Stalk et al.（1992）のビジネスプロセス，Christensen（1997）のプロセスとほぼ同じである。

　Project Management Institute（2017）ではプロセスを「最終的な成果に向けて系統的に実行する一連のアクティビティ。例えば，ひとつ以上のインプットからひとつ以上のアウトプットを生み出すこと（邦訳，p.732）」と定義し，アクティビティを「プロジェクトの過程において実施されるべくスケジュールに組み込まれた個々の作業（邦訳，p.698）」と定義している。高梨（2003）は「一定の目的を達成するために関連機能を（最適な）ルートで連結した活動の連鎖（p.14）」とプロセスを定義した。

　プロセスが具体的に何を指すかについては，Stalk et al.（1992），Christensen（1997），藤田（2007）が商品開発，製造，調達，市場調査，マーチャンダイジング，営業，ディーラー教育・支援，人材開発などのビジネスプロセスを提示している。本書ではこれらのビジネスプロセスのレベルの大きさ

のプロセスを経営プロセス，経営プロセスの構成要素をプロセス，さらにその構成要素をサブプロセスと呼ぶ。

　本書ではプロセスを，プロセスの定義である「資源のインプットを高付加価値の製品・サービスに変換する際の相互作用，協調，コミュニケーション，意思決定のパターン（Christensen, 1997, 邦訳, pp.221-222）」「ルーティン，実践や学習のパターン（Teece et al., 1997, p.518）」「最終的な成果に向けて系統的に実行する一連のアクティビティ。例えば，ひとつ以上のインプットからひとつ以上のアウトプットを生み出すこと（Project Management Institute, 2017, 邦訳, p.732）」を援用し，「インプットされた資源を高付加価値化するための相互作用，協調，コミュニケーション，意思決定のパターンであり，業務遂行の方法，一連の活動，慣習，ルーティン，パターン」と定義する。

　プロセスを構成するルーティンについては，Nelson and Winter（1982），March and Simon（1958），大月（2004）のルーティンに関する先行研究に基づき，ルーティンの特性を包含しているNelson and Winter（1982）の定義を基盤として，本書ではルーティンを「一定の定めに従い秩序立って実行される規則的な，予測ができる思考や言動のパターン（型，様式），フォーマルな規則や手続き，風習，慣習」と定義する。

2.9.3　経営資源，戦略

　経営資源は，Wernerfelt（1984），Penrose（1995），Christensen（1997），Grant（2002），Barney（2002），藤田（2007）の先行研究に基づき，Barney（2002）が経営資源の分類として挙げている財務資本，物的資本，人的資本，組織資本に，伊丹・加護野（2003）が競争優位の基本的な経営資源となる可能性が高いとした情報的資源を加え，本書では，経営資源は「財務的資源，物的資源，人的資源，組織資源，情報的資源からなる。各々の経営資源は区分されているわけではなく重複している」とする。

　戦略の定義は多様であるが，Teece（2014a）にて提示されたRumelt（2011）の戦略を本書における戦略として援用する。Rumelt（2011）の戦略を援用するのは，Rumelt（2011）の戦略がTeece（2014a）においてDCの枠組みの操作化のために必要とされ，具体的には図表1-5に示した「能力フレームワークの

要素（Teece, 2014a）」，図表1-6に示した「ダイナミック・ケイパビリティと戦略の相互関係（Teece, 2014a）」において重要な概念として用いられているからである。

　Rumelt（2011）の戦略とは，1.3.3で示したように，「重大な課題に取り組むための分析や構想や行動指針の集合体（邦訳，p.10）」「極めて重要な問題点を選別し，また複雑に錯綜する状況を明快に解明し，取り組むべき課題を判断する『診断』，診断で明らかにした課題についてどのように取り組むかについて大きな方向性，方針を示す『基本方針』，基本方針の実行のための一貫性を有する一連の行為である『行動』の3要素から構成されるゆるぎない基本構造」である（邦訳，pp.108-109）。以上より，本書では戦略を，「重大な課題に取り組むための分析や構想や行動指針の集合体であり，診断，基本方針，行動の3要素から構成されるゆるぎない基本構造」と定義する。

2.9.4　組織能力の概念，定義

　Christensen（1997），Teece et al.（1997），Teece（2014a），藤本（2003）らの組織能力概念，またProject Management Institute（2017），高梨（2003）のプロセス概念からは，組織能力は細分化され，細分化された組織能力各々は因果や連続などの関係性を有する。大月（2004）はルーティンが重層的な構造となっていることを指摘している。これらの先行研究に基づき，本書では組織能力の特徴として階層性，連鎖性を挙げる。階層性とは**図表2-10**のように上位から下位へと段階的に層をなす状態を指す。連鎖性とは**図表2-11**に示す通り，鎖のように繋がることである。

[図表2-10]　組織能力の階層性

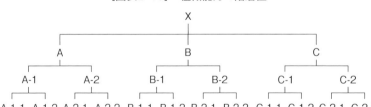

出所：先行研究にもとづき筆者作成

［図表2-11］　組織能力の連鎖性

A ⟶ B ⟶ C ⟶ D ⟶ E ⟶ F

出所：先行研究にもとづき筆者作成

　本書では，組織能力に関する先行研究を踏まえ，藤本（2003）の組織能力の定義「①ある経済主体が有する経営資源・知識・組織ルーティンなどの体系，②企業独特なもの，③模倣困難（優位性持続に貢献），④結果，競争力・生存能力を強化するもの（p.28）」を援用して，組織能力を「競争力・生存能力の強化を目的とする，経路依存性を有する，戦略に方向づけられた組織の階層的・連鎖的なプロセス，経営資源の体系」と定義する。プロセスと経営資源の区分については，本章の冒頭で述べた通りBarney（2002），藤本（2003）に則り，厳密には区分しない。

　組織能力に関しては，戦略論と人材マネジメント論の能力概念に若干の混乱も散見されるが，2.7で示した通り，この混乱はケイパビリティが個人の潜在的能力として使用されるケースがあること（根本，1998），人材マネジメントの能力概念と戦略論の能力概念に若干の相違点があることに起因する。両者の共通点が多い中，若干の相違点は研究を進めるうえでの支障にはならない。よって本書においては，ケイパビリティを組織能力として捉え，また経営資源の中の人的資源の調査・分析など必要に応じて人材マネジメントの能力概念を活用するものとする。

2.10　M&A

2.10.1　M&Aの定義・動機，M&Aと組織能力との関連

　M&Aは買収（合併）と統合の一連の行為（中村，2003）であり，経営戦略の実行を目的とする（木俣，2010）。M&Aの動機について文堂（2017）は，「多くの場合多種多様」と指摘したうえで，Weston et al.（1990）の分類を参考とし理論区分を行い，①効率性向上，②ステークホルダーの価値バランス，③環境変化対応の３つに大別した。そして①として経営能力や業務および財務

に係るシナジー，多角化，課税負担抑制等を，②としてエージェンシー問題の緩和，利益率増大（株主利益最大化）よりも規模拡大（経営者利益最大化）の優先等を，③として経営環境変化対応のための企業構造再編成（規模の経済性の追求，現経営資源の十分な活用，新たな経営スキルの獲得），不確実性の縮減を挙げた。

　M&Aの動機について，デロイト　トーマツ　コンサルティング（2013）は，業界内シェアの拡大，事業展開地域の拡大，ノウハウ・技術・無形資産等の獲得，バリューチェーンの補完・強化，スケールメリットの追求，異業種への参入，業界内での生き残りなどを挙げている。伊丹・加護野（2003）はM&Aを行う側の根本的な理由として，内部調達による経営資源蓄積に要する時間の節約を挙げている。

　Christensen（1997）は新たな組織能力の獲得方法として買収を挙げている。Barton（1995）によるとM&Aは**図表2-12**に示すように外部資源導入のメカニズムとして新たなケイパビリティの導入の可能性が高く，また当事者のコミットメントが大きいとされる。

　以上のM&Aの動機，目的に関する先行研究レビューから，既存の組織能力のさらなる活用，新たな組織能力の獲得，既存の組織能力と新たに獲得した組織能力の再編成は，M&Aを行う側の重要な動機，目的の１つであるといえる。

［図表2-12］　外部資源導入のメカニズム

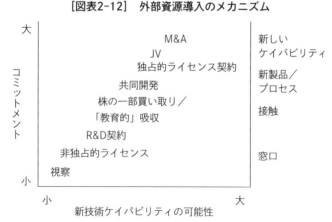

出所：Barton（1995）図6-8にもとづき筆者作成

一般にM&Aはトップマネジメント中心に遂行されるとされるが，木俣（2010）によれば経営陣へ上程されるM&Aに関する素案のとりまとめは一般にM&Aチームリーダーが行っており，中村（2003）によると反復的に繰り返される日常業務的なマルチプルM&Aにおいては重要性の高い意思決定などを除きその遂行を専門担当者が担当するとされる。現場の関係者が現状では不十分であるとの認識の下，統合担当者の必要性をトップに提案することがあり，M&Aはトップマネジメントが主導するばかりではない。

M&Aの活発な展開とは組織変革が組織の境界を越え常態化することである（槇谷，2016）。M&Aによる価値創造，持続的競争優位の獲得ができるか否かは組織間学習に依存し，M&Aにおける組織間協働，組織間活動の調整は対境担当者により行われている（中村，2016）[8]。

M&Aは経営戦略を実行するための手段である（木俣，2010）ことから，M&Aプロセスは経営戦略とM&Aの目的の整合性を確保する，場合によっては経営戦略そのものをも検討・立案するサブプロセスが存在する。M&Aと経営戦略は表裏一体の関係にある。

2.10.2　M&Aのプロセス

組織能力は様々なプロセス，経営資源から形成され，またそれらは階層性，連鎖性を有しているため，解明は容易でない。M&Aプロセスも階層性，連鎖性を有する様々なプロセス，経営資源から形成されており，そのケイパビリティを解明することは容易ではない。そこで本項では，M&Aプロセスがどのようなプロセスから構成されているかについて明らかにする。

木俣（2010）によると，M&Aのプロセスは様々であるが取得する企業からみると，プレM&A，実行，ポストM&Aと大きく3つのプロセスに区分される。プレM&Aは「①戦略立案」「②ターゲット企業選定および持ち込み案件対応」，実行は「③フィナンシャルアドバイザー（financial adviser，以下，FA）の選定」「④ターゲット企業へのアプローチと初期分析」「⑤企業価値評価」「⑥買収スキーム策定」「⑦交渉」「⑧基本合意」「⑨デューデリジェンス（Due diligence，以下，DD）」「⑩最終契約」「⑪クロージング」，ポストM&Aは「⑫統合準備」「⑬経営統合」と計13のサブプロセスに区分される。

　プレM&Aの①戦略立案とは，M&Aの目的である戦略を立案することである。戦略の階層的レベルは全社の経営戦略もしくは事業部の事業戦略を指す。戦略がなければM&Aを成功に導くことは不可能である。②ターゲット企業選定とは，広く収集した情報からM&Aの狙いとする企業を絞り込み，優先順位の高い企業から順にアプローチすることである[9]。持ち込み案件対応とは，金融機関などからもたらされたM&A案件について，M&Aの有効性の判断，秘密保持契約を締結し詳細情報の入手などを行うことである[10]。

　実行の③FAの選定とは，投資銀行，証券会社，M&A専門会社，経営コンサルティング会社などM&Aに関してアドバイスを提供するFAをM&Aの内容に応じて起用することである。④ターゲット企業へのアプローチとは，狙いとする企業へ直接あるいは金融機関を通じて打診，接触することである。初期分析とは，提供を受けた基礎的な情報について簡易な分析を行い，M&Aのスタンスや後述するDDの方針などについて検討することである。⑤企業価値評価とは，M&A金額を決定する際の基礎となる価値算定（バリュエーション）を行うことである。価値算定は，市場株価法，類似会社比較法などのマーケット・アプローチ，DCF法，収益還元法などのインカム・アプローチ，修正簿価純資産法などのコスト・アプローチから，基本的には複数の方法で行い，妥当な価値レンジを算出する。

　⑥買収スキーム策定とは，合併，会社分割，株式譲渡，事業譲渡，株式交換，新株引受など様々な買収スキームから最適なスキームを選択することである。⑦交渉とは，買収価格，買収スキーム，時期，買収される企業・事業の役員の処遇，従業員の雇用などについて意向表明し，交渉することである。⑧基本合意は，基本的な条件について合意することである。LOI（Letter of Intent），MOU（Memorandum of understanding）とも呼ばれる。法的拘束力はないが，排他的交渉権を買収側企業が有するなどの利点がある[11]。

　⑨DDとは，買収企業の経営実態の把握を通じたリスクの明確化，シナジー効果に関する詳細分析である。DDの主たる対象は財務領域，法務領域，事業領域である。一般的に，財務DDは監査法人，会計事務所，法務DDは法律事務所，事業DDは買収企業もしくは経営コンサルティング会社が担う。DDを通じて重大な事項が明らかになった場合には基本合意の条件の変更について交

渉が行われる。

⑩最終契約とは，交渉によりすべての条件が合意に至って後に，法的拘束力を有する最終契約書[12]を締結することである。最終契約書にはクロージングを行う前提条件[13]が規定され，この前提条件が達成，履行されたのちにクロージングが可能となる。⑪クロージングとは，クロージングの前提条件が達成，履行された後に行われる株式代金の決済，重要物の授受，役員変更手続きなどである。クロージングによりM&Aは法的に実行されたこととなる。

ポストM&Aの⑫統合準備とは，統合のスピードや統合の手順・スキームなどに関する統合方針の検討，クロージング終了後の3～6カ月以内の実行計画の策定などである。DDの完了の頃から行われる。⑬経営統合とは，クロージングの後に約3カ月を要して行われる被M&A企業の中期経営計画である100日プラン[14]の策定，3～6カ月以内の実行計画および100日プランの実行状況のフォロー，統合担当者のモチベーション維持などである。100日プラン策定では，計画実行の主体は被M&A企業の人材であるため，被M&A企業の人材とM&A企業の人材の協働により，被M&A企業の人材の気持ちが込められた100日プランとする策定プロセスも重要である（木俣，2010）。

2.10.3 M&Aチーム体制とメンバーの役割

本格的なM&AにおいてはM&Aを担当するチーム（以下，M&Aチーム）を編成する必要がある。M&Aの実績を積んでいる企業などは専門的にM&Aに取り組む部署を設置していることもあるが，実績を積んでいない企業などはM&Aへ取り組む都度にM&Aチームを編成し，プロジェクト的にM&Aへ対応する。M&Aチームの一般的な編成は**図表2-13**の通りである（木俣，2010）。

担当役員はチームリーダーの管理監督，M&Aの進捗管理，M&A推進可否の判断，チームリーダーアサイン，トップマネジメントへの根回しなどを担当する。経営管理担当役員がアサインされることが多い。社長とともに最終的な意思決定を担うこともある（木俣，2010）。

チームリーダーはM&Aチームの執行責任者であり，チームマネジメント，交渉，チームメンバーのアサイン，チーム内役割の明確化，社長などM&A意思決定者への上程のための素案作成，社会関係者への根回し，社内意思決定会

[図表2-13]　M&Aチームの一般的な編成

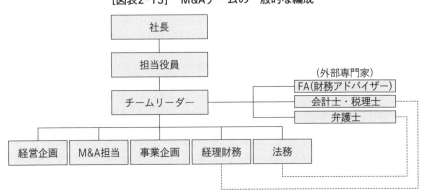

出所：木俣（2010）図表序-3にもとづき筆者作成

議におけるプレゼンテーション，外部専門家との連携などを担当する。経営企画部門の上席管理職やM&A部門の上席管理職がアサインされることが多い。意思決定する社長，役員とのコミュニケーションが可能な者である必要があり，また意思決定者への上程のための素案をチームリーダーが作成する場合はチームリーダーが実質的な意思決定者となることもある（木俣，2010）。

　経営企画担当は，全社の経営戦略とM&A戦略の整合性の検証，ポストM&Aにおける経営統合プランの策定支援，社内意思決定会議の準備などを担当する。M&A担当はM&Aの実務担当者として，M&A戦略の立案，ターゲット企業の選定，企業価値評価，M&Aスキームの検討，交渉補助，契約書草案作成，クロージングなどを担当する。事業企画担当は被M&A企業の事業DD，シナジー算定，経営統合プラン策定と実行などを担当する（木俣，2010）。

　経理財務担当は，財務・税務の視点に立ったM&Aスキームの検討，M&A資金の調達，財務DD，企業価値レポートの作成，監査法人との連携，M&A後の内部統制構築・連結決算などを担当する。法務担当は，法律の視点にたったM&Aスキームの検討，基本合意書・最終契約書等の作成，法律事務所との連携，法務DD，取締役会・株主総会議事録の作成，被M&A企業の定款変更，クロージングにおける法定書類等の確認，役員交代等の登記手続きなどを担当する。FAは被M&A企業との交渉支援，企業価値評価などM&A全般に関する

[図表2-14]　M&AプロセスにおけるM&Aチームメンバーの役割

| | プレM&A | | 実行（エクセキューション） | | | | | | | | | ポストM&A | |
	買収戦略立案	ターゲット企業選定	FA選定	ターゲットアプローチ	企業価値評価	買収スキーム策定	交渉	基本合意	DD	最終契約	クロージング	統合準備	経営統合
経営企画	●経営戦略立案	●ターゲット評価支援											●買収後業績管理
M&A担当部門	●買収戦略立案	●ターゲット抽出評価	●FA選定 ●アドバイザリー契約	●情報収集・接触 ●初期分析	●簡易算定 ●算定結果検討	●スキーム検討	●交渉戦略立案	●基本合意締結	●DDアレンジ ●DD結果報告	●最終契約交渉 ●最終契約締結	●デリバリー	●統合方針の検討	●残課題解決支援
経理財務						●会計,税務処理の検討	●交渉支援		●DD検討	●交渉支援	●資金調達		
法務						●法的観点からの検討	●交渉支援	●基本合意作成	●DD検討	●最終契約書作成	●デリバリー		
事業部門	●事業戦略立案	●ターゲット抽出評価		●事業面の分析	●事業計画の妥当性評価		●交渉		●ビジネスDD ●DD検討			●実行計画の策定	●100日プランの策定 ●統合実施
FA			●ターゲット選定支援	●ターゲット先情報の収集・接触	●バリュエーション実施	●スキーム策定提案	●交渉戦略立案,助言 ●交渉支援	●基本合意書作成支援	●DDアレンジ ●DD結果検討	●最終契約支援	●クロージング支援		
会計士						●会計処理検討			●財務DD		●クロージングDD		
税理士						●税務処理検討			●税務DD				
弁護士						●法的評価	●交渉戦略立案,助言 ●交渉支援	●基本合意書作成	●法務DD	●最終契約書作成			

出所：木俣（2010）図表序-4にもとづき筆者作成

助言を担当する。会計士・税理士は財務DD，税務DD，M&Aに伴う会計・税務およびM&Aスキームについての助言などを担当する。弁護士は基本合意書・最終契約書の作成，基本合意書や最終契約書等の契約書の作成やリーガルチェック，法務DDなどを担当する（木俣，2010）。

　以上のM&Aチームメンバーの役割を2.10.2にて示したM&Aプロセスに沿って整理すると**図表2-14**の通りとなる。M&Aチームのメンバー数は，木俣（2010）によると，秘匿性の高さから，また数が増えるほど情報管理の困難度が高まるため，必要最小限に限定すべきとされる。

74

2.11　おわりに

　本章では組織能力および組織能力に関連する経営資源，ケイパビリティ，コア・コンピタンス，ルーティンなどについて，Wernerfelt（1984），Stalk et al.（1992），Hamel and Prahalad（1994），Penrose（1995），Christensen（1997），Barney（2002），Helfat et al.（2007），Teece（2014a），March and Simon（1958），藤本（2003），藤田（2007）などの先行研究レビューを行い，各種概念の定義や特徴などを明らかにした。

　組織能力の構成要素をプロセス，経営資源，戦略とし，プロセスは「インプットされた資源を高付加価値化するための相互作用，協調，コミュニケーション，意思決定のパターンであり，業務遂行の方法，一連の活動，慣習，ルーティン，パターン」と定義した。プロセスを構成するルーティンについては「一定の定めに従い秩序立って実行される規則的な，予測ができる思考や言動のパターン（型，様式），フォーマルな規則や手続き，風習，慣習」と定義した。

　経営資源は「財務的資源，物的資源，人的資源，組織資源，情報的資源からなる。各々の経営資源は区分されているわけではなく重複している」とした。戦略は「重大な課題に取り組むための分析や構想や行動指針の集合体であり，診断，基本方針，行動の３要素から構成されるゆるぎない基本構造」と定義した。組織能力については「競争力・生存能力の強化を目的とする，経路依存性を有する，戦略に方向づけられた組織の階層的・連鎖的なプロセス，経営資源の体系」と定義した。

　最後に，組織能力再編成の重要な手段の１つとされるM&Aについて，M&Aの定義・動機，組織能力との関連，M&Aプロセス，M&Aにおけるチームメンバーの役割を明らかにした。

《注》

1）　オックスフォード（Oxford），メリアム・ウェブスター（Merriam-Webster），アメリカン・ヘリテージ（American Heritage）（Helfat et al., 2007）。

2）　Christensen（1997）では，優良企業の変化対応能力を奪う柔軟性に欠けるプロセスとして，「慣例に基づく市場調査」「市場調査による分析結果の財務予測への反映」「事業計画と予算の協議」「数字の伝達」が挙げられている（邦訳，p.222）。

3）　経路依存性とは「過去の決定や出来事は，現在に影響を与え，未来の姿さえ変えてしまう（Barton，1995，邦訳，p.56）」を意味する概念である。「あるプロセスが展開するその初期におけるイベントが，その後のイベントに大きな影響を与える場合，そのプロセスには経路依存性がある（Barney，2002，邦訳，p.261）」という。Barney（2002）によるとこの用語は，最初にArthur（1989）によって提起されたとされる。

4）　藤田（1997），十川（2002），中橋（2007）の経営資源と組織能力とを区別する認識は，Grant（1991）の認識と一致する。Grant（1991）は「経営資源と組織能力には大きな違いがある」「経営資源は生産プロセスへのインプットであり，それだけでは生産的でなく，経営資源の協働，調整が必要である」「組織能力は経営資源について何らかのタスクまたはアクティビティを実行する能力である」「経営資源は組織能力の源泉であるが，組織能力は競争優位の源泉である」と述べている（pp.118-119）。

5）　ルーティンとDCの関わりについては赤尾（2015，2018）が詳しい。

6）　具体的には，車のボディパネルが完成する工程において，ボディ形状に関する情報は，製品コンセプトに基づきデザイナーがその頭にアイデアとして想起し紙にスケッチされ，粘土で立体化される。そして設計に関する各種の情報が様々な図面で明らかにされ，金属から金型が作られる。このようなボディ形状に関する情報は翻訳・転写が繰り返し行われ，最後のプレス工程で金型にストックされた情報が鋼板に転写されボディパネルが完成する（藤本，1997）。

7）　ブラックボックスは入力と出力のみを問題にする場合などに使用され，機能は判明しているにもかかわらず入力から出力に至る構造は不明な装置。

8）　組織間協働，組織間活動の調整などの組織間関係は，山倉（1993）によると「組織と組織との何らかの形のつながり」であり，単なる交換を超えた合弁や業務提携，業界団体など組織間の共同行動や共同組織の形成なども含まれる（p.22）。本書にて調査・分析の対象とするM&Aは組織間関係論の資源依存パースペクティブにおける自立化戦略の1つとされる。組織間関係論の資源依存パースペクティブは，組織が他組織との依存関係を処理する戦略を分類するなど組織間関係の生成・維持，パワーの形成の理由を説明するのみならず組織間関係のマネジメント課題への解を付与する優れた枠組みであり，自立化戦略とは依存の吸収・回避を目指す，合併・垂直統合，部品内製化などの戦略である（pp.35-38）。組織関係論では，組織間関係の解明において不可欠である対境担当者の分析についての分析モデルを有する（pp.75-81）ため，DC発揮へのミドルマネジメントの貢献実態の解明において有益である。

9）　狙いとする企業の絞り込みにおいては，20～30社程度の企業が記載されたロングリスト，絞り込まれた企業が記載されたショートリストが作成される（木俣，2010）。

10) M&A案件の持ち込みにあたっては，最初，特定されない程度で被M&A候補企業の概要が記載されたノンネームシートという資料をM&A企業は受け取る。M&A企業が有効な案件と判断した場合，秘密保持契約を締結し，被M&A候補企業のアドバイザーから，被M&A候補企業事業概要や過去数年間の財務情報などの全体像が把握できるインフォメーション・メモランダムと呼ばれる詳細な情報をM&A企業が取得する（木俣，2010）。

11) 上場企業においては，具体的条件面の合意を含む基本合意は証券取引所への適時開示事項に該当する。開示を望まないのであれば具体的な合意はせず交渉を進める（木俣，2010）。

12) 最終契約書は，買収スキームによって，株式譲渡契約書，合併契約書，事業譲渡契約書など名称が異なる（木俣，2010）。

13) クロージングを行う前提条件は，偶発債務や簿外債務が存在しないことを保証する表明保証など，相手側が契約義務不履行の場合にクロージングする義務からの解放を可能とするために明らかにされる。一般的に売り手側が買い手側よりも極めて多く規定される。買い手にとって極めて重要である（木俣，2010）。

14) 100日プランとはクロージングの後に，約3カ月間の日程を要して作成される被買収企業の中期経営計画である（木俣，2010）。

第**3**章

ミドルマネジメントに係る
先行研究の理論的考察

　1.3.2において，DCの先行研究ではDC発揮の担い手としての役割をミドルマネジメントは基本的に期待されていないことを確認した。しかし優れた戦略が創発により形成，実行される過程でミドルマネジメントが大きな貢献を果たす野中・竹内（1996），Burgelman（2002b）らの先行研究の存在などから，ミドルマネジメントがDC発揮へ貢献している可能性について言及した。本章ではDC論，企業家論，戦略論などの観点からミドルマネジメントがDC発揮に貢献している可能性をあらためて検証する。

　ミドルマネジメントは十分な定義がなされているとは言い難い。Drucker（1974）によると，マネジャーは捉え難く，他言語への翻訳は不可能であるとされる。工代（2007）によると，ミドルマネジメントは日本企業の強さの主要因であるが，上と下に挟まれた悲哀の対象であり，その機能不全が経営者から多々漏らされ，良い意味でも悪い意味でもミドルマネジメントは日本企業における鍵とされる。また部長と課長の違いを言うことが難しいように，ミドルマネジメントの定義は不明確である。中原（2014）は「マネジャーとは何か，どんな役割を果たすのか」はかなりの難問であると述べている。

　そこで本章では，Koontz and O'Donnell（1955），Drucker（1974）[1]，Mintzberg（2009），金井（1991）らの先行研究に依拠して，ミドルマネジメントを含めたマネジャーの定義，要件を示す。さらに，DC発揮への貢献が想定されるミドルマネジメントをアッパーミドルマネジメントと称しその要件を示す。

3.1　DC発揮におけるミドルマネジメントの貢献可能性

3.1.1　ダイナミック・ケイパビリティ論からの貢献可能性

　本項ではDC発揮においてミドルマネジメントが貢献している可能性についてDC論の観点から検証する。DCFの感知において，ミドルマネジメントは顧客，サプライヤー等との強固な関係性を通じて競争優位に資する秘匿性の高い情報を入手し，入手した情報を適切にフィルタリング，意味づけできる可能性がある。特に，複雑な高カスタマイズ製品・サービスを手掛ける業容である場合など，トップマネジメントによる有益な情報の迅速な把握や情報への適切な意味づけは難しいことも考えられ，ミドルマネジメントの貢献の重要度は高まる（Teece，2007，2009）。

　DCFの捕捉においては，新製品開発やルーティン逆機能の打破，資産のオーケストレーションなどのコーポレート・リニューアルの際のトップマネジメントの意思決定バイアスの意識と回避は極めて重要である（Teece，2007，2009）。このバイアスの意識と回避において戦略スタッフの立場からミドルマネジメントが貢献できる可能性がある。また商業化において必須である財務的能力を支える予算編成技術の遂行を通じて，ミドルマネジメントはDC発揮に貢献する可能性がある。

　DCFの再配置においては，ポスト事業部制組織として階層削減，意思決定権の分権化，チームワーク，フレキシブルなタスクの責任，業績連動型報酬という現代的なHRMのテクニックが挙げられる（Teece，2007，2009）。これらを企画・構想，組織化，実行する状況下でミドルマネジメントはDC発揮に貢献する可能性がある。以上，DCFの3要素において，ミドルマネジメントが様々な役割を担いDC発揮に貢献する可能性が存在する。

　Teece（2009）によると，伝統的経営学アプローチでは，トップマネジメント，ミドルマネジメント，ロワーマネジメントのヒエラルキーが構成され従業員は経営者に目が行きがちとなり，多数の管理に必要なシステムやルールは顧客や技術への反応を鈍らせる。またプロフィットセンターの存在は顧客への統

合ソリューションの提供を難しくする。DC維持のためには，分権化を志向し，トップマネジメントとマーケットとの距離を接近させなければならない。高速環境下の企業においては，「組織の強い自律性」と「コーディネートせねばならない組織の諸活動の結びつき」との微妙なバランスが必要となる[2]。

　Teece（2009）が「非ヒエラルキー型経営においては，設置された委員会やその他の統合型フォーラムにおいてミドルマネジメントも決定的な役割を果たすかもれない（邦訳，p.41）」と述べている通り，DCが発揮される分権型の非ヒエラルキー型経営において，ミドルマネジメントは事業部門のトップなどとして非常に大きな役割を担う可能性がある。

　Lee and Teece（2013）によると，DCフレームワークにおけるトップマネジメントは，ポジションではなく，知識，そして正しいことをなす能力によって，権限を有するとされる。トップマネジメントと同等あるいはそれ以上の能力，スキルを有するミドルマネジメントは存在する。そのようなミドルマネジメントはミドルマネジメントというポジションに制約されず，その能力やスキルの高さに依拠してDCを担う権限を有し，DC発揮に貢献を果たす可能性がある。

　Teece（2009）によると，知識ベース企業が繰り広げる熾烈な競争環境においては，最高の人材を採用し維持することが企業の課題となる。並外れた人材は経営者に躊躇せずに向かうべき適切な方向を告げる。高いスキルを有する多数の個人で構成される知識ベース組織は，分散型リーダーシップ，自己組織化チームを備えた，相対的にフラットな構造である必要がある。文系人材への経営者の役割は，必要とされる時に影響を与え，励まし，メンターとなることである。動学的競争力を有する知識ベース組織ではあらゆるレベルの人々がリーダーシップを発揮すべきである。結論として，経営者と非経営者の仕事の区別は明瞭でなくなっている。

　M&Aなどプロフェッショナルな能力が必要とされるプロジェクト的タスクにおいて，ミドルマネジメントはプロフェッショナルサービスの提供を通じDC発揮に貢献する可能性がある。ミドルマネジメントは分散型リーダーシップを発揮する事業部門のトップなどとしてDC発揮に貢献する可能性がある。

3.1.2 企業家論からの貢献可能性

本項ではDC発揮においてミドルマネジメントが貢献している可能性について企業家論の観点から検証する。Hébert and Link（1982）によると，12世紀まで，発明家，建築家，雇主，経営者，監督者などが企業家（entrepreneur）という用語で括られ，また企業家が経済的な危険の負担や資本の供給を担う概念はなかった。18世紀前半，企業家という用語は一般的に用いられるようになり，企業家は事業を請け負う者，すなわち製造業者，建築請負業者として定義されていた。企業家という用語が経済学において明確に示されたのはCantillonによってであった。

Cantillon（1931）は，企業家を，均衡価格を生み出す市場の中心的な担い手として捉え，先見の明を持ち，危険を進んで引き受け，利潤を生み出すために必要な行動をとる者と捉えた。また企業家の要件として革新的であることを必ずしも求めてはいない。

Cantillon以降，宮本（2004）によると，企業家の活動は人間の行動にかかわる質的なもので量的な定式化は困難であるため，経済学の主流において企業家が担う役割は軽視された。Teece（2009）は「経済史家，経営史家による研究があるにもかかわらず，主流派経済理論は，経済発展・成長において，企業家精神，制度，経営者，組織が果たす役割を適切に認識してこなかった（邦訳，p.198)」と述べている。

Hébert and Link（1982）によると，Knight（1921）は保険が可能であるか不可能であるかの点で危険は異なることの重要性を論じ，保険が不可能な不確実性を経済変動および企業家能力と関連づけ，利潤の理論の発展に，またCantillonの企業家論の発展に貢献した。

Schumpeter（1926）は，非連続な創造的破壊を引き起こす，すなわち均衡を破壊することによって利潤を獲得するイノベーション[3]の担い手として企業家を位置づけ，イノベーションが経済発展の原動力であると考えた[4]。

Cole（1959）は，革新それ自体よりも，革新を導入する組織が有効に維持され，革新が地域，産業において拡大していく活動を企業家活動と捉えた。宮本（2004）はこのCole（1959）の企業家概念について，企業家の非連続的・飛躍

的側面ばかりでなく連続的・漸進的なイノベーションの側面の重要性に着眼するものであり，また「発展は，均衡から不均衡（創造的破壊）を作り出すのみではなく，不均衡から均衡へ向かうプロセス，すなわち競争によっても担われる（p.101）」とした。

　米倉（1998）によると，Schumpeter（1926）の企業家は先駆的イノベーションの遂行者であり，Kirzner（1973）の企業家はプロセス・イノベーションの遂行者である。宮本（2004）は，Schumpeter（1926）の企業家は市場メカニズムの外に位置し，Kirzner（1973）の企業家は不均衡の発見[5]と均衡への調整をその特質と論じ革新者よりも管理者や経営者に近く市場メカニズムの内に位置すると述べた。Teece（2007）は，DCFの感知において，既存情報へ他者とは異なるアクセスを有するカーズナー的企業家によって市場の機会が発見され，また新しい情報や知識を有するシュンペーター的企業家によって市場の機会が創造され，「DC論は，カーズナー的見地，シュンペーター的見地，および経済変化の進化理論に基礎を置く（邦訳，p.15）」と述べている。

　以上，企業家論を概観すると，トップマネジメントによる企業展望の明確な説明（Pinchot, 1985）等の前提が整えば，トップマネジメントと比較してミドルマネジメントは革新者としてというよりも管理者としてDC発揮に貢献する可能性がある。

　石川（2016）は，Schumpeter（1926）とKirzner（1973）に依拠する既存DC研究においては，企業家がDCを認識，形成するプロセスが明らかにされておらず，この解明の糸口として，Popper（1972）を下地とするHarper（1996）の「市場問題（利潤機会）」「解決策の創出と試行的実行」「批判的評価（誤りの排除）」「新たな市場問題」からなる「知識成長のフレームワーク」を挙げた。そして「批判的評価（誤りの排除）」[6]によって，Schumpeter（1926）の不均衡の創造が，またKirzner（1973）の不均衡への適応が可能になると論じた。ミドルマネジメントはトップマネジメントへの意見具申などを通じて，トップマネジメントの「批判的評価（誤りの排除）」を促し，DC発揮に貢献できる可能性がある。

　米倉（1986, 1998）は，イノベーションの4類型（Abernathy et.al, 1983）を援用し，企業家的企業家（entrepreneurial entrepreneur），技術志向的企業

家（technology-oriented entrepreneur），市場志向的企業家（market-oriented entrepreneur），経営管理者的企業家（administrative entrepreneur）と企業家を4つに類型化した[7]。

この4類型の企業家とSchumpeter（1926），Kirzner（1973）の企業家を対応させると，Schumpeter（1926）の革新者は企業家的企業家と技術志向的企業家に，Kirzner（1973）の管理者，経営者は経営管理者的企業家と市場志向的企業家に対応する。ミドルマネジメントはその権限や視野の広さが一般的にはトップマネジメントに及ばないことからミドルマネジメントは企業家的企業家よりも比較的，経営管理者的企業家として，あるいは特定技術に造詣の深いミドルマネジメントは技術志向的企業家として，DCへ貢献する可能性がある。

3.1.3　戦略論からの貢献可能性

本節では，戦略論の観点から，ミドルマネジメントがDCへ貢献する可能性について考察する。戦略論は沼上（2009）に則り，戦略計画学派（Chandler, 1977；Ansoff, 1965），PV（Porter, 1980）をトップダウン志向の戦略論に，創発的学派（Mintzberg, 1994；野中・竹内, 1996），RBV（Barney, 1991；Hamel and Prahalad, 1994）をボトムアップ志向の戦略論に分類した[8]。また，ボトムアップを志向する戦略論として，Pinchot（1985）らによる社内企業家（intrapreneur）の研究を取り上げた。

(1)　トップダウン志向の戦略論からの貢献可能性

生産，販売などの単一職能が，単一の事業所において，個人あるいは少数の所有者（出資者，大株主）である最高経営者によって運営されていたアメリカの伝統的企業の中から，原材料や中間財の調達，製造，販売など複数の職能を複数の地域や事業所で遂行する集権的職能別組織[9]を組織形態として有する近代企業が現れた。この近代企業においては管理者が雇用され，近代企業の特質であるトップマネジメント，ミドルマネジメントおよびロワーマネジメントによる階層的な組織化がなされた（Chandler, 1977）[10]。

近代企業の中から「トップマネジメントの日常的事業運営」などの組織の欠陥を克服するため，事業部制組織[11]を採用するものが現れた。デュポンの複

数事業部制組織においては，最高経営責任者とトップマネジメントで構成される本社と，その監督下にミドルマネジメントが運営する事業部が置かれた。本社では，最高経営責任者と経営委員会およびトップマネジメントが財務，その他の管理スタッフの補佐の下，複数の職能制的事業部を監督し，各々の事業に共通する政策の実行を担った。事業部では，ミドルマネジメントが事業における各職能的活動をマネジメントした（Chandler, 1977）。

　複数事業部制組織において，最高経営責任者，トップマネジメントは日常的な活動から解放され企業全体の見地から資源配分を評価・計画・実行することに，ミドルマネジメントは生産と販売などの職能の管理や調整に専念することが可能となった（Chandler, 1977）。経営判断は戦略判断と実務判断に分類され，戦略判断は既存経営資源の長期的配分の決定，将来の成長のための新たな経営資源の獲得を，実務判断は割り当てられた既存経営資源の有効利用を目的とする（Chandler, 1962）。

　以上，Chandler（1962, 1977）を概観すると，Teece（2007, 2009）での分権化の重視やDCとOCの区分などは，Chandler（1962, 1977）の事業部制組織の成立過程や経営判断の戦略判断と実務判断の分離などから影響を受けている可能性がある。

　Ansoff（1965）によると，3種類の意思決定のすべてに関して4種類の意思決定のタイプが生じる。3種類の意思決定とは，戦略的意思決定，管理的意思決定，業務的意思決定である。戦略的意思決定は，企業が従事する業種や製品ミックス，販売する市場の選択に関わる意思決定である。戦略的意思決定における戦略的という用語は「"企業の，その環境に対する適応ということに関係のある"という意味（邦訳，p.150）」であり，外部環境への適応を含意している[12]。戦略的意思決定は，管理的意思決定や業務的意思決定とは異なり，自然発生的でなく積極的な追求を必要とする。

　Ansoff（1965）によると，管理的意思決定では，権限と職責，業務や情報の流れ，立地，流通について組織化する。また，原材料の開発，人材の訓練，資金や施設，設備の調達について取り扱う。業務的意思決定は，現在の収益性の最大化を目指し，マーケティング戦略や価格，生産における日程計画や在庫量，研究開発活動の費用などを決定する。3種類の意思決定は相互依存であり，相

互補助的である。

　4種類の意思決定のタイプとは，戦略，方針，プログラム，業務手続きである。戦略とは，製品市場分野，成長ベクトル，競争上の利点，シナジーの4要素から構成され，事業活動の広範な概念，新たな機会探求のための指針であり，機会を選択し絞るうえでの意思決定ルールとなる。戦略の決定は部分的無知の状況[13]で行われるため，代替案の列挙や整理・検討はできず経営者の判断が必要となる。方針とは，超過勤務補償方針など反復的な発生は事前に明白であるがその発生時期が特定できない状況下での反応の方向であり，条件付決定である。方針によって企業における活動の一貫性は維持され，経営者の労力は節減が図られる。プログラムとは方針に付随する時間の経過とともになされる行動の連結，手続きであり，業務を調整し，業務に指針を与える。標準業務手続きは代替案の発生が確実でまた発生が反復的である状況における行動の連結・手続きである（Ansoff, 1965）。

　4つの意思決定のタイプは，無知である程度によって分類が可能であり，戦略は部分的無知，方針は不確実とリスク[14]，プログラムおよび標準業務手続きは確実，部分的リスクの状況下で行われる。4つの意思決定のタイプは，3つの意思決定のすべてにおいて生じ，またあらゆる階層で実施される。以上，Ansoff（1965）を概観したが，3種類の意思決定，4つの意思決定のタイプはDCとOCの区分など，DC論はAnsoff（1965）から影響を受けていると考えられる。

　PVはSCP理論[15]を基盤とし，外部環境（業界構造）に競争優位の源泉を見い出す。Porter（1980）は外部環境（業界構造）を5つの競争要因から分析することを通じて，いかに有利なポジションを得ることができるかを重視した。また，業界への参入障壁や戦略グループ間における移動障壁を構築することで有利なポジションの維持を目指し，競争への対抗のために基本戦略（差別化，コストリーダーシップ，集中）を構築，実行する。「同じ業界や戦略グループにおける収益の企業間格差は企業の経営資源の相違によるものではないか」とのPVへの批判からRBVが登場する。

　以上のトップダウン志向の戦略論では，トップマネジメントや戦略スタッフによる事前の戦略構想を重視している（沼上, 2009）ため，戦略スタッフとし

てミドルマネジメントがDC発揮に貢献する可能性がある。また，ミドルマネジメントがマーケティングを担当し製品戦略の策定・実行を行う状況はPVに含まれており（沼上，2009），このような状況下でかつ製品戦略の策定・実行において資源ベースの取得や統合にミドルマネジメントが強く関与するような場合，ミドルマネジメントはDC発揮に貢献する可能性がある。

(2)　ボトムアップ志向の戦略論からの貢献可能性

　ボトムアップ志向の戦略論においては，創発的学派として，Mintzberg（1994），野中・竹内（1996）を，RBVとしてPenrose（1995），Wernerfelt（1984）らを，社内企業家としてKanter（1983），Pinchot（1985）らを取り上げる。Mintzberg（1994）は当初実現を目指した戦略を「意図した戦略」，実際に実行された戦略を「実現された戦略」と区分した。そして「意図した戦略」が「実現された戦略」として完璧に実行に至った＜熟考型＞戦略，まったく実行できなかった＜非実現型＞戦略，当初実現を目指していなかった戦略が様々な活動を経ながらある一貫性やパターンを形成し実行に至った＜創発型＞戦略とに区分した。実現の完璧さを意図した戦略計画は合理的と想定されるが，戦略計画の合理性の背後にある非合理的な前提[16]に依拠しているため，非合理的である。

　戦略の実現における問題の1つは戦略の作成と実行の分離にある。戦略の作成者と実行者の相互の関与や影響力の発揮が戦略成功の確率を高める。戦略は自然発生することがあり，この意味で，創発型戦略は形成される（Mintzberg，1994）。戦略が創発的に策定，実行される，すなわち戦略の作成者と実行者の相互関与が生じるなどの状況下において，ミドルマネジメントは戦略の実行者としてDC発揮に貢献している可能性が高い。

　野中・竹内（1996）は，セールス従事者，開発者らへの研究を通じ，「トップマネジメントのビジョン，理想」と「第一線社員の現実」とのかけ橋としてミドルマネジメントを位置づけ，ミドルマネジメントが4つの知識変換モード[17]を通じてトップマネジメントと第一線社員を巻き込み知識を形成するミドル・アップダウン・マネジメントを論じた。ミドルマネジメントは，企業家精神を発揮し，トップが描いたビジョン，理想，大きな理論を，第一線社員が理解・

実行できるようにするため，具体的なコンセプトや中範囲の理論を創り，「トップマネジメントのビジョン，理想」と「第一線社員の錯綜した現実」とのかけ橋となり，トップマネジメントの理想と現実のギャップの解消を実現する。

　ミドルマネジメントがミドル・アップダウン・マネジメントの主役としてその役割を果たす場合，4つの知識変換モードによる知識創造を通じDC発揮に貢献する可能性がある。

　Penrose（1995）は，企業は経験の積み重ねによって技術や人材などの企業リソースを充実させ成長し，成長の過程で蓄積される余剰資源の有効活用のため多角化が行われると，企業リソースに企業成長の原動力，競争優位の源泉を求めた。Wernerfelt（1984）は，企業が有するブランド，技術知識，熟練従業員，機械，効率的生産プロセス，資本などの有形・無形の資源が，それらを有しない企業の参入障壁として機能する状況を資源ポジション障壁に保護されているとし，超過利潤を高める要因の1つとして資源ポジション障壁を挙げた。

　Barney（1991）は，Wernerfelt（1984）らのRBVの知見を収斂し，競争優位を構築する資源の特徴として，Value：価値，Rare：稀少，Imperfectly imitable：模倣困難，Non-substitutability：代替不可能を挙げた。このValue，Rare，Imperfectly imitable，Non-substitutabilityは，Teece（2014a）においてDCとOCを区分する基準の1つとして用いられている。Hamel and Prahalad（1994）は，他社には提供が不可能な利益を顧客に提供できる企業内部に秘められた独自のスキルや技術の集合体をコア・コンピタンス（core competence）と定義し，その要件として，顧客価値，競合他社との違い，企業力の拡張を挙げた。

　以上のRBVでは，「どこに，どのような競争優位構築に有益な経営資源が存在しているのか」「経営資源がいかに蓄積・展開されるのか」についてトップマネジメントが事前に認識，計画することは難しい（沼上，2009）ため，事前の認識，計画がトップマネジメントよりも有利なミドルマネジメントはDC発揮に貢献する可能性が高まる。

　1980年代に入ると，企業家研究の対象は創業者的な企業家から社内企業家，ミドルマネジメントなどへと拡大された（福原，2013）。Kanter（1983）は，1980年代におけるアメリカ企業再生の中核的推進者として社内企業家に着目し，

その担い手としてミドルマネジメントの重要性を論じた。そして，経営環境変化を素早く察知し企業変革を中核的に推進する人々および組織をチェンジ・マスターズ（Change Masters）と名付け，その企業変革の過程や重要な要件を明らかにした。チェンジ・マスターズが改革を成功させる重要な要件の1つは，権限の付与などチェンジ・マスターズへの経営者の支援である。権限の付与などミドルマネジメントへの経営者の支援がなされる状況下においては，ミドルマネジメントが社内企業家としてDC発揮に貢献する可能性がある。

Pinchot（1985）は，大企業において，企業を出て事業を興し新会社を設立する者を企業家，企業に留まって事業を興す者を社内企業家と呼んだ。社内企業家は技術者とマーケティングの能力を統合する能力を有する，新たなアイデアや既存のプロトタイプを実際の利益として確保する方法を考え出す実行力のあるドリーマーである。

社内企業家は，事前リサーチ，アイデアの創出から業務パターンが概ね確立し反復されるようになる事業の急成長期にかけて必要な人材である。社内企業家を活かすための経営者の役割は「企業の展望の明確な説明」「社内企業家の探索」「社内企業家への責任の付与」「社内企業家の期待に応えるキャリアパスの構築」「管理体制の改善」などである。これらの「企業の展望の明確な説明」などの役割を経営者が果たす場合，社内企業家としてミドルマネジメントがDC発揮へ貢献する可能性がある。

Burgelman and Sayles（1986）は，プロダクトチャンピョニング（製品擁護活動）と組織的チャンピョニング（組織的擁護活動）が，社内ベンチャー成功の鍵と捉えた。プロダクトチャンピョニングとは，社内企業家やミドルマネジメントが，技術に関する優れた思いつきや直感，情熱により，テクノロジープッシュとニーズプルを結合させたり，新製品やサービスの開発可能性を発見・主張，具体化したりすることである。

組織チャンピョニングとは，企業の事業領域や戦略，トップマネジメントの関心などを理解したうえで，ヒューマンスキルを駆使するなどして，社内ベンチャーをトップマネジメントへ売り込むなどプロダクトチャンピョニングの限界を補佐することである。プロダクトチャンピョニング，組織チャンピョニングとしての役割をミドルマネジメントが果たす場合，ミドルマネジメントは

DC発揮に貢献する可能性がある。

　Block and Macmillan（1993）は，「準備」「新事業の選択」「新事業の計画策定・組織化・開始」「新事業の観察および管理」「新事業の擁護」「経験からの学習」の6つの段階から新事業プロセスがなり，各々において経営上層部（全社マネジメント）と新事業経営陣（個別事業マネジメント）の2つの異なるリーダーシップや経営が有機的に関連することが必要であると論じた。新事業プロセスにおいて経営上層部（トップマネジメント）と新事業経営陣（ミドルマネジメント）が異なるリーダーシップを有機的に関連して発揮する状況，あるいは新事業経営陣にミドルマネジメントが含まれる場合，ミドルマネジメントはDC発揮に貢献する可能性がある。

　榊原他（1989）は，社内ベンチャーにおいて「事業部長の裁量によってベンチャー・キャピタルが実質的にしばしば提供されている」「（事業部長らによって）技術に関する優位性などの情報が大学医学部から入手されている」「（事業部長らによって）海外業者と技術提携がなされている」ことなどを明らかにしている。大企業の社内ベンチャー活動においてミドルマネジメントはDC発揮に貢献している可能性がある。

　山田（2000）は，トップ主導型と専門部署主導型という2つのパターンを，新規事業成功プロジェクトの編成と管理において見出した。トップ主導型には，「事業アイデアの源泉はトップ」「トップによる事業リーダーの指名」「顕在化した需要に対応する製品の市場拡大が目的」「プロジェクト編成やマネジメントは特命型」などの特徴が挙げられる。専門部署主導型は，「専門部署によるリーダー・メンバーの指名」「専門部署による事業計画の立案と経過観察，新事業の評価」などの特徴を有する。専門部署主導型により新規事業が構想・展開される場合，ミドルマネジメントはDC発揮に貢献する可能性が高い。

3.1.4　マネジャーの課題の特性とマネジメントの役割分担

　本項では，Chandler（1962），Ansoff（1965），Drucker（1974），三品（2004）などの先行研究に基づき，マネジャーの課題をトップマネジメントが担うものとミドルマネジメントが担うものとに区分し，各々の課題がDC的要素の強い課題であるのか，OC的要素の強い課題であるのか，を明らかにする。そして

ミドルマネジメントがDC的要素の強い課題を遂行している可能性を示す。

　DC的要素の強い課題とは，長期的な競争優位，市場変化への調和・創造，新たなケイパビリティの取得・構築と既存ケイパビリティとの統合・再配置，既存ケイパビリティの棄却，企業家精神，イノベーションの初期および商業化の成功，非ルーティンなどのDCの特徴を有し，DCを通じて達成される課題，あるいはDCそのものとも考えられる課題である。OC的要素の強い課題とは，配分された既存経営資源の有効活用，日常的オペレーションの管理・監督などOCの特徴を有し，OCを通じて達成される課題，あるいはOCそのものとも考えられる課題である。

　Chandler（1962）においてトップマネジメントが担うとされる健全な成長，発展のための新たな経営資源の獲得などのための戦略判断は，長期的な競争優位，新たなケイパビリティの取得・構築という点でDC的要素の強い課題である。ミドルマネジメントが担うとされる実務判断—戦略的判断により配分が決定された既存経営資源の有効活用，日々の事業活動という実務の遂行・管理—は，既存経営資源の有効活用，日常的オペレーションの遂行・管理という点で，OC的要素の強い課題である。Chandler（1962）では，トップマネジメントはDC的要素が強い課題を，ミドルマネジメントはOC的要素の強い課題を担うとされる。

　Ansoff（1965）はマネジメントの課題として，3.1.3にて述べた通り，3種類の意思決定と4種類の意思決定のタイプを挙げた。3種類の意思決定のうちの戦略的意思決定は，管理的意思決定や業務的意思決定とは異なり，自然発生的でなく積極的な追求を必要とするためトップマネジメントが担い，一方管理的意思決定，業務的意思決定についてはミドルマネジメントが担う。4種類の意思決定のタイプである戦略，方針，プログラム，業務手続きについては，部分的無知の状況下における意思決定である戦略はトップマネジメントが主に担い，一定程度以上に情報が充足されている状況下における意思決定のタイプである方針，プログラム，業務手続きはミドルマネジメントが担う。

　Ansoff（1965）においてトップマネジメントが担う戦略的意思決定は，新たな機会の探求がイノベーション初期および商業化の成功と解釈することが可能であり，DC的要素の強い課題である。同じくトップマネジメントが担う部分

的無知の状況下における意思決定のタイプである戦略は，新たな機会の探求がイノベーション初期および商業化の成功，部分的無知が非ルーティンと解釈することが可能であり，戦略的意思決定と同様に，DC的要素の強い課題である。

　ミドルマネジメントの課題である管理的意思決定，業務的意思決定，および一定程度以上充足されている情報の下における方針，プログラム，業務手続きに係る意思決定のタイプは，発生が反復的であり日常的オペレーションとの観点から，OC的要素の強い課題である。以上から，Ansoff（1965）では，トップマネジメントはDC的要素の強い課題を，ミドルマネジメントはOC的要素の強い課題を担う。

　Drucker（1974）は，企業，病院，大学などの組織を，自らのためでなく，特定の社会的目的の実現，特定ニーズの充足のために存在する機関とみなし，これらの組織の機関を経営陣とした。経営陣とは，ドイツ銀行のジーメンスがトップマネジメントチームを編成するにあたり執行役員会メンバーではない業務執行者である支店長をメンバーとしたことに依拠して論説が展開されていることから，いわゆる社長，副社長の役職・肩書を有するトップマネジメントのみならず，事業トップである事業部長らのマネジャーも含む。

　Drucker（1974）が挙げた経営陣の3つの課題「組織特有の目的と使命の達成」「生産性と労働者の達成意欲の向上」「社会的衝撃と社会的責任の管理」は極めて本質的で抽象度が高いため，DC的要素の強い課題であるのか，OC的要素の強い課題であるのかについての判断は困難である。

　Drucker（1974）は，経営陣の3つの課題に次いで第4の次元として挙げた時間[18]については，経営陣は「現在と未来，すなわち短期と長期のいずれにも対応」する必要があるとした。第5の次元として挙げた「管理と企業家活動」に関しては，管理とは「既知あるいは既に存在しているものの改善」「既存事業の可能性の徹底追求」「非革新」であり，企業家活動とは「成果や成果の成長の大小にもとづく資源配分方針の決定」「昨日からの脱却—既知，既に存在しているものの陳腐化—」「明日の創造」「機会の重視」であり，管理，企業家活動のいずれも経営陣が担うべきものとした。

　時間「現在，短期と未来，長期のいずれにも対応」は，長期的な競争優位の点でDC的要素の強い課題である。「改善，非革新」などの管理は既存経営資源

の有効活用の点でOC的要素の強い課題である。「既存の陳腐化，明日創造」などの企業家活動は，イノベーション初期および商業化の成功，長期的な競争優位，新たなケイパビリティの構築の点でDC的要素の強い課題である。

　Drucker（1974）が経営管理者の課題として挙げた「目標設定」「組織化」「動機づけと意思疎通」「測定」「人材開発」は，経営管理者が取り組むにあたって共通する基本作業である。DCの要素が強い課題であるのか，OCの要素が強い課題であるのかについて評価することは困難である。

　Drucker（1974）はDC的要素の強い課題とOC的要素の強い課題を経営陣—社長，副社長らのトップマネジメントと事業トップである事業部長らのマネジャー——が担うとした。Chandler（1962, 1977）やAnsoff（1965）がDC的要素の強い課題はトップマネジメント，OC的要素の強い課題はミドルマネジメントが担うと極めて明確に示していることと比較し，Drucker（1974）のトップマネジメントとミドルマネジメントの役割分担はChandler（1962, 1977）やAnsoff（1965）ほど明確でない。この要因として，Drucker（1974）は，経営管理の責任を負っている経営陣として，他者の仕事に責任を有するマネジャー，単独に貢献する専門職のマネジャー，トップマネジメントの支援等の職能に携わっている中間のマネジャーと3つのマネジャーを挙げ，マネジャーを階級ではなく職能で分類したことが挙げられる。

　Mintzberg（1973）は，職長，中間および上級管理職，経営幹部に対して実施した仕事の実態を解明する研究を通じて，マネジャーの仕事の特徴として「山のような仕事を間断のないペースで遂行」「短時間で，変化に富み，断片的」「現実的な活動の優先」「口頭伝達」「多様かつ複雑なネットワーク」「権利と責任のブレンド—マネジャーは自身のコントロールが困難—」を挙げた。

　Mintzberg（1973）はまた，ゲシュタルトな（統合化された）マネジャーの役割全体を形成する10の役割として，「フィギュアヘッド：公式権限のために象徴として数多くの義務を遂行する」「リーダー：組織をリードし動機づける」「リエゾン：組織外部の重要なネットワークをさばく」「モニター：組織内外から多様な情報を受け取り解釈する」「周知伝達：外部情報を自組織へ内部情報を部下へ伝える」「スポークスマン：組織の外部環境に情報を伝達する」「企業家：組織と環境に機会を求め変革する」「障害処理者：コントロールが部分的

に及ばない情況や変化，事態を修正する」「資源配分者：金，時間，原材料や
設備，労働力（マンパワー），世評などを配分する」「交渉者：組織を代表して
交渉する」を挙げた[19]。

　Mintzberg（1973）における「山のような仕事を間断のないペースで遂行」
「短時間で，変化に富み，断片的」などの特徴を有するマネジャーの仕事は，
日常的オペレーションにマネジャーが携わっていると解釈でき，OC的要素の
強い課題をマネジャーが担うことをうかがわせる。一方，マネジャーの10の役
割として提示されている企業家は，市場変化への調和・創造に取り組んでいる
との解釈が可能であり，マネジャーがDC的要素の強い課題を担うことも示唆
される。

　以上，Mintzberg（1973）では，マネジャーはDC的要素の強い課題を担う
こともあるが，基本的にはOC的要素の強い課題を担う。Mintzberg（1973）
ではトップマネジメントとミドルマネジメントが担う課題の相違についての言
及は十分でないため，OC的要素，あるいはDC的要素が強い課題をトップマネ
ジメントが担うのか，ミドルマネジメントが担うのかについては判断できない。

　野中・竹内（1996）のミドル・アップダウン・マネジメントにおいて，ミド
ルマネジメントは企業家精神を発揮し，トップマネジメントと第一線社員を巻
き込みながら，トップのビジョン，理想，大きな理論を，具体的なコンセプト
や中範囲の理論を創ることで，第一線社員が理解・実行できるようにし，知識
をスパイラル変換により創出するという課題を担う。この知識創造のプロセス
は，イノベーションの初期および商業化の成功の点でDC的要素の強い課題へ
の挑戦であり，またミドルマネジメントの旺盛な企業家精神はDC的要素を有
する。野中・竹内（1996）においてミドルマネジメントはDC的要素が強い課
題を担う。

　三品（2004）は収益が低迷する日本企業においてミドルマネジメントのリー
ダーシップとトップマネジメントのリーダーシップの単純な置き換えに警鐘を
鳴らし，マネジメント[20]による戦略の駆逐を避けるため，経営職が取り組む
課題と管理職が取り組む課題を区分し，両者は企業や事業の長期的な生存を支
える点で補完関係にあるとしながらも，幹部職の1つのポストが経営職の課題
と管理職の課題を混在して担ってはならないと主張している。

　経営職の課題とは，「戦略によって長期収益の上限を定める」「オペレーションのパッケージ化，統合に専念する」「明日を考え，市場や競合などの外部環境に影響を及ぼす」であり，DC的要素が極めて強い。管理職の課題とは，「達成が当たり前の日常業務をマネジメントし，オペレーションの責任を負う」「分業体制のトップとして，日々を担い，部下や関連する部門などの内部環境に影響を与える」であり，OC的要素が極めて強い。

　三品（2004）によると，経営職が担う戦略，オペレーションの統合等の課題と管理職が担う日常業務のマネジメント等の課題は，経営職と管理職の境界がそのポストにある者の役割や統治の実態によるため，トップマネジメントが経営職の課題，ミドルマネジメントが管理職の課題を負うとは限らず，経営職の課題，あるいは管理職の課題を，トップマネジメントが担うこともあれば，ミドルマネジメントが担うこともあり得る[21]。すなわち三品（2004）においては，DC的要素が強い課題，あるいはOC的要素が強い課題を，トップマネジメントが担うこともあり得れば，ミドルマネジメントが担うこともあり得る。

　以上，Chandler（1962），Ansoff（1965），三品（2004）らの先行研究レビューを通じて明らかにしたマネジャーの課題について，特性としてDC的要素が強いか，OC的要素が強いか，また役割分担としてトップマネジメントが担うか，ミドルマネジメントが担うかを**図表3-1**に整理した。

　Chandler（1977），Anzoff（1965）においては，一部のマネジャーの課題を除き，トップマネジメントがDC的要素の強い課題を，ミドルマネジメントがOC的要素の強い課題を担う。Drucker（1974）では，DC的要素の強い課題とOC的要素の強い課題を，トップマネジメントとミドルマネジメントが階級によってではなく職能に基づき担う。よって，DC的要素の強い課題をトップマネジメントのみではなくミドルマネジメントが担うこともあれば，OC的要素の強い課題をミドルマネジメントだけではなくトップマネジメントが担うこともある。

　Mintzberg（1973）においては，トップマネジメント，ミドルマネジメントがDC的要素の強い課題あるいはOC的要素の強い課題を担うのか，判断は困難である。野中・竹内（1996）においてミドルマネジメントはDC的要素の強い課題を担う。三品（2004）では，トップマネジメント，ミドルマネジメントの

94

[図表3-1] マネジャーの課題と特性，役割分担

マネジャーの課題			特性		役割分担	
			DC的要素 強い	OC的要素 強い	トップマネ ジメント	ミドルマネ ジメント
Chandler (1962)	戦略判断		○		○	
	実務判断			○		○
Anzoff (1965)	3種類の意思決定	戦略的意思決定	○		○	
		管理的意思決定		○		○
		業務的意思決定		○		○
	4種類の意思決定のタイプ	戦略	○		○	△
		方針，プログラム，業務手続き		○	△	○
Drucker (1974)	現在，短期と未来，長期への対応		○		○	○
	管理：改善，非革新			○	○	○
	企業家活動：既存の陳腐化，明日の創造		○		○	○
Mintzberg (1973)	10の役割		○	△		
野中・竹内 (1996)	知識創造プロセス		○			○
三品 (2004)	経営職：戦略，オペレーションの統合等		○		○	○
	管理職：日常業務のマネジメント等			○	○	○

※○：該当する　△：該当するものもある　空欄：該当しない，あるいは判定困難
出所：先行研究にもとづき筆者作成

　いずれも，DC的要素の強い課題を担うこともあれば，OC的要素の強い課題を担うこともある。
　以上より，Ansoff (1965)，Drucker (1974)，野中・竹内 (1996)，三品 (2004) の先行研究のレビューからは，ミドルマネジメントはDC的要素の強い課題を遂行する可能性が存在する。

3.1.5　ミドルマネジメントの機能不全

　DC発揮におけるミドルマネジメントの貢献可能性をDC論，企業家論，戦略

論などから見出すことができる一方で，日本のミドルマネジメントの現状を懐疑的，否定的に評価している先行研究も存在する。延岡（2002）は，トップマネジメントチームの戦略的意思決定能力の低下の下にあっては，変革の組織内コンセンサスはままならず，またミドルマネジメントへの支援は十分になされず，ミドルマネジメントの創発活動における調整・意思疎通・コンセンサス構築などの組織内相互作用には大きな負担が生じていることを指摘している。

野田・ミドルマネジメント研究会（2008）は，ミドルマネジメントの問題として部下・後輩の指導・育成経験の乏しさ，ステータスの低下，ポスト不足，プレイイングマネジャー化，多重債務者（多量の仕事を抱える）を挙げている。企業活力研究所（2008）は，ミドルマネジメントは「プレーヤーとして仕事をしており本来のマネジメントやリーダーシップの発揮が不十分である」「ミドルマネジメントの多くはトップマネジメントからの支援を実感していない」と指摘している。

ミドル・アップダウン・マネジメントについて，洞口（2009）はミドル・アップダウン・マネジメントが前提とする4つの知識変換モード自体に関し，「無知の領域がない」「暗黙知を表出化させないメリット」「暗黙知と形式知との交錯が右周りになるとは限らない」などの問題を挙げている。大脇（2003），丸山（2008），中野（2014）はミドル・アップダウン・マネジメントの効果について検証を試みているが十分な検証にまでは至っていない。

菊澤・野中（2012）は，ミドル・アップダウン・マネジメントの効率性について理論的な検証が十分でないことを認めたうえで，エージェンシー理論に基づき，経験的のみならず，理論的にもミドル・アップダウン・マネジメントが効率的であることの論証を試みているが，十分な論証に至っているとは言い難い。

中原（2014）は，ミドルマネジメントが直面する課題として，「突然化：プレーヤーからマネジャーに不意になる」「二重化：マネジャーとプレーヤーを兼ねる」「多様化：派遣の増加など様々な部下が増加している」「煩雑化：個人情報保護対応など仕事が複雑化している」「若年化：マネジャーになる年齢が低下している」を挙げている。

沼上他（2007）は，組織の＜重さ＞が，日本企業の強みと考えられてきた創

発戦略とそれを支える組織的調整プロセスに問題を生じさせていることを明らかにした。組織の重さとは、通常の組織運営や創発戦略の生成・実現においてミドルマネジメントが苦労する程度（組織劣化の程度），組織の動きの鈍さを表す。重い組織とは苦労する組織，動きの鈍い組織であり，軽い組織とは苦労しない組織，動きが速い組織である。重さの変数として，12項目（質問）を平均した上位次元の「組織の重さ」，下位次元の７項目（質問）からなる「内向き調整志向」と５項目（質問）からなる「組織弛緩性」が設定されている。

　沼上（2014）は，「組織変革に取り組むとき，官僚制を廃し，ミドルやロワーのイニシアチブを促進して，ヨコ方向のインフォーマル・コミュニケーションを活発化すればよいと素朴に考えている人は数多い（p.6）」と批判的に述べ，「実務家も研究者も，共に『有機的組織の幻想』にとらわれているのではないか（p.16）」と，「有機的組織=あるべき姿」とする思考の幻想に起因するバイアスに警鐘を鳴らしている。

3.2　ミドルマネジメントの定義

　ミドルマネジメントは十分な定義がなされているとは言い難い状況に鑑み，本節ではKoontz and O'Donnell（1955），Drucker（1974），Mintzberg（2009），金井（1991），野中・竹内（1996），沼上他（2007），工代（2007），松尾（2013），中原（2014），ヤマモト・太田（2009）らのマネジャーに係る先行研究に依拠し，DC発揮への貢献が想定されるミドルマネジメントを含めたマネジャーの定義，要件を明らかにする。なおマネジャー，管理者，マネジメントの用語については，本節の意図が用語の精緻な定義づけ等ではないため基本同義とし，本書においては文脈や出所によって適宜使い分けるものとする。

3.2.1　マネジャーの定義，要件

　Koontz and O'Donnell（1955）は「部下の各人の努力を調和せしめることが管理者の職能である（邦訳，p.64）」「管理者は人々と協働し，また人を通じて仕事をする（邦訳，p.66）」「管理者は企業目標の達成を人々を通じて行う。管理者の管理の対象は人々であって土地，建物，あるいは原材料ではない（邦訳，

p.71)」と指摘している[22]。これらの指摘からマネジャーを「他の人々を通じて企業目標を達成する者」と定義することができる。ただし企業にはマネジャーでありながらマネジメントしない他人の仕事について責任を負わない人々がいる（Drucker, 1974)[23]ため，このマネジャーの定義は十分とは言い難い。

　Mintzberg（2009）はマネジャーを「自分以外の人たちで構成される組織・部署に責任をもつ人物（邦訳, p.168)」と定義した。そしてマネジャーをトップマネジメント，ミドルマネジメント，ロワーマネジメントと区分した。トップマネジメントとは「組織内の全員が自分の部下であり，すべての組織内活動の正式な権限を保有する者」，ミドルマネジメントとは「自身の上下にマネジャーがいる者：他のマネジャーの部下であり，上司でもある」，ロワーマネジメントとは「部下はすべてマネジャーの肩書を有しない現場スタッフ」である（邦訳, p.168)。

　Mintzberg（2009）のマネジャーの定義にある「自分以外の人たちで構成される組織・部署」はKoontz and O'Donnell（1955）のマネジャーの定義にある「他の人々」と同義である。またMintzberg（2009）のマネジャーの定義にある「責任をもつ」は，Koontz and O'Donnell（1955）のマネジャーの定義にある「達成する」と，「達成することに責任をもつ」と捉え，同義であるとみなすことが可能である。以上より，Mintzberg（2009）のマネジャーの定義はKoontz and O'Donnell（1955）のマネジャーの定義とほぼ同義であり，またMintzberg（2009）のマネジャーの定義はKoontz and O'Donnell（1955）のマネジャーの定義と同様，他人の仕事について責任を負わないマネジャーの存在（Drucker, 1974）へ言及されていないため，マネジャーの定義としては十分とは言い難い。

　Drucker（1974）はマネジャーを「組織への貢献の責任を有する者（邦訳, p.27)」と定義した[24]。このマネジャーの定義は貢献，責任の文言が明記されておりマネジャーの本質的な課題を端的に表現しうる定義である。Drucker（1974）はさらに経営管理の責任を負っている経営陣として，他者の仕事に責任を有するマネジャー，単独に貢献する専門職のマネジャー，トップマネジメントの支援等の職能に携わっている中間のマネジャーと3つのマネジャーを挙

げている。単独に貢献する専門職のマネジャー、中でも真の専門職については
その処遇の適正化のために「他人の仕事に責任をもつ」マネジャーでなくとも
相応の地位や給与を得ることが可能な職能と階級を別とする制度が必要である
との考えを示している。

　以上のマネジャーに係る先行研究に基づき、本書においては、貢献、責任と
いうマネジャーの本質的な課題を端的に表現し得るDrucker（1974）のマネ
ジャーの定義を援用し、マネジャーを「組織への貢献の責任を有する者」と定
義する[25]。そのうえで、マネジャーの本質的な課題の達成方法として部下を
含む他人に係る責任や命令権を通じた影響力の行使、すなわち職制、組織階層
に着眼する定義であるKoontz and O'Donnell（1955）のマネジャーの定義「他
の人々を通じて企業目標を達成する者」に該当する者と、Drucker（1974）の
言う1人で、会社の富の創出能力、事業の方向、業績に影響を与えている「単
独に専門職として貢献する者」とに区分する。

　「他の人々を通じて企業目標を達成する者」における他の人々については
「他の人々は上司、他部門の長、経営者などを含む（中原、2014、p.32）」とし
部下に限定しない。また、Mintzberg（2009）を援用し、マネジャーをトップ
マネジメント、ミドルマネジメント、ロワーマネジメントに区分する。トップ
マネジメントとは「組織内の全員が自分の部下であり、すべての組織内活動の
正式な権限を保有する者」、ミドルマネジメントとは「自身の上下にマネジャー
がいる者：他のマネジャーの部下であり、上司でもある」、ロワーマネジメン
トとは「部下はすべてマネジャーの肩書を有しない現場スタッフ」である。

　「単独に専門職として貢献する者」は、管理者を通じ自身の知識や仕事、能
力を企業全体の成果に指向させることが可能である（Drucker、1974）[26]とさ
れ、実際にもM&A専任担当者などはM&Aを統括するトップマネジメントへ
業務の進捗を報告するなどの責務を負っていることが多いため、「自身の上に
マネジャーがいる者：他のマネジャーの部下である」とする。本書における以
上のマネジャーの定義、要件を**図表3-2**に示す。

[図表3-2]　マネジャーの定義，要件

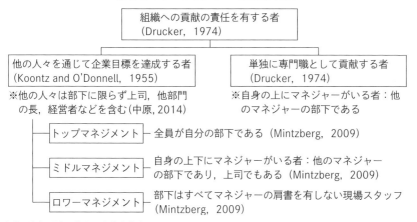

出所：先行研究にもとづき筆者作成

3.2.2　アッパーミドルマネジメントの要件

3.2.1で示したように本書ではミドルマネジメントの定義としてMintzberg
（2009）によるミドルマネジメントの定義「自身の上下にマネジャーがいる者：
他のマネジャーの部下であり，上司でもある（邦訳，p. 168）」を援用する。
しかしこの定義ではミドルマネジメントの階層的位置づけはかなり広範なもの
となる[27]。DC発揮へ貢献するミドルマネジメントはミドルマネジメントの一
部と想定されることから，ミドルマネジメントをDC発揮に貢献するミドルマ
ネジメントとその他一般のミドルマネジメントに区分する。

ヤマモト・太田（2009）は，**図表3-3**に示すように，グローバルなリーディ
ングカンパニーのマネジャーの階層の事例[28]として，CEO，COO，CFOな
どのトップマネジメントの次のポジションにトップマネジメント候補であるエ
グゼクティブ・リーダー１（Executive Leader1，以下，EL1）あるいはその
手前の人材であるエグゼクティブ・リーダー２（Executive Leader2，以下，
EL2）が，さらにエグゼクティブ・リーダー３（Executive Leader3，以下，
EL3），一般に言うマネジャー（管理者）であるシニア・マネジャー（Senior
Manager，以下，M1），マネジャー（Manager，以下，M2），スペシャリスト

[図表3-3]　グローバル企業の階層

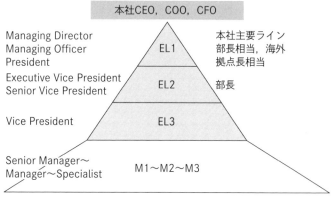

出所：ヤマモト・太田（2009）図表2-3にもとづき筆者作成

（Specialist，以下，M3）が位置することを挙げている。EL1，EL2は研修やコーチングなどを通じてCEO，COOらと直接コミュニケーションが可能であることもある。

　ヤマモト・太田（2009）の述べるEL1～EL3は，Mintzberg（2009）の定義によればミドルマネジメントとされるが，トップマネジメント候補とされ，M1～M3の日本での一般的なミドルマネジメント，いわゆる中間管理職とは区分される。同様に，Lee and Teece（2013）によると，CEOなどのCレベルエグゼクティブ[29]，主要部門長がトップマネジメントであり，Cレベルエグゼクティブの2，3下の階層に位置するサブユニットの長がミドルマネジメントとされるが，このミドルマネジメントの階層はヤマモト・太田（2009）ではEL2～EL3に該当しM1～M3の日本において一般的なミドルマネジメント，いわゆる中間管理職とは区分される。

　ミドルマネジメントについて，本書ではMintzberg（2009）の定義「自身の上下にマネジャーのいる者」を援用するが，この定義によるミドルマネジメントの階層的位置づけは広範で，DC発揮に貢献するミドルマネジメントはその一部と想定される。そこで，ヤマモト・太田（2009）のトップマネジメント候補のEL1～EL3の位置づけ，またLee and Teece（2013）の「トップマネジメントの2，3下の階層に位置するサブユニットの長がミドルマネジメント

（p.34）」に依拠し，ミドルマネジメントを，DC発揮への貢献が想定されるトップマネジメント候補のミドルマネジメントとそうではない一般のミドルマネジメントに区分する。トップマネジメント候補のミドルマネジメントを一般のミドルマネジメントの上位に位置づけ，アッパーミドルマネジメントと称する。

　アッパーミドルマネジメントは，「トップマネジメントの3つ下以内の階層に位置」し，トップマネジメントとの直接コミュニケーション，トップマネジメントへ直接影響力を行使することが可能であり，「ラストボイス―最後に決める人―（伊丹，2004，p.9）ではない」を要件とする。

　アッパーミドルマネジメントは，Drucker（1974）が述べるドイツ銀行においてジーメンスが編成したトップマネジメントチームの業務執行者である支店長，沼上他（2007）のビジネスユニットの長[30]などのクラスが該当する。

　本書においてDC発揮への貢献が想定されるアッパーミドルマネジメントはトップマネジメント候補の限られたミドルマネジメントであり，日本での一般的なミドルマネジメントや中間管理職ではない。この点は，日本のミドルマネジメントは部課長を指すことが多いがアメリカの複数事業部制組織では副社長・執行役員クラスの事業部長を指すとの米倉（2004）のミドルマネジメント概念と整合的である。

　アッパーミドルマネジメントの役職・肩書については，本書の目的が役職・肩書の種類の類型化や精緻な定義づけではないため，副社長，執行役員の事業部長クラスから部長，室長，課長のクラスまでと広範に捉える[31]。

　ミドルマネジメントをアッパーミドルマネジメントと一般のミドルマネジメントに区分することに伴い，図表3-2で示した「マネジャーの定義，要件」を**図表3-4**の「マネジャー，アッパーミドルマネジメントの定義，要件」へと修正する。

3.3　おわりに

　本章ではDC論，企業家論，戦略論，またマネジャーの課題の特性とマネジメントの役割分担，日本のミドルマネジメントの機能不全に関する先行研究レビューを行い，DC発揮においてミドルマネジメントが貢献している可能性が

[図表3-4]　マネジャー，アッパーミドルマネジメントの定義，要件

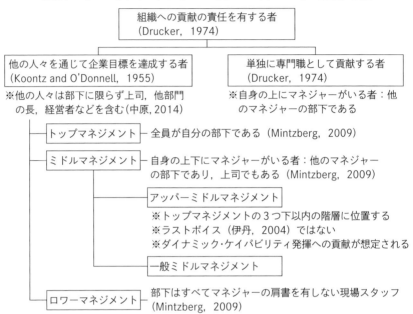

組織への貢献の責任を有する者
(Drucker, 1974)

他の人々を通じて企業目標を達成する者
(Koontz and O'Donnell, 1955)

※他の人々は部下に限らず上司，他部門
　の長，経営者などを含む（中原, 2014）

単独に専門職として貢献する者
(Drucker, 1974)

※自身の上にマネジャーがいる者：他
　のマネジャーの部下である

トップマネジメント − 全員が自分の部下である（Mintzberg, 2009）

ミドルマネジメント − 自身の上下にマネジャーがいる者：他のマネジャー
　　　　　　　　　　　の部下であり，上司でもある（Mintzberg, 2009）

アッパーミドルマネジメント
※トップマネジメントの3つ下以内の階層に位置する
※ラストボイス（伊丹, 2004）ではない
※ダイナミック・ケイパビリティ発揮への貢献が想定される

一般ミドルマネジメント

ロワーマネジメント − 部下はすべてマネジャーの肩書を有しない現場スタッフ
　　　　　　　　　　（Mintzberg, 2009）

出所：先行研究にもとづき筆者作成

あることを明らかにした。

　次いでKoontz and O'Donnell（1955），Drucker（1974），Mintzberg（2009），金井（1991）などの先行研究に依拠し，本書では，マネジャーを「組織への貢献の責任を有する者」と定義し，マネジャーを職制，組織階層に着眼する「他の人々を通じて企業目標を達成する者」と「単独に専門職として貢献する者」とに区分した。「他の人々を通じて企業目標を達成する者」については「他の人々は上司，他部門の長，経営者などを含む」とし，部下に限定せず，トップマネジメントは「組織内の全員が自分の部下であり，すべての組織内活動の正式な権限を保有する者」，ミドルマネジメントは「自身の上下にマネジャーがいる者：他のマネジャーの部下であり，上司でもある」，ロワーマネジメントは「部下はすべてマネジャーの肩書を有しない現場スタッフ」とに区分した。「単独に専門職として貢献する者」は「自身の上にマネジャーがいる者：他のマネジャーの部下である」とした。

　最後に，Lee and Teece（2013）などの先行研究に依拠し，本書においては，DC発揮へ貢献が想定されるミドルマネジメントの一部をアッパーミドルマネジメントと称し一般的なミドルマネジメントの上位に位置づけその要件として，「トップマネジメントの3つ下以内の階層に位置」し，トップマネジメントとの直接コミュニケーション，トップマネジメントへ直接影響力を行使することが可能であり，「ラストボイス―最後に決める人―ではない」を挙げた。

《注》────────────────────────────────●

1）　Druckerの言葉は名言ではあっても科学ではないためアメリカの経営学者はDruckerに興味を持たない（入山，2012）とのDruckerへの評価について，井上（2016）は菊澤（2015a）も示唆しているとしながら，「経営の重要な価値判断については十分な議論を尽くせない洗練された科学に基づく実証主義の限界（p.35）」と喝破している。本書ではこの井上（2016）の認識に準じ，Druckerのマネジャーに係る論考を参考文献として活用している。

2）　Teece（2009）によると「組織の強い自律性」と「コーディネートせねばならない組織の諸活動の結びつき」との微妙なバランスの達成には準分解可能性が必要となる。準分解可能性とは，Teece（2009）の訳注では「関係しあう諸要素からなる全体的なシステムを，複数のサブシステムへと近似的に分解できる性質（邦訳，p.42）」とされる。準分解可能性についてはSimon（1996）が詳しい。

3）　①新製品あるいは新品質製品の生産，②新生産方法の導入，③新市場の開拓，④原料あるいは半製品の新しい供給源の獲得，⑤新しい組織の実現。

4）　米倉（1998）は「創造的破壊を強調するあまり，企業家の位置づけが市場メカニズムに超越した『絶対的な聖者』となってしまったことは否めない」「多くの識者たちまでが企業家とは何か特殊な人間だという印象をもっただけでなく，企業家とは経営者とは別物であるというきわめて誤解の多い記述をするという不幸な事態を招いてしまった」と述べている（pp.31-32）。

5）　宮本（2004）によると，Kirzner（1973）において不均衡とは，売り手と買い手との間の不整合や未認知の利潤機会の存在である。

6）　批判的評価（誤りの排除）について石川（2016）は換言して「批判的構想力」と呼び，これが企業家の知識の成長を促すとした。

7）　企業家的企業家は新たな技術を通じて新たなマーケットを創造する。技術志向的企業家は新たなイノベーションを既存マーケットに取り入れる。市場志向的企業家は既存技術により新しいマーケットを作り上げる。経営管理者的企業家はプロセス・イノベーションにより既存マーケットを深耕する（米倉，1998）。

8） 沼上（2009）は，Mintzberg et.al（1998）が経営戦略論を10学派に分類したようにさ
   らに細かく分類することも可能であったが，議論を混乱させないため避けたという。また
   沼上（2009）は，DC論（Teece et. al, 1997）をRBVの範疇に置き，ただしRBVにおい
   ては例外的にボトムアップではなくトップダウンを志向する戦略論と認識している。

9） 集権的職能別組織は後に経済学者によってUフォームと名づけられた（Chandler,
   1962）。

10） 近代企業の特質として「管理者の階層的な組織化」の他に，「組織が多数の異なる事業
   から構成」されることをChandler（1977）は挙げている。

11） 事業部制組織は後に経済学者によってMフォームと名づけられた（Chandler, 1962）。

12） Ansoff（1965）は，戦略的という用語は外部環境への適応を含意しているため，「たぶ
   ん“企業家的”ということばのほうがよかったかもしれない（邦訳, p.150）」と述べてい
   る。

13） 意思決定や問題解決を完全に情報を得て行うことは不可能，非効率であり，不完全な
   情報の下で行わざるを得ない状況。

14） Ansoff（1965）によると，不確実とは代替案は分かっているがその発生の確率が分から
   ない状況，リスクとは代替案は分かっておりその発生の確率も分かっている状況である。
   不確実，リスクの状況においては代替案の結果の事前分析が，またその発生を条件に意
   思決定が可能であり，下位階層の幹部は指示書に従って行動すればよい（邦訳, p.149）。

15） Structure-Conduct-Performance：構造-行動-業績。SCP理論について入山（2014）は
   「SCP理論の骨子とは，『完全競争から離れている（＝独占に近い）業界ほど収益性が高
   い』ということなのだ。あるいは『企業にとって重要なのは，自社の競争環境をなるべ
   く完全競争から引き離すための手を打つこと』ともいえる」と述べている（pp.132-133）。

16） 「公式化の前提：戦略策定プロセスはシステムの活用によりプログラム化が可能。シス
   テムは信頼でき，一貫性を有する。分析は統合をもたらす」「分離の前提：マネジャーは
   リモートコントロールすべき」「定量化の前提：戦略策定プロセスは詳細な事実を定量的
   に集計したハード・データによって運用されている」「事前決定の有効性の前提：結果
   （戦略）だけでなくプロセスそれ自体は事前に決定が可能である」（Mintzberg, 1994,
   pp.245-250）。

17） 「暗黙知（tacit knowledge）」と「形式知（explicit knowledge）」という2種類の知識
   の相互循環を通じて新たな知識は創られるという前提にもとづく4つの知識変換の様式。
   4つの知識変換の様式とは，「共同化：個人の暗黙知からグループの暗黙知を創る」「表
   出化：暗黙知から形式知を創る」「連結化：個別の形式知から体系的な形式知を創る」「内
   面化：形式知から暗黙知を創る」である。（野中・竹内, 1996）。

18） 経営のあらゆる問題や意思決定，行為に付随する複雑なものである時間は，経営陣の
   第4の課題にはならないため，第4の次元としてDrucker（1974）は提示した。

19） 中原（2014）はこの10の役割に，一般のマネジャーらの理解を促すため，挨拶屋，ベ

クトル合わせ屋，連絡屋，分析屋，伝達屋，宣伝屋，変革屋，障害やりくり屋，配分屋，決定屋との呼称をつけている。

20)　三品（2004）は「ここで言うマネジメントとは，うまくやらないと企業の存亡にかかわるかもしれないが，うまくやっても長期収益の積極的な増大につながることはない，できて当たり前の日常業務の統括のことを指している（p.273）」と述べている。

21)　例として，三品（2004）は，「部長や課長でも，日々のキャッシュフローを担うラインには組み込まれず，事業の推進や開拓に携わるポストは経営職と見て差し支えない」「技術企画や営業企画のトップは，使命の内容によっては経営職となりうるが，内容がもっぱら社内調整業務ならば管理職である」と述べている（p.274）。この三品（2004）の論理は，Drucker（1974）がマネジャーであるか否かの基準を命令権や権力の有無ではなく，職務上の能力や役割，組織への貢献責任としたことと整合的である。

22)　Koontz and O'Donnell（1955）は管理者の職能として計画化，組織化，人事化，指揮，統制，調整を挙げている。

23)　専任化学者，専任原価計算係，品質基準の決定・維持の担当者，流通組織の担当者など「単独に専門職として貢献する人々」であり，彼らは1人で，会社の富の創出能力，事業の方向，業績に影響を与えている（Drucker, 1974）。経営管理の責任を負う経営陣と責任を負わない専門職という経営陣は，Drucker（1966）においてはエグゼクティブと称されている。Drucker（1974）によるとこのエグゼクティブには伝統的な意味での「経営管理者」と「経営管理しない専門職」の両方が含められている。

24)　Drucker（1974）はマネジャーを定義づけるにあたり「ある者がマネジャーであるか否かの基準は，他者への命令権，権力の有無ではなく，職務上の能力や役割，組織への貢献責任の有無である（邦訳，p.27）」との認識を示している。Drucker（1974）のこのマネジャーに係る認識は工代（2007）が述べる「部下の有無や数，予算規模によってマネジャーであるか否かを区分することは外形的に過ぎており，経営資源をどれだけ効果的・効率的に活用しているか，事業創造にいかに影響を与えているかがマネジャーの要件として重要（p.62）」との認識と整合的である。

25)　このマネジャーの定義は「利益責任を負っている（沼上他，2007, pp.16-17）」「組織の全体，もしくは明確に区分できる一部分（部署）に責任を持つ（松尾，2013, p.12）」「事業責任を負う（坂本，2015, p.12）」等のマネジャーの認識と整合的である。

26)　「生え抜きの専門職」「専門家」にとっては，自身の知識や専門能力を組織全体の業績と成果にどのように関係づけるかが大きな問題であるため，彼らのガイド，道具，マーケティング・エージェントたる管理職が必要である（Drucker, 1974, 邦訳，p.29）。

27)　金井（1991）が1984年に行った，47社，1,231課の課長に対する管理者行動についての調査によると，課長が社長まで経由する上司の数は，1人が3%，2人が17%，3人が30%，4人が27%，5人が15%，6人が5%，7人が3%，8人が1%，9人以上が0.4%を占めた（p.376）。組織のフラット化の進行によって調査当時よりも課長が社長まで経由す

る上司の数は減少していると推測されるが，ミドルマネジメントの階層的位置づけは現在でもかなり広範なものになると考えられる。

28）ヤマモト・太田（2009）によると，網羅的調査ではないがGE他多くの企業が参考にするような数社の調査結果の要約で，便宜的に日本企業Aの事例であるとされる。

29）Cレベルエグゼクティブは学術用語とは言い難いが，実務においては認知度，使用度が相応に高い用語である。

30）沼上他（2007）は，創発的戦略の創出や実行の阻害要因を解明する「組織の＜重さ＞」調査において，ビジネスユニット長を「日々の業務活動を通じて連動していく人々の中で，その市場への適応に関して利益責任を担っている人」，ミドルマネジメントを「BU長の下で日々の業務活動を推進する組織階層の中間に位置する階層」としている（pp.16-17）。

31）Robbins et al.（2004）によると，一般的に役職は，トップマネジメントは最高経営責任者（CEO），最高執行責任者（COO），取締役会会長，社長，副社長，会長，業務執行取締役などであり，ミドルマネジメントは事業部長，部長，局長，課長，プロジェクトリーダー，地区マネジャー，店長など，ロワーマネジメントは，マネジャー，監督，チームリーダー，コーチ，シフトマネジャーなどとされる（邦訳，pp.5-7）。

第4章

ダイナミック・ケイパビリティ 調査・分析の枠組み

　第1章から第3章において先行研究のレビュー，理論的考察を行った。第1章では本書において着眼するDC先行研究の問題点を，第2章では組織能力に係る各種概念の定義や特徴を，第3章ではDC発揮へのミドルマネジメントの貢献可能性，ミドルマネジメントの定義などを明らかにした。

　本章ではこれらの先行研究のレビュー，理論的考察を踏まえ，本書の目的を確認したうえで，RQを明示する。そして，DCの一時的な定義づけを行う。次いで研究方法，調査・分析の対象とする経営プロセスおよび組織，DCの提示に関する枠組み，最後にDC発揮におけるミドルマネジメントの貢献に係る分析視座を明らかにする。

4.1　本書の目的とリサーチ・クエスチョン

　1.5にて記述したように，本書の目的は，DCの先行研究に山積する問題点の中から「①DCはどのような組織能力であるのか具体的な提示が不十分」「②DC発揮におけるミドルマネジメントの貢献実態に関する実証的な検証が不十分」に着眼し連鎖的に克服する。すなわちDCを組織能力として具体化する枠組を提示し，DC発揮におけるミドルマネジメントの貢献実態を明らかにすること，またひいては実務におけるDCの応用展開を進めることである。これらの目的への接近のためRQを次の通り設定する。

RQ1　企業の経営プロセスに係るDCとは具体的にどのような組織能力か。
　RQ1-1　DCを組織能力として具体的に提示するためにはどのような枠組み
　　　　　が必要か。
　RQ1-2　DCとは具体的にどのような組織能力か。

　DC先行研究の問題点である「①DCはどのような組織能力であるのか具体的
な提示が不十分」の克服に向けRQ1を設定する。調査・分析の対象とする経営
プロセスは4.4，調査・分析の対象とする組織は4.5にて示す。DCを組織能力と
して具体的に提示する枠組みは4.6にて示す。DCが具体的にどのような組織能
力であるかについては6.1にて示す。

RQ2　DC発揮におけるミドルマネジメントの貢献実態はいかなるものか。
　RQ2-1　DC発揮におけるミドルマネジメントの貢献実態の把握のためには
　　　　　どのような分析視座が必要か。
　RQ2-2　DC発揮におけるミドルマネジメントの貢献実態はいかなるものか。

　DC先行研究の問題点である「②DC発揮におけるミドルマネジメントの貢献
実態に関する実証的な検証が不十分」の克服に向けRQ2を設定する。DC発揮
におけるミドルマネジメントの貢献実態の把握のための分析視座は4.7にて示
す。DC発揮におけるミドルマネジメントの貢献実態については6.2にて示す。

4.2　ダイナミック・ケイパビリティの一時的定義づけ

　DCの概念を明らかにし研究におけるDCの操作性を高めるため，本節では
DCの定義について考察し一時的に定義する。本節でのDCの一時的な定義を基
に，第5章「HORIBA事例研究Ⅰ：調査・分析の結果」，第6章「HORIBA事
例研究Ⅱ：発見事実と考察」を踏まえ，同じく第6章にてDCの最終的な定義
づけを行う。
　DCの一時的定義づけを行うにあたり，Helfat et al.（2007）によるDCの定
義「組織が意図的に資源ベースを創造，拡大，修正する能力（邦訳，p.6）」を

援用する。Helfat et al.（2007）によるDCの定義を援用する理由は2つある。1つ目の理由は，Helfat et al.（2007）によるDCの定義は，DCに関し同一の見解を必ずしも有しているわけではないHelfat，Teece，WinterらDC研究の泰斗らによって定義されたものであり，広範な概念を包括するからである。DC先行研究の様々な問題点の克服に向けた研究の端緒においては，DCを「ルーティンではない，あるいは逆にルーティンである」などと限定的に定義づけするよりもある程度広範な概念を含む包括的な定義とした方が，制約にとらわれず新たな事実を発見し考察するうえで，好ましい。

　Helfat et al.（2007）のDCの定義が広範な概念を包括するとは，具体的には，このDCの定義において用いられている資源ベースという文言は，ケイパビリティだけではなく有形・無形・人的資源も含み資源を幅広く捉えており，研究の対象を特定の資源やルーティンなどに限定していないことを指す。

　2つ目の理由は，Helfat et al.（2007）による定義には，機械的な組織能力とDCとを区別するための「意図」というDCの重要な特性を表す文言が記されているからである。DCはルーティンなどの組織能力であるのか，あるいは企業家によって発揮される人による組織能力であるのかはDC研究における重要な論点である。

　DCの一時的な定義は，Helfat et al.（2007）の定義における「能力」との文言の前に「模倣困難な組織」をいう文言を追記し，また冒頭の「組織」という文言を削除し「資源ベースを意図的に創造，拡大，修正する模倣困難な組織能力」とする。

　「模倣困難な」という文言を追記したのは，デジタル化，グローバル化の進展に伴い，企業の競争優位の源泉であるノウハウ，スキルの模倣が容易となる中，いかに模倣を困難にするかは企業が競争優位を持続するうえで重要さを増している現状に鑑み，プロセスの独自性や経営資源のVRINの程度，組織能力の階層性，連鎖性，非ルーティン性などにより模倣が困難であるゆえに競争優位につながるという一連の論理を「模倣困難な」という文言で明示するためである。なお，Teece（2007）のDC定義においては「複製困難な」という文言が使用されているが，DCの一時的定義で追記する「模倣困難な」という文言はTeece（2007）のDC定義における「複製困難な」という文言の概念を包含

するものである。

　「組織」という文言を追記したのは，調査・分析に臨むにあたり，「DCは
トップマネジメントなどの個人による能力である」とのDC先行研究で述べら
れていることについての先入観を抱くことを回避し，より客観的に研究の結果
を得るためである。DCがトップマネジメントなどの少数個人に仮に大きく依
存するとしても，少数個人に大きく依存するDCの持続は危うく，多様な経験
や視点を有する複数のトップマネジメントの連携や何らかのルーティンといっ
た組織的活動による競争優位持続に資するDCが求められている。このような
点からも組織という文言を追記した。能力という文言の前への組織という文言
の追加に伴い，文言の重複使用を避けるため，冒頭の「組織」という文言は削
除する。

　DCの一時的な定義における「意図」および「組織能力」と言う文言の併存
は，環境変化の激しさの程度によってはトップマネジメントなどの意図を有す
る人が重要であるが，同時に個人への過度な依存から脱却したルーティンなど
の組織能力を有することで組織は競争優位の持続を実現できるという仮説を表
している。この仮説はTeece（2014a）の「DCはルーティンでもありアドホッ
クでもある」との認識と整合的である。

4.3　本書の研究方法

4.3.1　研究方法の選定

　組織能力は操作化されず論じられることが頻繁にあり（藤本，2005），その
議論はあいまいに，またトートロジーに陥る危険性がある（藤本，2003；上田，
2007）。組織能力は，経営資源，戦略代替案によって形成されるルーティンな
どのプロセスに主に依存しており（Teece et al., 1997），ルーティンは重層的
な構造からなる（大月，2004）ため複雑であり，DCの具体的な提示は容易で
はない。

　本書のRQは「RQ1　企業の経営プロセスに係るDCとは具体的にどのような
組織能力か」「RQ2　DC発揮におけるミドルマネジメントの貢献実態はいかな

るものか」であり，本書の研究は仮説・理論検証型ではなく仮説・理論構築
（探索）型に該当する。

　RQの解答を導出するためには，調査・分析の対象とする経営プロセスの実
態に関して「だれが」「どうして（なぜ）」「いかにして（どのように）」との問
いを適宜立て，様々な現象およびそれら現象同士の相互作用を詳細に明らかに
する必要がある。

　DCに関する研究が今後さらに発展していくためには，事象を限定し比較的
短期で成果を出しやすい方法ではなく（もちろんこれによる研究成果の積み上
げにも意義がある），実際の経営の場に踏み込み，戦略形成や実行のプロセス
を丁寧に調査・分析する必要がある（福澤，2013）。

　以上の組織能力の複雑性に起因するDCの具体的提示の困難さ，本書の研究
が仮説・理論構築（探索）型であること，実際の経営の場に踏み込んだプロセ
スの丁寧な調査・分析の必要性を踏まえ，本書では研究方法として量的調査の
データ分析による調査・分析ではなく，質的調査の個性記述主義による定性分
析の事例研究（case study）を選択する。

　事例研究は，質的（定性的）なデータに重きを置きながら少数（含，単一）
の事例を通じて多方面から分析する研究アプローチ（藤本，2005）であり，
Eisenhardt（1989）は「事例研究は個々の状況におけるダイナミクスの理解に
焦点を当てた研究方策（p.534）」，Remenyi et al.,（1998）は「事例研究は現
在の現象を実際の文脈の中で研究する経験的探求（邦訳，p.70）」と述べている。

　事例研究は，統制が不可能あるいは困難なある事象群について，「だれが」
「なぜ」「どのように」という問いへの解答を得るうえで極めて優れているため，
特定の状況に関する相互作用プロセスを詳細に明らかにすることが可能である
（Remenyi et al.，1998）。

　事例研究は，仮説・理論検証型の研究，仮説・理論構築（探索）型の研究の
いずれの研究にも利用が可能であるが，仮説・理論構築（探索）型の研究にお
いては数理的アプローチなどよりも優れており，自由な発想を促し新たな理論
を構築するうえで役立ち，研究初期の段階にある題目や主題に新しい視点を取
り入れる際に有効である（藤本，2005）。事例研究による仮説・理論の構築プ
ロセスは「スタートアップ：研究課題の定義等」「ケースの選択：理論的に有

用な事例へのフォーカス等」「方策と手順の策定：複数のデータ収集方法等」「現場への参加：柔軟なデータ収集等」「データ分析：ケース内分析」「仮説形成：関係性の背後にある"Why"の探索等」「文献の包摂：矛盾，類似する文献との比較」「終了：理論的飽和」からなる（Eisenhardt, 1989）。

　事例研究には，偏向（バイアス）のない情報を得るうえで，情報の提供者が「事実を正確に思い出せない」「重要事実を公にしたくない」「正確性に確信を持てない情報を提供することに疑いを抱く」といった問題が存在する（Remenyi et al., 1998）。また，**図表4-1**に示すように，内的妥当性（internal validity），構成概念妥当性（construct validity），信頼性（reliability），外的妥当性（external validity）という4つの基準に関して，事例研究には批判が存在する。事例研究と他の研究方法を比較分析した沼上（1995）は，4つの基準のうち，内的妥当性および構成概念妥当性に関しては事例研究と他の研究方法に大きな相違はなく，信頼性（追試可能性）および外的妥当性に関しては事例研究での対応は難しいとしている。

　事例研究の実施にあたっては，事例研究への批判や問題の存在に留意し，「対抗理論が成立しない事実を注意深く確認する（内的妥当性の確保）」「いくつかの手法で測定された変数が同じ傾向を示す（構成概念妥当性の確保）」「メンバーの考え（何を考えるか）や行動（どのように行動するか）に関して事前に理解する（構成概念妥当性の確保）」「研究作業を明示する（信頼性の確保）」（沼上，1995）など慎重に対応し実行する必要がある。

4.3.2　単一事例研究の選定

　事例研究には単一事例研究と複数事例研究がある。Yin（1994）によると「十分に定式化された理論をテストする際の決定的ケース（critical case）である」「極端なあるいはユニークなケース（extreme unique case）である」「真実のケース（revelatory）である」の場合，単一事例研究の実施は適切であるとされる。

　本書では2つの理由から単一事例研究を行う。1つ目の理由は，企業固有の歴史を通して形成されるDCをそのような歴史を共有しない他社が模倣することは困難である（菊澤，2016）ため，またDCの発揮にミドルマネジメントは

[図表4-1]　事例研究の検討基準と定義，批判，留意事項

基準	定義	批判	研究にあたっての留意事項
内的妥当性	「ある事例の変数間の関係が（本当は）他の変数によるものである」との可能性の排除の程度。	研究者が考えた「ある事例の変数間の関係」の理論が異なる理論で説明できる余地が残る。	・事例の多様な点（多数の観察の単位）に関して豊かに記述する。 ・対抗理論の成立を困難にする事実を注意深く確認する。
構成概念妥当性	操作定義と構成概念の一致の程度。	研究者の構成概念と事例における事実の対応が恣意的である（研究者の解釈が事例の集団の会社と一致しているか疑問）。	・複数の方法によって測定された変数が同様の傾向にあることを示す。 ・メンバーの思考や行動を前もって理解しておく。
信頼性	同様の対象であれば同様の結果に達することができる（安定的かつ一貫して値を示す）程度。	質問と回答という社会的プロセスを同じ手順や濃淡で繰り返しても同様の結果に達することは難しい。	・作業手順や作業の留意点を明示的に示す。
外的妥当性	「ある事例における変数間の関係を他の事例においても観察可能であるか」の程度。	その事例における変数間の関係はその事例においてのみにしか見出せない。	・事例研究から得られた知見を，より大きな母集団に対して一般化する（統計的一般化）のではなく，当該事例を超えるより一般性の高い何らかの理論に対して一般化（分析的一般化）する。

出所：沼上（1995）にもとづき筆者作成

期待されていない（Lee and Teece, 2013）との認識が通説であるため，DCを発揮している企業は，さらにDCの発揮にミドルマネジメントが貢献している企業は，他の多くの企業とは異なり，「極端なあるいはユニークなケース」に該当するとみなすことが可能であるからである。

　2つ目の理由は，本書はそのRQの性質上，仮説・理論構築（探索）型に該当するため，複数の事例企業から共通性を有する理論・仮説を導出することよりも，単一の事例企業から共通性を有する理論・仮説の萌芽となる理論・仮説

の導出を優先することの方が今後の研究の礎として資すると考えられるからである。

　以上，本事例研究の対象企業はYin（1994）の言う単一事例研究の実施が適切とみなされる「極端なあるいはユニークなケース」へ該当するとみなせること，本書の研究が仮説・理論構築（探索）型に該当するため，共通性を有する理論・仮説の萌芽となる理論・仮説の導出を優先するうえで有益であることから，本書の事例研究では研究方法として単一事例研究を選択する。

　単一事例研究に関しては，単一事例研究，複数事例研究という単一か複数かを問わず，前述した沼上（1995）の内的妥当性など4つの基準にもとづく批判や問題が存在する。したがって，単一事例研究の実施にあたっては，「研究作業を明示する（信頼性の確保）」などを慎重に検討し着実に実行する必要がある。単一事例研究はまた，「事前に想定したケースとはならない（可能性がある）」という弱みを有している（Yin, 1994）ため，事例研究の対象企業の選定にあたっては，「想定よりどの程度外れているか」「想定からの外れの程度が本書の研究にどのような影響を与えるか」について慎重に見極める必要がある。

4.4　調査・分析対象の経営プロセス

4.4.1　調査・分析対象の経営プロセスの選定

　新製品の開発，生産性革新，M&AなどDCの種類は多様であり，またDCの理解のためには特定のDCの詳細な分析が有効である（Helfat et al., 2007）。調査・分析対象の候補となる経営プロセスとしては，Eisenhardt and Martin（2000）の製品開発，提携・買収，戦略的意思決定，Zollo and Winter（2002）のR&D，リストラクチャリング，リエンジニアリング，また**図表4-2**で示す通り日本国内の研究者によってDC研究として取り組まれた**機能・事業**から，R&D，製品開発，地域ブランド，営業，知識移転・複製（組織学習），戦略転換，海外進出，子会社の競争力，経営理念などが挙げられる。

　本書では第2章にて先行研究レビューを行ったM&Aを調査・分析対象プロセスとした。M&Aを調査・分析の対象として選択した理由は3つある。1つ

[図表4-2]　DC国内事例研究の対象　企業・組織，機能・事業

文献	事例研究の対象企業・組織	事例研究の対象機能・事業
白石（2009）	花王，大日本印刷	知識創造（新製品開発）
黄（2011b）	鴻海社（EMS）	外部環境変化への気づき，環境変化への対応
間嶋他（2012）	小松製作所，金沢製粉	戦略転換，組織の学習能力（開発力や改善力）
間嶋他（2013a）	ブラザー工業，王子製紙（苫小牧工場）	戦略転換，ケイパビリティ，経営理念，地域社会との連携（地域密着）
間嶋他（2013b）	日本製鋼所（室蘭製作所），寿産業	戦略転換，経営理念，ケイパビリティ，ダイナミック・ケイパビリティ
間嶋他（2014）	石屋製菓	経営理念：ビジョン，大胆な戦略展開：転換，ケイパビリティ：ダイナミック・ケイパビリティ
入江（2012）	JR東日本	戦略：DC，組織変革：トップマネジメント，制度：組織内部の制度
長島（2012）	トヨタ自動車，パナソニック，現代自動車，LG電子，マクドナルド	インド進出，商品開発，顧客との関係，サプライチェーン，本社の意思・現地法人との意思疎通
森岡（2012）	日吉屋（和傘），神明堂（水引細工等），愛知ドビー（バーミキュラ）	企業間連携，製品開発
河合（2012）	ユニクロ（ファーストリテイリング）	新情報システム
中島（2012）	松竹（鎌倉シネマワールド）	外部環境適応の戦略
芦澤（2012）	日本電産	企業買収
和田（2012）	焼津水産化学工業	開発・製品化，営業
中島（2014）	常磐興産（スパリゾートハワイアンズ）	DCの流れ
槇谷（2014）	ダイキン工業	組織変革，企業家機能
菊澤（2015b）	イーストマン・コダック，富士フイルム	ダイナミック・ケイパビリティの活用
菊澤（2015c）	バーバリー，三陽商会	垂直統合，取引コスト，ダイナミック・ケイパビリティ
楊（2016）	中国上海市に進出している異なる業界の日系現地法人4社	子会社の競争力向上に貢献するための諸条件
土屋他（2017）	中堅GNT企業	成長の壁を乗り越えてきたプロセス，飛躍のための戦略や成功要因
佐々木（2018）	日本の中小製造業	拠点配置
大芝（2018）	JA広島果実連	地域ブランド，広島レモン
秋本（2018）	米国，旧ソ連	軍事技術における集積回路（IC）の技術開発
菊澤（2019c）	富士フイルム，ソニー，YKK	既存技術の転用，ビジネス・エコシステム，イノベーションのジレンマ

出所：先行研究にもとづき筆者作成

目の理由は，2.10にて示したように，M&Aにより新たな組織能力の獲得，既存の組織能力との再編成が行われる可能性は高く，組織能力の再編成等を行うDCがM&Aのプロセスに内在する公算が大きいため，M&Aを調査・分析の対象とすることはDCを組織能力として具体的に提示等するうえで効果的であるからである。

　2つ目の理由は，2.10にて示したように，M&Aへの当事者のコミットメントは大きく，またトップマネジメントが主導するばかりではないため，コミットメントの大きな当事者としてミドルマネジメントがM&Aに参画している場合，M&AひいてはDC発揮に貢献するミドルマネジメントの実態の検証を行ううえで有益であるからである。M&Aでは，M&Aのチームリーダー，専門担当者，統合担当者であるミドルマネジメントが対境担当者として組織変革，組織間学習を担い，トップマネジメントへの影響力の発揮を通じて，また自ら，M&AひいてはDC発揮へ貢献している可能性がある。

　3つ目の理由は，M&Aプロセスにおける実施事項，機能とDCF（Teece，2007，2009）を構成する感知，捕捉，再配置は整合的であり，M&Aを対象とする調査・分析はDCを解明するうえにおいて効果的であるからである。経営戦略の成功に向け戦略的適合（伊丹，2012）を実現するために，機会と脅威，強みと弱みは識別され，経営諸活動が構想される。この機会，脅威の識別能力にDCF（Teece，2007，2009）の感知が，また機会，脅威の識別にもとづく経営の諸活動の構想能力に捕捉，再配置が該当する。経営戦略とM&Aは2.10にて述べたように表裏一体の関係にある。よってM&Aの実施事項，機能とDCF（Teece，2007，2009）は整合的であり，M&Aを対象とする調査・分析はDC解明のうえで効果的である。

4.4.2　M&A調査・分析のフレームワーク

　2.10.2にて示したように，木俣（2010）はM&AのプロセスをプレM&A，実行，ポストM&Aと大きく3つのプロセスに区分した。本書では，調査対象組織のインタビュー対象者の理解の容易さを重視し，M&Aプロセスはクロージング以前の意思決定プロセスとしてプレM&A，クロージングより後の統合プロセスとしてポストM&Aの大きく2つのプロセスに区分される（中村，

2017）ことに依拠し，M&AのプロセスをプレM&Aおよびポ ストM&Aに区分する。

　2.10.2にて示したM&Aサブプロセス「①戦略立案〜⑪クロージング」はプレ M&Aに，「⑫統合準備，⑬経営統合」はポストM&Aに包含する。また，「2.10.2」にて示したM&Aサブプロセスでは，M&A進捗管理，担当者のアサイン，重要意思決定に係る会議運営等の活動が取り上げられていないため，これらの活動をM&A全般のマネジメントと称し，プレM&A，ポストM&Aと同様の位置づけでM&Aプロセスを構成するサブプロセスとする。M&Aプロセスにおける実施事項，機能を**図表4-3**の通り整理した。

4.5　調査・分析対象の組織

4.5.1　選定基準

　調査・分析対象の組織の選定にあたっては4つの基準を設けた。1つ目の選定基準は，「DC発揮が成果に大きな影響を与えるとされる環境の下での事業展開」である。Teece（2009）によると，DC発揮は次の4つの特徴を有する環境の下にある多国籍企業，特にハイテク分野の成果に大きな影響を与える。①国際的なビジネスを行う中で環境に規制がなく，また急速な技術の変化によって機会・脅威に直面している。②顧客ニーズを満たす製品・サービスの創造のためには複数の発明の結合が必要であり，技術変化それ自体は複数の要素の有機的な関係の下で機能する，すなわちシステム的なものとなっている。③（全体を構成する要素である）財・サービスの取引市場がグローバル的に発達している。④技術や経営ノウハウを取引する市場の発達が十分でない。

　2つ目の選定基準は，「概ね10年以内にM&Aを実施した」である。概ね10年以内であれば調査・分析の対象とするM&Aに関与したトップマネジメントあるいはミドルマネジメントは異動や退職をしておらず，またM&Aに関する記憶は忘却されず，調査・分析が可能である。

　3つ目の選定基準は，「大企業」である。本書で設定した「RQ1　企業の経営プロセスに係るDCとは具体的にどのような組織能力か」「RQ2　DC発揮に

[図表4-3] M&Aプロセスにおける実施事項, 機能

	M&Aプロセス												ポストM&A	
	プレM&A													
	戦略立案	ターゲット企業の選定、持ち込み案件の対応	ファイナンシャルアドバイザーの選定	ターゲット企業へのアプローチ	企業価値評価	買収スキーム策定	交渉	基本合意	デューデリジェンス	最終契約	クロージング	統合準備	経営統合
M&A全般マネジメント ・担当者のアサイン ・M&A進捗管理 ・重要意思決定等に係る会議運営他	・経営戦略(含, 買収戦略)の検討・立案 ・経営戦略とM&A目的の整合性チェック	・ターゲット企業情報の収集と絞り込み ・持込み案件と案件対応	・FAの比較 ・アドバイザリー契約	・ターゲット企業へのアプローチ方法の検討 ・ターゲット企業への接触、意向確認 ・基礎的な情報の分析(初期分析)	・価値(買収金額)の算定 ・買収シナジー効果の算定 ・価値(買収金額)の報告とご承認	・買収スキームの検討、決定、報告とご承認 ・会計・税務的な評価 ・法的な評価	・交渉戦略の検討 ・交渉 ・報告	・基本合意書作成 ・基本合意書締結	・DD全般のマネジメント ・DD(事業、財務、税務、法務)結果の報告	・最終契約交渉 ・最終契約書作成、締結	・各種手続き(株式代金の決済、株券の授受、役員変更等) ・資金調達	・統合方針の策定 ・統合ラフ計画の策定	・統合詳細計画の策定 ・プロジェクトチームの組成 ・ビジネスプロセスの統合 ・シナジーの発揮

出所：先行研究にもとづき筆者作成

おけるミドルマネジメントの貢献実態はいかなるものか」の解答を得るうえで
大企業の方が中小企業よりも相応しい。なぜなら，大企業は中小企業よりも総
じて継続的に組織能力を再編成してきた可能性が高く，また複雑化した顧客
ニーズへの対応や組織変革などに，ひいてはDC発揮へミドルマネジメントが
貢献している可能性が高いからである。

　4つ目の選定基準は，「概ね10年以内における主要業績指標の良好さ」であ
る。4.6.6にて詳述するが，藤本（2003），Teece（2009），Lee and Teece（2013），
Teece（2014a）の論に則り，良い財務的成果にはDC発揮の可能性があると想
定するからである。

4.5.2　調査・分析対象の組織

　4つの選定基準を選定したうえで，M&Aアドバイザリー業務，M&A仲介，
DDなどを手掛けるストライク，M&Aキャピタルパートナーズ，アミダスパー
トナーズなどからM&A案件情報を収集し，調査・分析の候補企業を日本生産
性本部（以下，JPC）[1]へ提示，本調査・分析に関心を示し積極的な協力を期
待できる企業についてリストアップを依頼した。

　JPCへリストアップを依頼したのは，M&Aは秘匿性が高い（木俣，2010）
ため，また本調査・分析においては詳細にインタビューすることから，調査・
分析への信頼性の高さが調査・分析応諾のうえで重要であり，JPCの信頼性の
高さが調査・分析の信頼性を高め応諾可能性を高めると考えたからである。

　JPCのリストアップ，またリストアップ企業への調査・分析の打診にあたっ
ては，JPCを介して巻末の「資料1　調査協力依頼文書」を調査・分析の候補
企業へ提示し，調査事項や調査のプロセスについて理解を得て，情報漏洩など
の不安の低減を図った。JPCよりリストアップされた企業をあらためて精査の
結果，HORIBAを調査・分析の対象とした。そして，筆者よりHORIBAに対
し本書の目的，調査・分析の主旨や手順，スケジュールをメール，面談にて説
明し，調査・分析の承諾を得た。

　HORIBAを調査・分析の対象としたのは，前述の調査・分析対象の組織の
選定にあたっての4つの基準を満たし，また自動車エンジン排ガス測定装置の
世界シェアは8割（経済産業省他，2013）で，主力製品はディファクトスタン

120

ダートであること（堀場，2012），M&Aを通じた新たな事業への進出により国内開発企業からグローバル多国籍企業へと成長したこと（堀場製作所，2003），「見えない資産」「持続性のある成長」を重視していること（堀場製作所，2015c）より，HORIBAがDCを発揮している可能性が高いと判断したからである[2]。

4.6　ダイナミック・ケイパビリティの提示に関する枠組み

4.6.1　枠組みの概観

　DCF（Teece，2007，2009），能力のフレームワークの要素（Teece，2014a）などによってDCの操作化は進展しているが，DCに関する議論においてもいまだトートロジー問題は解消されず，DCの具体的な提示は十分でない。本書では組織能力であるDCを具体的に提示するにあたり，2.9.4での組織能力の定義「競争力・生存能力の強化を目的とする，経路依存性を有する，戦略に方向づけられた組織の階層的，連鎖的なプロセス，経営資源の体系」に則り，ある特定のプロセスや経営資源のみではなく，あるプロセスと他のプロセスの，あるいはあるプロセスと経営資源の繋がりや一体化した一群に着眼する。そして**図表4-4**に示す2つの手順に基づきDCを組織能力として具体的に提示する。

　1つ目の手順は，DCである可能性の高いプロセス，経営資源およびそれらが繋がり一体化した組織能力（以下，DC候補）を抽出するための手順である。2つ目の手順は，DC候補がDCである可能性が高いか否かについて判定し具体的に提示するための手順である。

　1つ目のDC候補を抽出する手順では，M&Aを構成するプロセスごとに，「①有効に機能したプロセスの抽出」「②有効に機能したプロセスの基盤の経営資源，プロセスの抽出」を行う。基盤の経営資源，プロセスとは，有効に機能したプロセスがその有効性を発揮するうえで必要とした，拠り所とした経営資源，プロセスである。有効に機能したプロセス，基盤の経営資源，プロセスについては，組織能力の特徴である連鎖性，階層性に基づいて，横軸にM&Aの

[図表4-4]　ダイナミック・ケイパビリティの提示に関する枠組みの概観

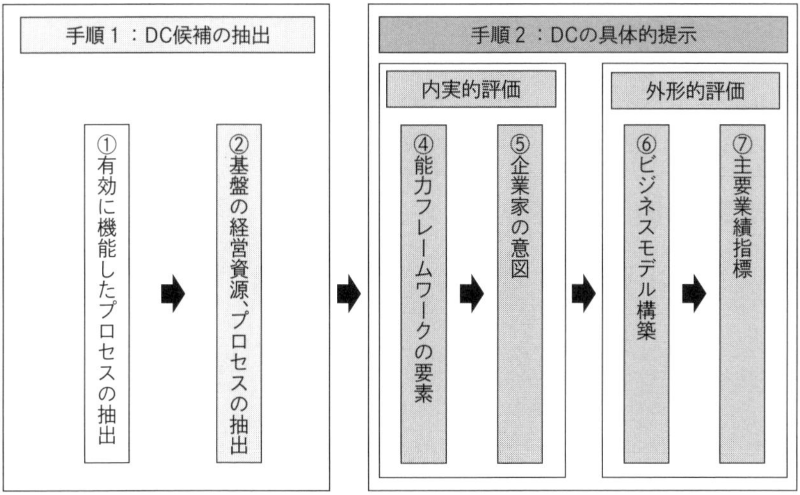

出所：先行研究にもとづき筆者作成

プロセスの時系列の流れを置き，縦軸にM&Aのプロセスごとの有効に機能したプロセス，基盤の経営資源，プロセスを表記し，M&Aに係る組織能力を，階層的，連鎖的に記述する。

　2つ目のDCを組織能力として具体的に提示する手順は，内実的評価と外形的評価からなる。内実的評価は「④能力フレームワークの要素」「⑤企業家の意図」により，外形的評価は「⑥ビジネスモデル構築」「⑦主要業績指標」により，DC候補がDCである可能性が高いか否かについて判定し具体的に提示する。

4.6.2　手順1：ダイナミック・ケイパビリティ候補の抽出

　DC候補を抽出する手順での「①有効に機能したプロセスの抽出」「②有効に機能したプロセスの基盤の経営資源，プロセスの抽出」では，調査・分析対象組織の実務家に対しインタビューを行い，巻末の「資料2　調査票A　M&A担当者」によりM&A推進メンバーがだれで，どのような役割・責任を担っていたかを把握する。次いで「資料3　調査票B　M&Aプロセス担当者」によ

りM&Aプロセスを構成するプロセスの流れ，また各々のプロセスを推進する担当者を把握する。そして「資料4　調査票C　有効なプロセス・経営資源等，ミドルマネジメント貢献」によりM&Aプロセスを構成する各々のプロセスの具体的な内容，各々のプロセスにおける有効なプロセス，有効なプロセスの基盤となった経営資源，プロセスを把握し，DC候補を抽出する。

4.6.3　手順2：ダイナミック・ケイパビリティの具体的提示

　DCの具体的な提示は内実的評価および外形的評価にて行う。内実的評価は「能力フレームワークの要素（Teece, 2014a）」と「企業家の意図（Teece, 2007, 2009）」により行う。M&Aという経営プロセスを構成するプロセスおよびそのプロセスで活用された経営資源について，「能力フレームワークの要素（Teece, 2014a）」に則り，プロセスの独自性，経営資源のVRINへの該当の状況を評価する。またプロセスに係る「企業家の意図（Teece, 2007, 2009）」の強さについて評価する。

　プロセス，あるいはプロセス一群の独自性や活用されている経営資源のVRINへの該当度が高く，またそのプロセス，あるいはプロセスの一群，経営資源に係る「企業家の意図（Teece, 2007, 2009）」が強ければ，DCである可能性が高い。手順1およびこの内実的評価で組織能力自体を評価し具体的にDCを提示することでトートロジー問題を回避する。

　外形的評価は，ビジネスモデル，主要業績指標により行う。ビジネスモデルが新たに構築されたりあるいは変化したりし，また主要業績指標の推移が良好であれば，DC候補をDCである可能性が高いと判定する。組織能力によって外部環境への適合のあり様が変化しそして収益性や財政状態に影響を及ぼすという論理立てで，外部環境への適合のあり様であるビジネスモデルと収益性や財政状態を示す主要業績指標という表に現れた状態により，組織能力がDCとみなせるか否かを評価する。外形的評価により組織能力の外部環境への適合度合いを確認し，内実的評価を通じて組織能力として具体的に提示されたDC候補をDCとみなしてよいか最終的な検証を行う。

　図表4-4の内実的評価から外形的評価に向かう矢印は2つの流れを表している。1つ目の流れは，内実的評価によってDCである可能性が高い組織能力を

具体的に提示し，そしてその組織能力がDCとみなせるかについて外形的評価によって担保するという調査・分析の流れである。2つ目の流れは，DCによってビジネスモデルが構築あるいは変化し主要業績指標が向上するという，組織能力によって外部適応の状態が変化するという流れである。

4.6.4　企業家の意図

DC論はSchumpeterとKirznerの見地によっており，DCは企業家によって発揮，形成されるとされ（Teece, 2007, 2009），本書の目的がDC発揮におけるミドルマネジメントの貢献実態を明らかにすることであることから，M&Aのプロセスの遂行にトップマネジメント，ミドルマネジメントが企業家として意図的に関わったか，否かに注視し，DC発揮の有無を判定する。

企業家とは，本書においては，Pinchot（1985）の言う企業を出て事業を興し，新会社を設立する企業家ではなく，企業に留まって事業を興す社内企業家とし，先駆的イノベーションの遂行者（Schumpeter, 1926），あるいはプロセス・イノベーションの遂行者（Kirzner, 1973）とする。そして，企業家的企業家，技術志向的企業家，市場志向的企業家，経営管理者的企業家の類型化（米倉, 1986, 1998）に基づき，「DC発揮へ貢献するミドルマネジメントはどの企業家の類型に該当するのか」を明らかにする。意図とは思惑，目的であり，"意図的に関わったか，否か"に注視するのは，DCと意図のない機械的なルーティン，DCと偶然・運を区別する（Helfat et al., 2007）ためである。

4.6.5　ビジネスモデル

技術的イノベーションを商業的成功に導くためにはビジネスモデルの賢明な創造が必要であり（Teece, 2009），またVRIN資源，独自プロセスとともに，ビジネスモデルは過去の経営の決断の成果であると推論され，模倣や購入は困難である（Teece, 2014a）ことから，DCによってビジネスモデルが創造され収益の獲得につながる。Teece（2007, 2009）はビジネスモデルをDCF（Teece, 2007, 2009）の捕捉のミクロ的基礎として位置づけている。これらのことから，外形的評価にあたってはビジネスモデルの新たな構築，変化を採用する。

しかしビジネスモデルは，Magretta（2002）によると「インターネットの

ブームによって流行した用語（邦訳，p.116）」であり，Porter（2001）によると「いかなる事業によってどのように売上を獲得するかに関し粗雑に概念化し，定義はあいまい（邦訳，p.118）」とされる。三谷（2014）はビジネスモデルの定義は定まっていないと指摘している。

　根来・木村（1999）はビジネスモデルを「どのような事業活動をしているか，あるいはどう事業を構想するかを示すモデル（p.2）」と定義している。そして，ビジネスモデルは「①顧客および顧客へ提供する製品および機能とそのために必要とする経営資源を表現する戦略モデル」「②戦略の基盤となるオペレーションの基本となる構造を表現するオペレーションモデル」「③だれからどのようにして対価を獲得するかを表現する収益モデル」「④競合との競争においていかに優位性を発揮するかを表現する競合モデル」からなるとする。

　Johnson et al.（2008）は，ビジネスモデルは顧客価値の提供，利益方程式，鍵となる経営資源，鍵となるプロセスという相互関係にある4つの要素から構成されているとしている。顧客価値の提供とは，顧客にとって解決が必要な問題を解決する方法の提供である。利益方程式とは，価格×売上数の収益モデル，直接費と間接費などのコスト構造，資産回転率などである。鍵となる経営資源とは顧客と自社に価値をもたらす資源である。鍵となるプロセスとは顧客価値の提供を可能とするプロセスである。

　三谷（2014）は様々なビジネスモデルの定義を整理し「自身の考えを示すに留めたい」と前置きしたうえで，ビジネスモデルを「ビジネス環境の多様化・複雑化・ネットワーク化への対応を目的とする従来の戦略的フレームワークを拡張するコンセプトセット（p.34）」と定義している。そして，ビジネスモデルのフレームワークとして，「①ステークホルダー：ビジネスに関わる重要なプレーヤー」「②全体価値創造：ステークホルダーが受け取る価値」「③収益方程式：収入とコストの組み合わせ」「④バリューネットワーク：①〜③を実現するための顧客，他社との協調を含むバリューチェーンや経営資源」の4つの構成要素を示している。

　根来・木村（1999）と三谷（2014）のビジネスモデルの定義を比較すると，表現は異なるがその意図は概ね同じである。しかし根来・木村（1999）の定義の方が三谷（2014）の定義よりも抽象度が低く一般的には理解が容易であり，

調査・分析対象組織のインタビュー対象者の調査・分析への協力度合いを高める点で有効である。よって本書では根来・木村（1999）のビジネスモデルの定義を援用し，ビジネスモデルを「どのような事業活動をしているか，あるいはどう事業を構想するかを示すモデル」と定義する。

根来・木村（1999），三谷（2014）のビジネスモデルの構成要素は，根来・木村（1999）にはない資源が三谷（2014）にはあるなど多少の相違はあるものの，極めて整合的である。ビジネス環境のネットワーク化の進展などを考えると，幅広い利害関係者を前提とする三谷（2014）の構成要素の方が好ましいため，本書で活用するビジネスモデルのフレームワークの基本形として，三谷（2014）の，①ステークホルダー，②全体価値創造，③収益方程式，④バリューネットワークの4つの要素を用いる[3]。ただし，区分の分かり難さなどの点から，①ステークホルダーと②全体価値総合は統合し，③収益方程式は4.6.6で述べる主要業績指標に包含する。

以上の本書におけるビジネスモデルの定義およびフレームワークは，Teece（2009）の「ビジネスモデルは収入・費用，顧客・競合の仮定を示す，事業の組織・財務『アーキテクチャ』（邦訳，p.26）」との認識と符合する。このフレームワークを通して，事例研究企業におけるビジネスモデルの新たな構築，変化の実態を把握し，DC発揮の有無を判定する。

4.6.6　主要業績指標

独自のプロセス，ビジネスモデルの良否は，時間を要するかもしれないが，最終的には主要業績指標に現れるはずである（Teece，2014a）。良い財務的成果は強いDCと良い戦略によってもたらされる（Lee and Teece，2013）。企業は組織能力を基盤に，深層そして表層の競争力をめぐり競合と優劣を競い，結果として競争力に見合った収益を得る（藤本，2003）。進化的適合度はケイパビリティの収益獲得に対する貢献の有効性に関する基準，外部的適合度であり，その達成にはDCが必要となる（Teece，2009）。これらの認識に則り，良い業績にはDCが発揮されていた可能性があると想定し，主要業績指標の推移をDC発揮の判定において使用する[4]。

主要業績指標は様々あるが，本書では三品（2004）が採用している売上高成

長率を成長性指標として，総資本経常利益率を総合収益性指標として，売上高
経常利益率を狭義の収益性指標として，資本回転率を資本効率の指標として，
自己資本比率を安全性の指標として採用する。

4.7　ミドルマネジメントの貢献に係る分析視座

　DC発揮へのミドルマネジメントの貢献に関する分析視座として「①上方向
の影響力（Kipnis et al., 1980）」「②意思決定の参加レベル（Vroom and
Yetton, 1973）」を用いる。上方向の影響力とは組織の下位にある者が上位に
ある者に作用を及ぼすことである。Kipnis et al.（1980）は上方向の影響力を
「合理性：理由や根拠のしっかりとした説明等」「迎合性：へりくだり，ご機嫌
とり等」「主張性：明確な要求，意見の強い口述等」「交換性：相手の意見の容
認と自身の意見の承諾の両立等」「結託性：同僚の味方付け等」「権威性：上位
者のさらに上位の者の支持の取り付け等」「制裁性：辞職すると脅す等」「遮断
性：仕事のペースを落とす等」に分類した。
　意思決定の参加レベルとは，管理者の意思決定における部下の関与の程度で
ある。Vroom and Yetton（1973）は管理者の意思決定における部下の関与の
程度を，「ＡⅠ　管理者が単独で決定する」「ＡⅡ　部下に情報を求めて管理者
が単独で決定する」「ＣⅠ　管理者は部下に状況の共有，情報・評価を求め打
合せし，管理者が決定する」「ＣⅡ　状況検討のため管理者は部下集団と会し，
管理者が決定する」「ＧⅡ　状況検討のため管理者は部下集団と会し，管理者
と部下集団の全体で決定する」の5つに分類した。白樫（2011）は便宜上，Ａ
Ⅰを独善的専制型，ＡⅡを準独善的専制型，ＣⅠを個人相談型，ＣⅡを集団相
談型，ＧⅡを集団参加型と称しており，本書でもこれらの名称を用いる。
　「①上方向の影響力」「②意思決定の参加レベル」をDC発揮へのミドルマネ
ジメントの貢献に関する分析視座として用いるにあたっては，巻末の「資料4
調査票Ｃ　有効なプロセス・経営資源等，ミドルマネジメント貢献」を使用す
る。

4.8　おわりに

　本章では，第１章のDC先行研究の問題点，第２章の組織能力に係る各種概念や用語の定義，第３章のDC発揮におけるミドルマネジメントの貢献可能性，ミドルマネジメントの定義を踏まえ，本書の目的を確認したうえで，RQを明示し，DCの一時的な定義づけを行った。そして，研究方法，調査・分析の対象とする経営プロセスおよび組織，DCの提示に関する枠組み，DC発揮におけるミドルマネジメントの貢献に係る分析視座を明らかにした。

　DC先行研究の問題点の克服のためのRQとして，「企業の経営プロセスに係るDCとは具体的にどのような組織能力か」「DC発揮におけるミドルマネジメントの貢献実態はいかなるものか」を設定した。そしてDCを一時的に，「資源ベースを意図的に創造，拡大，修正する模倣困難な組織能力」と定義した。

　次いで研究方法として，事例研究（単一事例研究）を選択した理由，事例研究実施時の留意事項を，そして調査・分析対象の候補となる経営プロセスとしてM&Aを選択した理由，M&A調査・分析のフレームワーク，調査・分析の対象組織を明らかにした。最後にDC提示に関する枠組み，DC発揮におけるミドルマネジメントの貢献に係る分析視座を示した。

《注》

1）　日本生産性本部は，1955年，わが国産業の生産性運動の中核組織として，「生産性向上対策について」の閣議決定に基づき設立された民間団体である。経済界，労働界，学識者の三者により構成され，戦後の日本経済の復興とその後の高度経済成長の実現に，民間の立場から寄与してきた（日本生産性本部，2020）。

2）　HORIBAは「グローバルニッチトップ（Global Niche Top，以下，GNT）企業100選」として2013年に経済産業省より顕彰された（経済産業省，2014a）。GNT企業の定義は次の通りである。①大企業：中小企業基本法第２条第１項の規定にもとづく「中小企業者」以外の法人で，特定の商品・サービスの世界市場の規模が100〜1,000億円程度であって，過去３年以内において１年でも20%以上の世界シェアを確保したことがある。②中堅企業：大企業のうち直近の会計年度の売上高が1,000億円以下で，特定の商品・サービスについて，過去３年以内において１年でも10%以上の世界シェアを確保したことがある。③

　中小企業者：中小企業基本法第2条第1項の規定にもとづく「中小企業者」で，特定の商品・サービスについて，過去3年以内において1年でも10%以上の世界シェアを確保したことがある。GNT企業の特徴は，「特定の製品分野での高いシェア」「高い収益」「国際性」「戦略性」の4点である（経済産業省他，2014）。細谷（2011a，2011b），経済産業省他（2014）からGNT企業の特徴をまとめると，優れた製品開発力やネットワーク力を武器に，知財マネジメントの高度化，組織や人材，資金の充実を図りながらルーティン化，保守化を克服し，環境変化への迅速かつ的確な対応（ニッチ市場リスク対応，海外政府の規制や海外現地商習慣への対応など）を果たしていることである。以上より，GNT企業にはDC発揮の可能性を見出せる。

3）　ビジネスモデルの定義やその構成要素に関して，根来・木村（1999），三谷（2014）の他では，Alexander and Yves（2010）は，ビジネスモデルを「どのように価値を創造し，顧客に届けるかを論理的に記述したもの（邦訳，p.14）」と定義している。そして，構成要素として「顧客セグメント」「価値提案」「チャネル」「顧客との関係」「収益の流れ」「リソース」「主要活動」「パートナー」「コスト構造」という9つの要素を挙げている。

4）　楊（2016）は，「多国籍企業の持続的競争優位にとって子会社は重要であり子会社は強い自主性を有する」というTeece（2014a）の主張の検証等のために行った調査において，内閣府（2013）に基づき「企業が高い所得を生む能力」を競争力と定義し，競争力として具体的にマーケットシェア，売上利益率等を取り上げ，これらの指標を基に成功例と失敗例を区分し，成功例と失敗例の各々の組織制度の相違を明らかにすることを試みている。

第 5 章

HORIBA事例研究Ⅰ：
調査・分析の結果

　本章では，HORIBAのMIRAからの事業のM&A（以下，MIRA事業M&A）について調査・分析した結果を述べる。なお，事例研究企業の者の役職は2020年4月時点のものである。

5.1　調査・分析の経緯

　各種資料を基にHORIBAの業容などを事前に調査し，2015年9月から2017年6月において，経営戦略本部自動車計測事業戦略室長である中村博司（当時，現執行役員，ホリバ・ヨーロッパ社代表取締役社長），自動車計測事業戦略室担当の原田大海（当時，現グローバル本部自動車グローバル戦略室長），経営管理部M&A・企画担当マネジャーである吉見信彦（当時，現経営企画室長）および財務副本部長である多鹿淳一（当時，現管理本部副本部長）へインタビューを行った。そして文献調査事項を加味しインタビューの内容を原稿としてまとめ，2020年2〜4月にかけて原田大海に内容確認を行ってもらい，適宜修正等を施した。

5.2　HORIBAの概要

5.2.1　HORIBAの概要

　HORIBAは2018年12月31日現在，堀場製作所および連結子会社48社，非連結子会社 2 社，関連会社 1 社で構成され，測定器具の製造，販売およびサービスを主たる業務としている。2018年度の売上は2,106億円，経常利益は283億円，総資産は2,781億円，従業員数は7,943人である（堀場製作所，2019a）。

　HORIBAは分析・計測の様々な分野のニッチ市場に必要不可欠な1,000を超える製品を 5 事業部門から提供している（堀場製作所，2019a）。HORIBAは，ある事業や地域への依存を回避し，また事業環境が低調となった事業が発生する状況にあっても経営資源の機動的な活用により投資する事業のバランスを図り， 5 つの事業の持続性ある成長を目指すバランス経営を行ってきた（堀場製作所，2016a）。5 事業の売上および構成比，従業員数，主要な製品・サービス，主要な会社は**図表5-1**の通りである。

　2017年度の事業別売上構成比は自動車計測システム機器が37.8％，環境・プロセスシステム機器が9.2％，医用システム機器が12.4％，半導体システム機器が27.4％，科学システム機器が13.2％である。地域別売上構成比は日本が33％，アジアが29％，米州が17％，欧州が21％である（堀場製作所，2018a）。HORIBAの特徴として，「社是『おもしろおかしく』にもとづく企業文化」「 5 つの事業のバランス経営」「分析・計測のニッチ市場で存在感を発揮する開発型企業」「京都で生まれた企業文化を基盤とするグローバル経営」「企業成長を支える多様な人財[1]」という 5 つのユニークポイントが挙げられる（堀場製作所，2019b）。

5.2.2　HORIBAの沿革

　本項ではHORIBAの沿革について述べる。HORIBAの呼称については，概ね，1997年以前は堀場製作所，以降はHORIBAの呼称を用いる。なぜならば，1996年のABX（フランス）の買収，1997年の旧ジョバン・イボンを中核とす

[図表5-1]　事業区分および売上，従業員数，主要な製品・サービス・会社

事業区分	売上（構成比）従業員数	主要な製品・サービス	主要な会社
自動車計測システム機器	797億円（37.8%）2,649人	エンジン排ガス測定装置，使用過程車用排ガス分析計，車載型排ガス分析装置，ドライブラインテストシステム，エンジンテストシステム,ブレーキテストシステム，燃料電池試験装置，バッテリー試験装置，運行管理システム，車両開発エンジニアリング，試験エンジニアリング，研究開発棟リース	㈱堀場製作所 ㈱堀場テクノサービス ホリバ・ヨーロッパ社（ドイツ） ホリバ・インスツルメンツ社（アメリカ） ホリバMIRA社（イギリス） 堀場（中国）貿易有限公司（中国）
環境・プロセスシステム機器	194億円（9.2%）607人	煙道排ガス分析装置，水質計測装置，大気汚染監視用分析装置，環境放射線測定器，プロセス計測設備	㈱堀場製作所 ㈱堀場アドバンスドテクノ ㈱堀場テクノサービス ホリバ・インスツルメンツ社（アメリカ） ホリバ・ヨーロッパ社（ドイツ） 堀場（中国）貿易有限公司（中国）
医用システム機器	260億円（12.4%）1,186人	血球計数装置，免疫測定装置，生化学用検査装置，血糖値検査装置	㈱堀場製作所 ㈱堀場テクノサービス ホリバABX社（フランス） ホリバ・インスツルメンツ社（アメリカ） ホリバ・インド社（インド）
半導体システム機器	578億円（27.4%）953人	マスフローコントローラー，薬液濃度モニター，半導体異物検査装置，残留ガス分析装置	㈱堀場エステック ㈱堀場アドバンスドテクノ ホリバ・インスツルメンツ社（アメリカ） 堀場エステック・コリア社（韓国） 堀場（中国）貿易有限公司（中国）
科学システム機器	278億円（13.2%）958人	pHメーター，粒子径分布測定装置，蛍光X線分析装置，金属分析装置，ラマン分光分析装置，蛍光分光分析装置，分光器，グレーティング（回折格子）	㈱堀場製作所 ㈱堀場アドバンスドテクノ ㈱堀場テクノサービス ホリバ・フランス社（フランス） ホリバ・インスツルメンツ社（アメリカ）
全社（共通）	1,590人		
合計	2,106億円（100%）7,943人		

※全社（共通）に記載の従業員数は特定事業に区分できない管理部門等に所属している人数
出所：堀場製作所（2019a）にもとづき筆者作成

るフランスのインスツルメンツ（InstrumentsS.A，以下，ISA）グループ17社（現ホリバ・フランス）の買収の後，従業員の約半分は外国人が占めるようになり，また堀場製作所の売上を堀場製作所以外のグループ売上が上回り，堀場製作所はグローバル企業となった（堀場製作所，2003）からである。

　高度技術の開発と製品化という夢を持つ堀場雅夫は敗戦から２カ月後の1945年10月に京都市の民家に堀場無線研究所という看板を掲げた。堀場雅夫は高性能，高品質の電解コンデンサーの開発の過程で溶液中の水素イオン濃度を化学的に測定するph（ペーハー）計を考案し，これに注目した京都財界人の協力により，1953年堀場製作所が設立された。堀場製作所は液体から気体の分析機器へ進出するため赤外線方式によるガス分析器の開発に取り組み，1958年，発売に至った（東洋経済新報社編，1995）。

　当時分析器は一部品から計測管理の統合システムとして用いられるようになってきていたため，1959年，システムの一括受注が可能な日立製作所と堀場製作所は業務・技術提携を行った（東洋経済新報社編，1995）。日立製作所の優れた総合技術の学習，計測器専門流通ルートを有する日製産業（現日立ハイテクノロジーズ）への販売一任のメリットが提携の判断材料となった。phメーターなど両者の重複製品のすべてを堀場製作所が生産し，販売は日製産業ルートに一本化された。技術力のアドバンテージを拠り所に，堀場製作所は企業規模では劣っていたが，対等なパートナーシップという認識を貫いた。この提携によって堀場製作所の新製品開発は勢いを増した。この提携はまた，堀場製作所に作業プロセスのマニュアル化，帳票システムの整備，維持すべきスピリットの再確認[2]などの学習をもたらした（堀場製作所，2003）。

　1963年にアメリカにおいて「大気浄化法」が，1970年には自動車排ガスの炭化水素，一酸化炭素，窒素酸化物を本格的に規制する通称「マスキー法」が施行された。規制導入をきっかけに堀場製作所は1964年，排ガス測定装置の販売を開始し，堀場製作所の自動車計測システム機器事業がスタートした（中村，2014）。自動車排ガス測定装置は公害が社会問題化されていたことから大きな注目を集めた。この自動車排ガス測定装置の他，河川水質や大気の監視装置，油分やイオン濃度の測定装置などの環境関連の測定機器は現在のHORIBAの主柱として成長している（東洋経済新報社編，1995）。

　1968年，堀場製作所はアメリカのミシガン州に現地企業との合弁企業を設立し海外進出を果たした。1972年にロサンゼルスにホリバ・インターナショナルを設立し欧州を含めた海外戦略の拠点を構築，ドイツのフランクフルトに子会社を設立，オーストラリアのロウ，台湾の立裕股份公司，アメリカのフィルコ・フォードと販売等について提携した（東洋経済新報社編，1995）。

　1975年，堀場製作所はアメリカ環境保護庁（United States Environmental Protection Agency，以下，EPA）へ排ガス測定装置を納入した（中村，2014）。堀場製作所の製品の優秀さはアメリカ政府から認められた（堀場製作所，2003）。1977年，車両排ガス試験の自動化や設備要求の複雑化を背景に，排ガス計測のトータルソリューションの提供を目指し，堀場製作所はインターオートメーション（アメリカ）の一部を買収し，ソフト開発力を強化，排ガス計測システム全体と試験プロセスを自動制御できるテストオートメーション開発へと事業範囲を拡大した（中村，2014）。

　1985年にシンガポールに進出，1987年にフランスの医薬機器メーカーの製造販売権を獲得，ドイツの企業との業務提携，1988年にアメリカの企業とのフーリエ変換赤外分光光度計に関する技術提携，オーストラリアと韓国における子会社の設立，1989年にイタリアにおいて分析機器メーカーへ資本参加する（東洋経済新報社編，1995）など堀場製作所は事業を世界市場へ広げていった。

　1996年，堀場製作所と1987年から血球カウンタの国内独占販売権および製造権に関して提携していたフランスのABXを堀場製作所は買収した。堀場製作所（2003）によると，この買収は堀場製作所にとって1970年代から行ってきた海外オペレーションの集大成であり，現地法人の設立や運営，異なる文化の下での度重なる成功や失敗の経験を通じて学習したノウハウや人材によって成し遂げられた，初の海外企業の買収であった。

　堀場製作所（2003）によると，このABX買収はHORIBAの歴史において重要な出来事とされる。その理由として，堀場製作所の企業哲学，文化にABXが魅力を見出し堀場製作所の傘下に置かれることを希望したこと，異なる文化の人々の視覚・世界のニーズを理解する聴覚・グローバル市場を探索する触覚というグローバルな感覚器を入手したこと，医用ニーズを既有の環境，エンジン，半導体などのシーズで充足し事業領域を拡大したことなどが挙げられる。

　買収の陣頭指揮は経営管理室経営企画課長である中峯敦（当時，現執行役員，グローバル本部副本部長，以下，中峯）が担った。中峯はこの買収について「行間を読む交渉，互いの企業文化の理解が不可欠」「M&Aは経験がなかったため実践で学ぶしかなかった」「語学ができる，堀場製作所の指示を伝えられるという表層のやり取りではM&Aは不可能」と述べている（堀場製作所，2003）。

　1997年，HORIBAは分光器，分光光度計などの光を活用した装置・部品の開発のパイオニアであるフランスのISAグループ17社（現ホリバ・フランス）を買収した。買収の目的は，光学分野における伝統と先端を兼ね備えた技術の獲得，十分でない欧米市場の理化学機器販売におけるISA販売網の活用であった（堀場製作所，2003）。

　買収は数社の買収希望企業との競合となった。事業評価は専務の石田（当時），ABXのM&Aを担当した中峯，科学計測開発部長の右近（当時）の3名がチームを編成しフランスに渡り，技術を中心に，開発・生産，ブランド，マーケティング，顧客，トップマネジメントの経営管理などに関する能力について，詳細な調査・確認を10日で行った。財務，法務の観点からの評価は，ABX買収の際のフランスの監査法人・法律事務所の2社が行った。2社は堀場製作所の意思決定メカニズムをよく熟知しており評価はスムーズに進んだ。HORIBAは入札価格の面で不利であったが，HORIBAの傘下に入ることにより見込めるISAの成長性についてのISAトップマネジメントを含む投資家の判断，「買収後の多額投資により買収金額には限界が存在する」というHORIBAの一貫した説明と強い態度から，ISAの経営陣はHORIBAによる買収を希望した（堀場製作所，2003）。

　ABX，ISAのM&Aによる効果は，販売ルートや現地工場人員の確保ではなく，技術開発や経営に関する人材の確保であった。HORIBAの博士号保持者は大きく増加し，また日本とフランスに開発拠点を有する世界的に稀少な企業となった（堀場，2012）。

　ABX，ISAの買収，シンガポール現地法人設立によって，HORIBAの従業員の約半分は外国人となり，HORIBAの売上において堀場製作所の売上を堀場製作所以外のグループ売上が上回り，HORIBAはグローバル企業となった。

1997年，HORIBAの首脳が経営ビジョンやグローバル戦略について議論，親睦を深めるホリバ・グローバル・マネジメント・ミーティング（Global Management Meeting）がハワイにて開催された。HORIBAでは，グローバル化は自国の文化や都合を無理に受け入れさせるのではなく，互いの伝統と文化を尊重し，相互理解のうえで実現できるものであり，その土地に定着する方法を心がける必要があるとされる（堀場製作所，2003）。

1999年，HORIBAとは異なる文化を有するABXや旧ISAなどの社員がHORIBAの理念や文化，風土，価値観を理解，共有できることを目的に，コーポレートフィロソフィが明文化された。HORIBAのコーポレートフィロソフィは，社是，事業，顧客対応，投資への責任，従業員の5項目からなり，一般の企業よりも具体的で容易に理解が可能な表現で，HORIBA社員が日常の仕事において心すべき仕事への意向と思いが表されている（堀場製作所，2003）。

2001年，自動車業界の開発プロセスのグローバルな共有化へ対応するため，HORIBAはリカルド（イギリス），シェンク・ペガサス（ドイツ）とテストオートメーションに特化したSRHシステムズ[3]を合弁会社として設立し，グローバルなソフトウェア開発機能を強化した。この開発機能強化により，広範囲な試験用途のサポート，エンジニアのフレキシブルな試験構成の変更，様々な規模の設備への対応，データの複数の試験設備での共有，複雑な手順の試験の自動化が可能となった（中村，2014）。

2000年代に入ってからの車両の電動化技術の急速な発展・普及に対応するため，2005年，HORIBAはカール・シェンク（ドイツ）の自動車計測機器（Mechatronics，以下，MCT）ビジネスを買収した。HORIBAはこの買収により自動車の研究開発試験全般へ幅広いソリューションを提供できる環境を整えた（中村，2014）。

2015年，HORIBAはMIRA（イギリス）の事業を買収した。MIRAは自動車車両開発エンジニアリングや試験設備の提供を行っており，HORIBAは様々な車両開発に関する設計・エンジニアリング技術，試験施設運営の事業を獲得した。買収の目的は自動車開発や規制に関する分析・計測技術の統合，自動運転，次世代モビリティ開発（電気自動車・超低燃費自動車）などの最先端分野での事業領域の拡大，新製品・サービス拡充の推進である（堀場製作所，

2015a）。

　2018年，HORIBAは 電動化自動車計測事業の強化のため，電動化車両用
バッテリーや燃料電池テストベンチの開発などの次世代モビリティに関する多
くのスキル，ノウハウを有するFuelCon AG（ドイツ）と株式譲渡契約を締結
した（堀場製作所，2018b）。また，医用向けビジネス拡大に向けた製品ポー
トフォリオ拡充のため，ロームの微量血液検査システム事業を承継した（堀場
製作所，2018c）。

　2019年，HORIBAは粒子計測技術の拡充を目的に，ナノ粒子計測機器を開発，
製造，販売するMAMANTA Instruments（アメリカ）の全株式を取得した
（堀場製作所，2019c）。

　ABX M&A，ISAグループM&A，カール・シェンクM&Aの各M&Aの翌年
の業績の合計と2015年の業績合計との比較では，HORIBAは順調に成長して
いる（堀場製作所，2016a）。売上高，営業利益率，ROE，外国人従業員比率は，
ABX，ISAグループのM&A以前の1995年において，売上高406億円，営業利
益率6.6%，ROE 2.0%，外国人従業員比率23.0%であった。M&A後の1998年は，
売上高675億円，営業利益率4.3%，ROE1.5%，外国人従業員比率49%と推移し，
カール・シェンクM&A後の2010年は，売上高1,185億円，営業利益率10.4%，
ROE9.7%，外国人従業員比率56%へと拡大，向上し，MIRA事業M&Aの後の
2016年は，売上高1,700億円，営業利益率10.9%，ROE10.0%，外国人従業員比
率62%であった（堀場製作所，2017a）。

5.2.3　企業文化

　HORIBAは「短期的な収益最大化に偏った投資では持続的な成長や企業価
値の向上は実現不可」との確信の下，企業文化にしっかりと根付く見えない資
産を育み，成長させていくことが経営の本質と考えており，見えない資産によ
る価値創造は大きな経営テーマの1つとし（堀場製作所，2015b），財務諸表
に掲載されない経営施策や経営資源である見えない資産について顧客や投資家
の理解を促すため，「HORIBA Report[4]」などを通じて情報発信している。見
えない資産はブランド，組織，人材，技術，顧客[5]の5つからなる（堀場製
作所，2019b）。

　HORIBAは顧客のHORIBAに対する信頼をブランドと捉え，ブランド以外の４つの見えない資産である組織，人材，技術，顧客の拡大に資する様々な活動を継続することが，ブランドにつながると考えている（堀場製作所，2019b）。

　本項ではHORIBAのブランドの基盤であるHORIBAの企業文化について述べる。HORIBAは，５つの事業をグローバルに展開するグループの一体化に必須なものとして社是の「おもしろおかしく」，グローバルでは「Joy & Fun」を挙げている。仕事は厳しいことも多いが，職場は楽しい舞台であり，その舞台でおもしろいと思って仕事に取り組むから独創性を創出することができると，HORIBAでは仕事を「おもしろおかしく」と創造的に捉えている。HORIBAはこの精神に基づき世界各地の拠点をマネジメントしている（古川・代慶，2016）。

　HORIBAがM&Aを行ったABX，ジョバン・イボン（フランス）およびカール・シェンク（ドイツ）の案件では，HORIBAからではなく，被M&A企業からM&Aの提案が行われた。被M&A企業がHORIBAへM&Aを打診してきた理由としては，HORIBAが名刺ではなく人物そのもので判断する文化，また日本的文化を有しその文化が認められたことが挙げられる（相馬，2011）。

　HORIBAがM&Aを行った企業は研究開発型企業であり，これらの企業は「おもしろおかしく」と創造的に仕事を捉え独創的なものを生み出すHORIBAの企業文化やスピリットへ同感の念をより感じやすかった可能性がある（古川・代慶，2016）。

　海外のHORIBA幹部が本社である堀場製作所を評価するものの１つが京都である（堀場・前澤，2009）。京都は食文化や和装など高い品質の作品が極めて多く，世界からその文化が認められている。同時に京都にはハイテク企業が多く，京都大学など数々の大学が存在することで企業と学術の距離が極めて近い。企業と研究開発型の企業にとって必須である理系人材も豊富である。これらの京都の特性を理解している外国人は，京都に本社を構えるHORIBAのイメージを京都のイメージと自然に重ね合わせる。HORIBAは1,200年の歴史を持つ京都に立地していることを多くの強みの源泉と捉えている（古川・代慶，2016）。

　技術力の中心であるセンサーに使用されている研磨技術に京都の仏具職人に

ルーツを有する技術者だけが可能ならしめた表面加工の技術が採用されている
など，HORIBAの製品の技術力は1,200年にわたる京都の文化が支えている部
分もある（堀場，2012）。また顧客の好みを理解し，その日の材料で至高の料
理を提供する京都の老舗料理店の経営思想はHORIBAの経営思想と通底する
ものがあり，また食の文化の理解が人の理解に通じることから，HORIBAに
とって食の文化は重要である（相馬，2011）。

5.2.4　人材・組織

　本項ではHORIBAのブランドの基盤であり，見えない資産であるHORIBA
の人材・組織について述べる。HORIBAが取り扱う技術は高度であり，その
幅は極めて広範にわたり，マーケットは自動車，半導体，医学，環境，一般研
究開発，また自動車のドライブレコーダーという汎用品に及ぶ。海外事業の展
開により社員の6割は外国人である（2009年当時）。これらは日本企業におい
て特段の珍しさはないが，HORIBAの特徴は本社未保有の技術を海外のグルー
プ会社が有しており，技術力によるマネジメントが困難であることである。ま
た博士号保有者は日本では25〜30人，海外では75〜80人である（2009年当時）。
よって，海外のグループ会社を本社がコントロールするためには，本社や上司
の命令だけではなく，本社の社員一人ひとりが個性，独自性を有する優れたマ
ネジメント力が不可欠である（堀場・前澤，2009）。

　HORIBAは全世界のそれぞれの拠点で各々の企業文化を活かした事業展開
を行ってきたが，機能重複などの非効率の改善のため，2005年にスローガン
「HORIBA Group is One Company」を掲げワンカンパニー経営を始動した。
まず社名（ブランド名）の統一が行われ，そして日本語の社歌に加え世界の
HORIBA社員が歌うことのできる「One Company Song」が制作された（森，
2014）。

　世界でHORIBAグループのシナジーを生み出しながら，各々の事業が各々
のマーケットの変化へスピーディーにまた効果的に対応することを可能とする
ため，事業運営体制の見直しも行われた。戦略や予算の立案を含む事業運営は，
従来はグループ会社ごとに行われていたが，自動車，環境プロセス，半導体，
医用，科学の5つのバーチャル組織の事業セグメントごとに行うように変更さ

れた（森，2014）。そして，5つの事業部を縦軸，3つの地域（アジア，欧州，米州）を横軸とするマトリックスによる体制がしかれ，国や地域などの境界が取り払われ事業は運営されている（堀場製作所，2019b）。事業戦略立案から損益計画達成までのすべては事業セグメント単位で責任を負っている。

　3つの地域ごとにシェアドサービス[6]の導入が進められ，極めて高度なスキルを有する少数精鋭の人材の集中投下，重複管理業務の削減により業務のクオリティおよび生産性の向上が図られている。事業セグメント別に世界各地で数カ月ごとに，地域ごとに異なる市場，顧客へ対応するローカルオペレーションに重きを置きつつ，グローバル戦略との調整を図る会議が開催されている（森，2014）。

　各事業には「グローバル人材（セグメントリーダー，ゼネラルマネジャー）」が配置され，最高意思決定機関であるExecutive Committeeへ重要情報を報告，事業全体の戦略・予算を上程する。そしてGLOBAL Strategy Meetingにてトップマネジメントが多様なルートから収集された情報に基づき，HORIBAの方針，予算，ビジネスプラン実行の可否などを承認等し事業ごとの戦略が方向づけられ，Global Budget Meetingで地域，子会社の予算が決定される。

　HORIBAの製品開発を例に挙げると，GLOBAL Strategy MeetingにてHORIBAのトップマネジメントが大きな方針，予算，ビジネスプラン実行の可否などを承認等する。次いで，各国のマネジャーが開発製品案を具体化するGLOBAL Product Planning Group（製品企画）のミーティングが行われ，グローバルに展開するグローバルコア製品および地域限定であるローカル製品の開発案が決定される。

　グローバルコア製品は京都本社のGlobal Budget Meeting（予算会議），製品化決定会議を経て，またローカル製品は地域ごとのBudget Meeting（予算会議），製品化決定会議を経て製品開発が始まる。従来は本社がグローバルコア製品を開発し，欧州，米州に販売していたが，競争が激化し顧客の要求への迅速な対応のためには子会社が販社機能のみでなく顧客対応力を強化する必要が生じてきたため，このようなローカライズ機能を増強した製品開発のプロセスへと変更された（森，2014）。HORIBAの標語である『Think Global, Act Local』はグローバルに考えることとローカルでアクションすることの同時追

求，バランスの重視を表している。

　世界の従業員が「HORIBAブランド」を再確認し，共有・伝達するための原点を伝えるため，「HORIBA Brand Book」が2007年に発行された。「おもしろおかしく（社是）」や「おもい[7]」の他，世界の従業員のメッセージが掲載されている。6カ国語（日本語・英語・フランス語・ドイツ語・中国語・韓国語）で制作されており，HORIBAのバイブルともいうべきハンドブックである。（堀場製作所，2015b）。

　HORIBAは，見えない資産を築き上げてきた人材である従業員を適切な方向へリードしマネジメントする経営人材の存在が不可欠であると考え，未来の成長を視野に，次世代経営人材の育成を極めて重視している（堀場製作所，2018a）。経営人材の登用の考え方は，「おもしろおかしくの精神の体現＝常に挑戦を続け枯渇しない情熱を有する」「事業の経営の経験と実績の創出＝経営者としてのバランス感覚を備えている」「グローバルレベルでトップ水準の顧客との対峙＝27カ国に事業を展開するHORIBAでマネジメント力が発揮可能」である。育成の考え方は「やりたいと手をあげたことの評価＝若手・ベテラン分け隔てなく挑戦する者へ平等にチャンスを付与」「失敗経験＝修羅場経験より優れる人材育成なし」である（堀場製作所，2018a）。

　HORIBAでは，「ビジネススクールはある程度ビジネスの経験を積んだものが経験に基づく知識やスキルなどを整理する場所にすぎない」「ビジネスは教科書のようには進まず，現場の修羅場以上の人材育成の方法はない」との考えから海外のビジネススクールへの派遣は行っていない。また自発的に"やりたい"と手を挙げる者を積極的に評価し，人材再生企業の自認の下，若い時に数々の失敗をさせることを通じて成長を促している（古川・代慶，2016）[8]。

　2017年，資産効率をはかるHORIBAの独自のグループ共通の指標であるHORIBA Premium Valueが導入された。投資をする意義，リターンを刈り取るプロセスについて考え，提案，実行する「顔のみえる投資」の仕組みが構築され，経営人材の育成が図られている（堀場製作所，2018a）。

　HORIBAは，国，地域，文化，習慣，価値観の理解のうえで現地従業員と共に現地に定着するサービスを提供することをグローバル化と定義している。グローバル人材はこのグローバル化のリーダーであり，マトリックス経営の鍵

を握っている（SAPジャパン，2014）。

　HORIBAではグローバル人材の育成にあたって，日本人のグローバル化ではなく，海外の人材のグローバル化による堀場グループとの一体化を重視し，そのための環境づくり，仕掛けづくりに傾注している。暖炉を備えリゾートホテルのような研修施設のFUN HOUSEで開催する戦略会議では，真摯な英語による議論はもちろん行うが，海外人材に鍋，バーベキュー，すき焼き，しゃぶしゃぶなどの食を通じて日本の文化に触れさせ，一体感を高めてもらえるようにしている。また，本社の応接室の照明を暗めにすることで緊張を緩め，外国人社員と短期間で互いに本音で会話できるようにしている（古川・代慶，2016）。

　HORIBAでは，英語を話せるかではなく，海外の人材から軽んじられないよう，日本の文化や歴史に誇りを持ち海外迎合型ではない者を日本人のグローバル人材と考えている。また，厳しいことは伝えるが相手のプライドを尊重すること，肩書ではなく人物そのもので働くことを大事にしている（古川・代慶，2016）。

　HORIBAのグローバル人材育成は大きく4つのステップに分けられる。「①採用，職群選択，語学研修によりグローバル人材として競うゆるやかな母集団を形づくる」「②母集団メンバーを中心に海外出向，異動，次世代リーダー研修，異業種交流などを集中投資し，将来のグローバル人材を発掘する」「③担当業務を超えた人をまとめる能力の見極めのため，運動会などのイベントをマネジメントし，仕切るイベントリーダー役を意識的に担当させる」「④人物としての魅力やHORIBAの技術への期待の喚起，互いの能力と文化の尊重に基づく新たな価値の創出への努力などの把握のためM&Aを担当させる」である（SAPジャパン，2014）。

　2015年のMIRA事業M&Aにおいて中核メンバーであった長野隆史（現取締役，GLOBAL ATS BOARD MEMBER），中村博司（現執行役員，ホリバ・ヨーロッパ代表取締役社長），原田大海（現経営戦略本部自動車計測事業戦略室長）らは海外出向を経験している。

　HORIBAではグローバル人材育成において，仕事を通じて「当たり前」と思っていたことを揺さぶられる修羅場経験を，また修羅場経験を乗り越えられ

なかったグローバル人材候補に新たな活躍の場を提供する敗者復活を重視している（SAPジャパン，2014）。

HORIBAは人事制度を社員へのメッセージと考え（労務行政，2009），人事制度の基本方針として，オープン＆フェア，加点主義，コミュニケーションを掲げている。オープン＆フェアとは，経営者と従業員，上司と部下，従業員同士の自由なコミュニケーションのために，従業員が必要とする情報や人事のルールは常にオープンであるべきであり，また，チャンスは平等でやった分報われることがフェアであるということである。加点主義とは，チャレンジしなければ失敗がない場合でも0点，チャレンジにより加点され，成功した場合はさらに加点と，評価はいかにチャレンジしたかで決まるということである。コミュニケーションとは，情報は「伝達するもの」ではなく「共有するもの」と捉え，部下も積極的に意見を述べ提案できるよういろいろな制度で工夫しているということである（堀場製作所，2015c）。

人事諸制度は，幾つかの工夫はあるが，資格制度，目標設定，評価，報酬，教育の各々が連動し合うごく普通の制度である（野崎，2010）。ただし，人事制度の深部には創業者である堀場雅夫の「人生の主役は自分自身，会社はチャレンジのための舞台」という考え方が埋め込まれており，自己選択と制度の透明・公正な運用に重きが置かれている（労務行政，2009）。

異なる文化や視点，国際感覚を有するグローバル人材育成のため，海外出向とは別に，HORIBAは海外グループ会社で1年間の駐在経験を積ませる公募型の海外研修制度を1984年から開始している。2016年は16名が海外に赴任し，2015年までの海外赴任の経験者は延べ220名に達した（堀場製作所，2015c）。

国内とは異なり海外では与えられた選択肢から答えを選べばよいというわけでなく，選択肢にない答えを自身でみつけなければならないことが多々ある（堀場他，2014）。キーワードは修羅場経験であり，カルチャーが異なる海外でも力を発揮できるよう，「当たり前」と捉えていたことを再考（熟考）させられるような経験を積む（SAPジャパン，2014）。意欲ある若手を中心に毎年15名ほどが公募を通じて選ばれる。選考にあたっては，仕事の能力およびチャレンジマインドが重視され，英語を話せることは必要条件にすぎず十分条件とはされない（古川・代慶，2016）。修羅場経験にうまく適応できなかった者が活

躍できる新たな場を提供することも重視している（SAPジャパン，2014）。

　HORIBAのビジネスはニッチの製品の複合体であり，多品種少量のものづくりや開発において，組織力によらない個々人のパフォーマンスは極めて重要であり，座学では学習が困難な事項を実際の経験を通じて学習が可能となることから，海外公募研修はHORIBAの人材育成において極めて有効である。2015年のMIRA事業M&Aにおいて中核メンバーであった長野隆史（現取締役，GLOBAL ATS BOARD MEMBER），原田大海（現経営戦略本部自動車計測事業戦略室長）はこの海外公募研修に参加している。

　ブラックジャックプロジェクトは1997年に開始された業務改善活動である。従業員の意識と行動の変革，グローバルでの経験・知識の共有を目的とする（堀場製作所，2019b）。業務改善や組織活性化などをテーマとし，ボトムアップの自主的な小集団により活動は行われる。各国代表テーマから最優秀賞を決めるワールドカップが開催されており，トップマネジメントと従業員のコミュニケーションの促進，HORIBA文化・経験・知識の共有にブラックジャックプロジェクトは有効に機能している。

　HORIBAのビジネスは，ニッチ製品（の集合），多品種少量であり，現場はニーズの探索やニーズと製品のマッチング，開発など，仕事の深掘りが求められ，またこの現場はトップマネジメントはもとより，ミドルマネジメントですら，その状況を理解，把握することが困難であることが多々あり，ブラックジャックプロジェクトはボトムの自主的な改善を引き出すうえで，また社是である「おもしろおかしく」の具現化，オーナーシップの強化の点で，極めて重要な役割を果たしている。

　HORIBAがボトムアップおよびボトム（現場社員）とのコミュニケーションを大切にしているのは，代表取締役会長兼社長の堀場厚（当時，現代表取締役会長兼グループCEO）がアメリカの合弁会社での製品のトラブル経験時に抱いた「アンチ本社」「現場をしらないと組織は運営できない」（堀場・赤堀，2013）というポリシーによるところも大きい。

　ブラックジャックプロジェクトはこの数年毎年約800のテーマが登録され，テーマの延べ登録数は9,000を超えており，現在のHORIBAの好調な業績を支えている（堀場製作所，2019b）。

HORIBAステンドグラス・プロジェクトは,「性別・年齢・国籍・障がいなどを乗り越えて多様な個性・才能が輝き,新たな価値を創造し続けることで強いHORIBAを実現する」をミッションに掲げるプロジェクトであり,2014年に開始された。プロジェクトの3本柱は「個性豊かな人材というHORIBAの強みを磨く」「働き方のフレキシビリティを高める」「生産性を向上する」である。2017年に組織としてステンドグラス・プロジェクト推進室を立ち上げて取り組みを強化している。2017年度の主たる活動は,チーム単位で感じている課題のアクションプランを立案する,「自分を変える」「仕事のやり方を変える」「早く帰る」の3つを「カエル」キーワードとするカエル会議の開催,介護支援制度に関する情報の開示やセミナーの開催などである（堀場製作所,2018a）。

HORIBAステンドグラス・プロジェクトにはダイバーシティ推進の意図も込められ,前述のブラックジャックプロジェクトと共に,多様な人材によってSuper Dream Teamを結成し,既存ビジネスの変革や新ビジネス創出を加速することが期待されている

HORIBA COLLEGEは,様々なノウハウやスキルを伝承し,個々人の自立したキャリアを形成することを目的とする社内大学である。開発,生産,営業,サービスごとに担当者がおり,従業員が自ら講師となり教育プログラムを展開する。ラインマネジャーが自部門の教育プランにあわせ部下などに受講させることも行われている。2014年は,延べ3,600名を超える従業員が参加した（堀場製作所,2015c）。

FUN HOUSEは「研修所は工場以上に価値を生み出す場」との考えに基づき1991年に開設されたHORIBAの研修センターである（堀場製作所,2015c）。京都本社から車で2時間の自然豊かな地にあり,リゾートホテルのような外観,風呂は温泉風のヒノキ桶,一流素材をつかった食事,床暖房,羽根布団,ラウンジの暖炉,バー,飲み放題のアルコールやプレミアム生ビールなどが完備,提供される（リクルートマネジメントソリューションズ,2012）。非日常の空間で共に過ごすことで活発なコミュニケーションがなされる（堀場製作所,2015c）。

リクルートマネジメントソリューションズ（2012）によると,堀場厚は「研修所というと,知識を詰め込む目的だけが一人歩きし,無味乾燥な施設になり

がち。知識をもっているだけでは，企業人としては不十分。一流のものに触れ，五感をフルに活動させ，知識を知恵に変えられる研修所を，日常を忘れられる場所に作った」「（暖炉の）炎を前に自然と腹を割って本音を話すことで，数百回分の議論の成果を極めて短い時間で獲得できる」と述べている（p.3）。

HORIBAでは月に１回，その月に誕生日を迎える従業員（除，管理職）を社長，役員がホスト役になり招待する誕生会が開催されている。従業員誕生会は，経営陣と従業員が顔と顔を向き合わせ，互いのおもいを伝え合う場となっている（堀場製作所，2015c）。従業員誕生会に管理職は不参加であるため，社長，役員はミドルマネジメントを介さず１年をかけて全ボトムと直接話すことが可能である。

従業員誕生会の他に，毎年メーデーの日に行われる運動会や文化祭などの感謝デーが設けられ，また会社の屋上でビア・パーティが行われる（労務行政，2009）。HORIBAはある経済誌に「日本一宴会が多い会社」と書かれたほどで，HORIBAの社員同士は飲食の機会が大変多い（リクルートマネジメントソリューションズ，2012）。

5.2.5　技術

HORIBAは，基礎技術や製品化技術の開発を競争優位の生命線と捉えており，売上高比７〜８％を研究開発へ投資する方針を定めている。2009年に売上高の大幅な減少に見舞われる中であっても研修開発投資水準を維持したように，需要回復時における好業績への布石を打ってきた。揺るぎない投資への姿勢が技術力強化を通じた将来の成長と利益率向上に貢献するとHORIBAは確信している（堀場製作所，2019b）。2014年の売上高研究開発費比率は7.8％であり，島津製作所，横河電機，シーメンスなどの同業他社より研究開発投資比率が高い状態が続いている（堀場製作所，2015b）。

HORIBAは赤外線計測，ガス流量制御，粒子計測，分光分析，液体計測という特定の分析・計測技術に特化して開発資源を投入し，それらのコア技術を応用展開することで異なる市場を対象とする５つの事業において効率的に製品開発を行っている。また製品化において，１つの用途だけでなく，多くの柔軟なアプリケーション展開を行い，加えて事業の垣根を越えリソースを活用する

[図表5-2] コア技術の製品への展開

HORIBAが有する技術 (売上高規模を基準に抽出)	自動車 計測	環境・ プロセス	医用	半導体	科学
赤外線計測 気体中成分をリアルタイムに分析する技術	●	●		●	●
ガス流量制御 液体の流量を測定し，流量を瞬時に制御する技術	●	●		●	
粒子計測 粒子（径・数・重さ・成分など）を測定する技術	●	●	●	●	●
分光分析 紫外線，可視光，近赤外光を用いた分光分析技術				●	●
液体計測 液体中の成分（pH，ナトリウム，酸・アルカリ，グルコースなど）を測定する技術		●	●	●	●

出所：堀場製作所（2019b）にもとづき筆者作成

ことで市場のニーズに対応している（堀場製作所，2019b）。**図表5-2**は HORIBAが有する技術と各事業における製品への展開の状況である。

　HORIBA BIWAKO E-HARBORは，総投資額120億円で2015年秋に完成した開発・生産の拠点である。HORIBAの主力である自動車排ガス測定装置などの営業・開発・設計・生産・サービスの一体改革を進め，専門知識とノウハウを蓄積することによりコア技術の継承・革新を実現することを，また生産能力の増強と納期の短縮をめざす（堀場製作所，2016b）。生産協力会社も同じ敷地内で作業し，輸送コスト，時間の短縮を図り，生産協力会社と共に「日本のものづくり」で世界と戦う。京都において70年にわたり作りあげられたコア技術を，"技術の遷宮"と掲げ，次世代若手技術者によりHORIBA BIWAKO E-HARBOR HORIBAに移管，継承し，技術革新の原動力とする（堀場製作所，2016a）。

　内部には全世界8カ所の自動車開発試験設備の情報集約，アプリケーション

開発の拠点となる「E-LAB」が設置されている。「E-LAB」は排ガス計測試験，エンジンの開発試験など自動車開発に関する多様な試験が可能であり，また顧客がHORIBA製品を体感できるようデモンストレーション機能が充実している（堀場製作所，2016b）。

　建物中央部に吹き抜けの階段エリア「SKY ATRIUM」を設けることにより従業員同士が自然とコミュニケーションできる。開発・設計・生産，協力会社との壁を取り払い，各々の業務，知恵の見える化により新たな価値の創出が期待される（堀場製作所，2016a）。

　HORIBA BIWAKO E-HARBORには創業者の堀場雅夫の名前と"技術の遷宮"からとった文字で名付けられた茶室「雅遷庵」が設けられている。「ほんまもん」にこだわり国内外の顧客に日本文化とHORIBA独自のおもてなしを施す空間となっている（堀場製作所，2019b）。

　HORIBA最先端技術センターは，HORIBA製品が利用する半導体センサーの技術開発チームを集約した，全部門共通の技術センターである。投資額は30億円で2015年に完成した。ニーズへの適応，開発・生産のスピードアップを目的としている（堀場製作所，2015b）。

　HORIBA Group IP World Cupは2011年に創設された技術・知的財産の創出，部門を超えた技術交流，技術シナジーを目的とする社内技術コンクールである。IPとは，Intellectual Property（知的財産）である（堀場製作所，2015b）。

5.2.6　顧客

　本項ではHORIBAのブランドの基盤，見えない資産であるHORIBAの顧客について述べる。HORIBAはニッチなものづくりの開発企業であるため，生産協力会社が少量多品種の材料の加工を担う。このため技術指導が必要になることも多く，また確固たる生産サプライチェーンの確立を通じた高品質の達成，顧客への最適納期での納入の実現のため，HORIBAは生産協力会社とのコミュニケーションを重視し，長期的な信頼関係を構築している。2008年から7年以上取引関係にある会社は681社（全体は964社）と全体の71%を占める（堀場製作所，2015b）。

　生産協力会社との長期的なwin-win関係維持のため，生産協力会社との経営

課題の共有，生産協力会社への次世代経営者育成の場の提供，工場見学会，HORIBA COLLEGE品質講座，技能オリンピック，改善活動報告会，QC活動大会などを開催している（堀場製作所，2015c）。1957年に生産協力企業32社からなる堀場洛楽会が設立されている。新製品の迅速な立ち上げ，納期短縮，コストダウンなど，HORIBAの価値創造にとって不可欠の存在となっている（堀場製作所，2008）。

　HORIBAはアジア，欧州，米州へサービスネットワークを積極的に展開する中で顧客の信頼の維持・向上のため，グローバルなサービス体制を構築してきた。具体的には，世界のサービス責任者が集まるInternational Service Meeting，新製品のサービストレーニング，日本から海外へのベテランサービスエンジニアの派遣，京都にトレーニングセンターの開設（2013年）などを実施している。希望する海外顧客には，日本において，発注製品の確認や製品トレーニング，目的に適った測定，メンテナンス方法の最適な提案なども行っている（堀場製作所，2015b）。

　ホリバ・ホスピタリティ・スィート（HORIBA Hospitality Suite，以下，HHS）は，HORIBAの新製品や技術力をPRする展示会などに合わせて開催される，顧客・業界関係者とHORIBAの社員との，また顧客・業界関係者同士の絆づくりの場を提供する，極めてオープンな懇親会（宴会）である。自動車計測システム機器事業が他の展示会とセットで毎年5月に横浜にて開催するHHSには300人前後が参加し，芸子さんをよぶなどの京都らしい企画が催される。HHSは海外でも開催されている。

　HHSの来場者は自動車メーカー，部品メーカー，またそれらの競合同士の企業など多様である。HORIBAが技術交流会や学会活動に大きな貢献を果たしているため，研究機関，国の機関の従事者，大学の研究者なども来場する。HHSへの来場者は，京都の文化に係るイベントを観たり，アルコールを飲んだりしながら，来場者同士でビジネスの話を，時には公式には話せない情報，本音などのやり取りも行われる。これら多様な来場者との関係性は，HORIBAに対する信頼の形成など，情報収集以上の強みをHORIBAにもたらしている。

5.2.7　中長期経営計画

HORIBAは中長期経営計画をMLMAP（Mid-Long Team Management Plan）として社内浸透を図った。2016年から2020年までのMLMAP2020では，2020年度の数値目標は売上高2,500億円，営業利益300億円，ROE10％以上であった。この目標の達成のために，「HORIBAの技術を新分野・新市場に展開し，次なるステージへ"ONE STEP AHEAD"」という方針，スローガンが掲げられ，3つの重点施策が設けられた（堀場製作所，2016c）。

重点施策の1つ目は「HORIBA Technologyを新分野・新市場に展開，分析・計測の真のパートナーに」である。今後の成長のために行った投資を活用して各事業部の戦略的な成長をめざす。一例を挙げれば，自動車計測事業においては，びわこ工場「HORIBA BIWAKO E-HARBOR」の生産拡大と収益性向上を進める。買収したホリバMIRA（イギリス）のエンジニアリングと試験事業を拡大させ，またホリバMIRAが有する自動運転技術等の試験ノウハウを活用し次世代モビリティ分野の事業を拡大する。

重点施策の2つ目は「バランス経営/マトリックス組織/HORIBAステンドグラス・プロジェクトでSuper Dream Teamによる企業成長を加速」である。HORIBAはOne Companyを経営方針としてバランス経営とマトリックス組織によるグループ一体経営を行ってきた。この体制のさらなる発展に向け，当社のダイバーシティ推進プロジェクトである「HORIBAステンドグラス・プロジェクト」を加え，多様な人材からなるSuper Dream Teamを通じて，既存ビジネスの変革や新ビジネスの創出を加速する。

重点施策の3つ目は「資産効率の向上により企業価値の最大化を実現」である。今後の成長に向け前・中長期経営計画にて整備した拠点や買収した事業という資産を，グループ会社，事業セグメントの各々で資産効率目標を定め，効率運営を徹底する（堀場製作所，2016c）。

「MLMAP2020」の下，HORIBAは2015年のMIRA事業，2018年のホリバ・フューエルコン（ドイツ）の買収による自動車計測事業の強化，医用事業のアライアンス拡大，半導体事業での供給力増強などビジネスモデルの変化を要する決断を行った。この結果，2018年12月期に売上高2,105億円，営業利益288億

円を達成した（堀場製作所，2019d）。

「MLMAP2020」の早期目標達成が視野に入り，スピードを速めて変化する外部環境への迅速な対応，より一層の事業成長と企業価値の実現のため，2019年，HORIBAは新たな中長期経営計画「MLMAP2023」を策定した（堀場製作所，2019d）。スピードを速めて変化する外部環境とは，電動化や自動運転などの自動車産業における技術トレンドの変化，AIやIoTという先進技術による半導体・バイオ・ヘルスケアの市場での地殻変動，アジア諸国の急速な成長である（堀場製作所，2019c）。

「MLMAP2023」では，2023年の目標として売上高3,000億円，営業利益400億円が，また方針，スローガンとして「事業領域拡大と新たなビジネスモデル構築を通して"ONE STAGE AHEAD"」が掲げられ，3つの重点施策が設定された（堀場製作所，2019d）。

重点施策の1つ目は「Market Oriented Business メガトレンドをリードする3フィールドに，コア技術を活用した分析・計測ソリューションを展開」である。3フィールドとは，Energy/Enviroment, Materials/Semiconductor, Bio/Healthcareである。具体的には，例えばEnergy/Enviromentにおいて，ホリバMIRA，ホリバ・フューエルコンとの最大のシナジー効果を得る自動車計測事業および科学事業のリソースを活用して，電動化，自動運転などの次世代自動車技術ビジネスを拡大する。

重点施策の2つ目は「Solution Provider Beyond Life Cycle Management 製品導入からリプレイスまで，全方位で顧客のコアビジネスをサポート」である。製品の稼働データにもとづく正確な機器管理を通じた顧客設備の効率的運用支援，解析した計測データによる新たな価値の提供で機器販売と高付加価値サポートを融合する。

重点施策の3つ目は「HORIBA Core Values "The Next Stage of Super Dream Team" すべての事業活動推進の原動力となる『強い人材』を作る組織体制の強化」である。ホリバリアン[9]がさらに働きやすく，働きがいを実感できる職場環境の整備によって，多様な人材からなるSuper Dream Teamを作り，イノベーションを加速する（堀場製作所，2019d）[10]。

5.2.8　自動車計測システム機器事業

　本項では，調査・分析対象のM&Aを行ったHORIBAの自動車計測システム機器事業（Automotive Test Systems，以下，HATS）の沿革，概要について述べる。堀場製作所は，アメリカにおいて1963年に「大気浄化法」，1970年に自動車排ガスの炭化水素，一酸化炭素，窒素酸化物を規制する通称「マスキー法」が施行されることに伴い，1964年，排ガス測定装置の販売を始め，堀場製作所のHATSは生まれた（中村，2014）。

　1970年代，排ガス濃度の分析・測定の基本原理である非分散赤外吸収（NDIR）方式CO計，水素炎イオン化法（FID）による全炭化水素（THC）計，化学発光法（CLD）によるNOx計を使用する排ガス測定装置を堀場製作所は開発し，1975年にEPAへ納入した（中村，2014）ことで，堀場製作所の排ガス測定装置の優秀さはアメリカ政府から認められることとなった（堀場製作所，2003）。

　同時期，アメリカのミルコ・フォードより排ガス計測の重要な技術である臨界流量ベンチュリ（CFV）の特許を堀場製作所は取得し，排ガス全量を希釈サンプリングする定容量希釈採取装置（CVS）[11]をラインナップに加えた。排ガス分析原理とCVS法の組み合わせは，排ガス認証試験の公定法として現在に至っている（中村，2014）。

　排ガスは，気体・液体・固体の混合流，室温から700℃以上までの急激な温度変化，エンジン運転状態による成分組成の大きな変化という特徴を有し，分析・計測技術に加えて，排ガスを検出器まで導入するサンプル技術[12]も重要である（河邨，2009）。このためHATSのコア技術は，堀場製作所（2019b）によると分析・計測技術である気体中成分をリアルタイムに分析する赤外線計測技術，粒子（径・数・重さ・成分など）を測定する粒子計測技術，およびサンプル技術である液体流量を測定・瞬時に制御するガス流量制御技術とされる。

　このコア技術にアプリケーション技術が加わり，HORIBAの競争優位の源泉は形成されている。アプリケーション技術とは，顧客とのインターフェースを担う技術，すなわち計測対象を理解し計測場所や機器まで運んでくるコア技術であるサンプリング技術を含む，計測データをいかに処理するかのデータハ

ンドリング技術などである。

1977年，インターオートメーション（アメリカ）の一部買収によりソフト開発力が強化され，排ガス測定装置や周辺機器のハードウェアの開発にとどまらず，排ガス計測システム全体と試験プロセスを自動制御できるテストオートメーションへの開発へと，HATSは事業範囲を拡大した（中村，2014）。

2001年，リカルド（イギリス），シェンク・ペガサス（ドイツ）とテストオートメーションに特化したSRHシステムズを合弁会社として設立し，グローバルなソフトウェア開発機能の強化を図り，広範囲な試験用途のサポート，エンジニアのフレキシブルな試験構成の変更，様々な規模の設備への対応，データの複数の試験設備での共有，複雑な手順の試験の自動化が可能となった[13]（中村，2014）。

2005年，HORIBAはカール・シェンク（ドイツ）の自動車計測機器（MCT）ビジネスを買収し，排ガス試験設備から駆動系試験設備，ブレーキ試験設備，風洞試験設備へと事業範囲を拡大，自動車の研究開発試験全般へ幅広いソリューションを提供できる環境を整え（中村，2014），自動車メーカーはHORIBAへの発注により，あらゆる計測機器を使用することが可能となり，HORIBAではこれを「ターンキーシステムによるソリューション提供」と名づけ事業拡大の柱の1つとしている。この買収はまた，自動車の電動化への対応を目的としている（堀場，2012）。

2015年，HATSの自動車開発や規制に関する分析・計測技術を統合し，自動運転，次世代モビリティ開発（電気自動車・超低燃費自動車）などの最先端分野での事業領域の拡大，新製品・サービスの拡充を推進するため，MIRA事業M&Aが行われた（堀場製作所，2015a）。2018年，HORIBAは電動化自動車計測事業強化を目的にFuelCon AG（ドイツ）と株式譲渡契約を締結した（堀場製作所，2018b）。

以上のように，HATSは初代の排ガス計測システムを1964年に開発して以来，排ガス規制の強化に対応するための排ガス低減技術の進歩など，自動車産業の技術革新に対応して計測技術の高度化を図ってきた。また，車両へのコンピュータ制御の導入による試験設備と試験手順の複雑化に対応するために，排ガス試験設備全体の制御が可能なテストオートメーションの提供を始め，以降

の事業展開に大きく影響を及ぼすこととなった（中村，2014）。

　2000年代に入りハイブリッド電気自動車などの車両の電子化技術の発展を機として，それまで排ガス試験設備を中心としていた事業範囲に，自動車試験設備を加えた。そして，さらに，トランスミッションや電気モーターを含んだ駆動系試験，ブレーキ試験，風洞試験などといった自動車開発分野における様々なアプリケーションにてソリューションを提供するに至っている（中村，2014）。

　HATSは現在，多くの国家認証機関，世界の主だった自動車メーカーなどに採用されているエンジン排ガス測定装置，エンジン，駆動系，ブレーキ，触媒などの自動車開発用計測装置を提供している。エンジニアリング（ECT）ビジネスの分野でも車両性能試験，研究開発ノウハウはもとより，電動化車両バッテリーや自動運転技術の開発に係る広範な需要に応えている。2018年度の売上は796億円である（堀場製作所，2019b）。

　コア技術のブラックボックス化，ユーザーニーズに即した製品開発，各国の規制動向に精通したエンジニアの育成など独自の事業領域の確立によって，同分野におけるエンジン排ガス測定装置の世界シェアは 8 割を誇り（経済産業省他，2013），主力製品であるMEXAシリーズはディファクトスタンダードとしてその地位を確固たるものとしている（堀場，2012）。

　HATSは「エンジン計測システム特化による市場シェア 8 割を背景とする高性能エンジン計測システムの安価な提供（内製化回避）」「ローカルなエンジニアリング力を基盤とする顧客の要望に応じたカスタマイズ」「様々な実験を自動化するターンキーシステムによる顧客の開発効率の改善」「複数テストセルのソフトウェアによるファシリティ管理」などのユニークな価値を提供している。

　また「製品企画，開発設計・エンジニアリング，自動化システム，販売・マーケティングの機能ごとのバーチャル・ヘッドクォーター制による連結ベースの最適化，グローバル標準化とローカルカスタマイゼーションの区別と両立[14]」「心臓部であるセンサーの生産などの高付加価値活動への特化」「世界の環境保護規制当局への納入によるグローバルな規制動向に係る情報の収集」「海外グループ会社への出向などによるマルチカルチャーを受容する人材の育

成」などの独自のバリューチェーンを構築している（一橋大学大学院国際企業戦略研究科，2005）。HATSの前身であるエンジン計測システム事業は2005年にポーター賞[15]を受賞している。HATSは2013年にGNT企業として顕彰された。

5.3　調査・分析対象M&Aの抽出

　HORIBAは1970年代後半からM&Aを活用しグローバルで業容を拡大，成長を図ってきた。具体的には，1977年のインターオートメーション（アメリカ）の一部の買収によるソフト開発力強化を通じたハードウェア開発から排ガス計測システム全体と試験プロセスを自動制御できるテストオートメーション開発への事業領域の拡大，1996年のABX M&Aによる医用事業への本格参入，1997年のISAグループM&Aによる光学分析技術取得を通じた科学事業に展開可能なアプリケーションの強化，2005年のカール・シェンクM&AによるMCTビジネスの取得などである（堀場製作所，2017a）。

　HORIBAのM&Aの目的は主に技術分野の補完（堀場，2012），人や技術という事業リソースの入手である。M&Aの対象は，HORIBA未保有のアプリケーションや技術などの経営資源を有するが，諸要因により研究開発や人材投資ができていないことなどから当該経営資源の十分な活用が達せられていない企業，事業である。利益創出までのスピードに課題はあるが，これからもあらゆる事業においてM&Aによる成長を探索する方針である（堀場製作所，2016a）。

　HORIBAのM&Aの特徴は，「既取引など熟知した相手と」「友好的」「単なる規模拡大やリストラクチャリングを通じた効率化を前提としない」「DD等の投資プロセスに従業員が積極的に関与」「被M&A企業・事業の文化の尊重と共に成長可能な道筋の検討」「HORIBAの文化である『おもしろおかしく』の精神への被M&A企業・事業の社員らからの共感の獲得」である（堀場製作所，2016a）。

　本書で調査・分析の対象とするM&Aは2015年にHORIBAが約159億円にてイギリス子会社を通じて行ったMIRA事業M&Aである。

　MIRAは1946年に創設されたイギリス政府の研究機関であり，2014年度の売上は約86億円，事業拠点はイギリス，アメリカ，中国，インド，ブラジル，モーリシャスの6カ国13社，従業員数は518名（2014年末）であった（堀場製作所，2015a）。特定の自動車メーカーのグループに属さない中立的な立場にありイギリス政府の自動車産業・地方創生に係る強力なバックアップを得ていた（堀場製作所，2015e）。研究施設内に世界の自動車関連企業約30社があり，約500名の技術者が在籍していた（堀場製作所，2016a）。

　MIRAはイギリス中部バーミンガム近郊に有する297ヘクタール（297万平方メートル）の敷地において，高速テストコース，各種の交通環境に近似する特殊試験コースおよび各種の試験設備を設置し，自動車，航空宇宙，鉄道等の産業における次世代輸送技術を含め，車両開発エンジニアリングビジネス，試験エンジニアリングビジネス，研究開発棟のリースビジネスを行っていた。

　車両開発エンジニアリングビジネスとは，車両走行性能・ブレーキ性能・対電磁波性能・衝突安全性能・機能安全性性能・ハイブリッドシステムの設計等の技術開発サービス，自動走行や遠隔操作技術等を利用した自動運転車両の技術開発サービスの提供である。試験エンジニアリングビジネスとは，大規模実験設備および自動車試験コースを利用した衝突安全性試験や排ガス認証試験等の車両型式認証試験に係る車両検査や型式認証など欧州認証機関から委託されたサービスの提供である。研究開発棟のリースビジネスとは，イギリス政府によるEnterprise Zones[16]に指定されていた敷地内に自動車メーカーを誘致するMIRA Technology Park（以下，テクノロジーパーク）の運営，またイギリス政府の自動運転プロジェクトからも融資を受け進めているプロジェクトのリードである（堀場製作所，2015a）。

　近年はイギリスに留まらず，日米欧・アジアの自動車メーカーの需要が増加し，MIRAは事業拡大に向けた新たな取り組みが必要となっていた。イギリスには，F1（フォーミュラ1）などのモータースポーツにより多数の車両供給企業が開発拠点を持っており，MIRAの拠点であるイギリス中部ミッドランド地域は自動車関連企業が多く集まり，自動車開発の最先端技術集積エリアであった（堀場製作所，2015a）。

　HORIBAのMIRA事業M&Aの目的は，HATSの自動車開発や規制に関する

分析・計測技術を統合し，自動運転，次世代モビリティ開発（電気自動車・超低燃費自動車）などの最先端分野での事業領域の拡大，新製品・サービスの拡充を推進することであった（堀場製作所，2015a）。

5.4　MIRA事業M&A

　M&A全般のマネジメントについて，MIRA事業M&Aに係る業務は代表取締役会長兼社長の堀場厚（当時，現代表取締役会長兼グループCEO，以下，堀場），代表取締役副社長・経営戦略本部長の齊藤壽一（当時，現代表取締役副会長兼グループCOO，以下，齊藤），営業本部長の長野隆史（当時，現取締役，GLOBAL ATS BOARD MEMBER，以下，長野），経営戦略本部自動車計測事業戦略室長の中村博司（当時，現執行役員，ホリバ・ヨーロッパ社代表取締役社長，以下，中村），経営管理部長の福島武史（当時，現ホリバ・マイラ社会長，以下，福島）が担った。

　また経営管理部M&A・企画担当マネジャーの吉見信彦（当時，現経営企画室長，以下，吉見），財務副本部長の多鹿淳一（当時，現管理本部副本部長，以下，多鹿），法務担当の寺浦吉昭（当時，以下，寺浦），中村の部下である自動車計測事業戦略室担当の原田大海（当時，現グローバル本部自動車グローバル戦略室長，以下，原田）が担い，海外からドイツ人1名，イギリス人1名が主に，アメリカ人1名，フランス人1名が限定的にM&Aチームに加わった。被M&A企業との直接のコミュニケーションを重視しFAは採用されなかった。法務および会計・税務のDDのためにイギリスの弁護士，会計事務所との契約が結ばれた。

　組織階層としては，堀場を最上位に，その直下に副社長である齊藤，その下に長野，長野の下に，並列に中村，福島が，中村の下に原田，福島の下に多鹿，吉見[17]，寺浦が位置した。トップマネジメントは全社を管轄する堀場および齊藤[18]，ミドルマネジメントは長野以下，中村，福島，吉見，多鹿，原田，寺浦である。

　堀場はM&Aの重要事項について最終的な意思決定を担った。M&Aチームがグローバルな観点から多様な情報を収集，解釈し適切な意思決定を行うこと

を意図し，M&Aチームが海外経験を有する日本および海外の人材から構成されていることを確認した。齊藤は長野らからM&Aの進捗に関する報告等を受け，助言を行った。

　長野は，進捗管理，メンバーのアサイン，トップマネジメントへの情報の提供や意見の具申，重要意思決定などのM&A全般のマネジメント，経営戦略とM&Aの整合性の確保，シナジーの検討などのM&A戦略の立案，企業価値評価，買収金額の検討・報告・了承，買収スキームの検討・報告・了承，MIRAとの交渉，経営統合を担った。

　中村は重要意思決定を含むM&A全般のマネジメント，経営戦略とM&Aの整合性の確保，シナジーの検討などのM&A戦略の立案，経営統合を担った。福島は買収金額面からのM&Aへの取り組みの可否などについての重要意思決定に関わった。吉見はM&A全般のマネジメント，買収金額およびシナジーの算定，買収スキームの検討・報告・了承，基本合意，DD全般のマネジメント，統合準備を担った。また海外からM&Aチームに参加した2名およびイギリスの弁護士，会計事務所との連携を担った。

　多鹿は買収スキーム策定における会計・税務的な評価，基本合意，財務・税務のDD，クロージングを担った。寺浦は買収スキーム策定における法律的な評価，基本合意，法務のDD，最終契約を担った。原田は中村と共に事業DD，経営統合等を担った。

　これらのM&Aメンバーの中で，トップマネジメントが意思決定するための情報提供を行うなどM&Aの中核を担ったのは長野，中村，吉見の3人であった。3人はトップマネジメントから，M&Aの方向性や具体策の選択肢，また各々の根拠などに関する提案，具申を常に強く要求され，トップマネジメントが意思決定するために必要な情報を提示した。

　意思決定は集団相談型あるいは集団参加型（白樫，2011）で行われ，ミドルマネジメントは，様々な視点，主張の相違を生じさせているロジックや論点などについて，率直で忌憚のないコミュニケーションを頻繁に行うことで，トップマネジメントと，またミドルマネジメント間で共有した。コミュニケーション，意思決定においては合理性が重んじられた。長野，中村らのミドルマネジメントはトップマネジメントに合理性や主張性という上方向の影響力を発揮し

た。

　トップマネジメントは，MIRA事業M&Aに係る一連の業務について，基本的に，長野らミドルマネジメントに委任したが，M&A着手の可否などの重要事項について，長野らミドルマネジメントのM&Aメンバーの当事者意識，コミットメントの強さを十分に確認しながら関与し，最終的な意思決定を行った。

　MIRA事業M&Aにおけるトップマネジメントの主たる重要な意思決定は3つ存在した。1つ目はM&Aへの本格的な取り組みのため，M&Aを推進するチームを編成するか否かに関する意思決定である。2つ目は簡易的な調査後，本格的なDDに進むか否かに関する意思決定である。3つ目は買収の最終合意に係る意思決定である。

　MIRAの技術は極めて先端性が強く，またその領域はHORIBAの既有技術の領域とは異なるため，HORIBAがMIRAの技術を理解すること，技術の今後の応用展開を明らかにすることは極めて難しかった。しかし，MIRAの技術やネットワークの取得の有無は，HORIBAのコア事業であるHATSの将来の成否に大きな影響を与えることが想定され，競合に後れをとったり，競合にMIRAの技術やネットワークを取得されたりすることをHORIBAは避けたかった。HORIBAにとってMIRA事業M&Aは，技術理解の困難さなどのリスクを許容してでも実行する価値のある，いわゆる飛び地のM&A（竹田，2018）であった。

　このため，「技術を一定程度以上理解する」「自分たちが理解できていない技術を理解しているMIRA人材に対するマネジメントを通じリーダーシップを発揮しこのM&Aを成功させる」との方針および不退転の決意を長野，中村らのミドルマネジメントは抱きM&Aに取り組んだ。吉見は「自身が複雑な買収スキームなどを引き受けるので事業の成長のためのシナジーや今後の戦略の検討に専念して欲しい」旨の意気込みを長野，中村らに伝えた。

　M&A戦略立案は長野，中村が担った。堀場製作所（2015a）によると2005年のカール・シェンク（ドイツ）のM&Aによりエンジン計測装置などの自動車計測をビジネスに加え，排ガス計測ビジネスの8割という高シェア，顧客アクセスを活用し，HATSはエンジンから駆動系の研究開発における分析・計測システムを自動車メーカーや部品メーカー，国家認証機関などに提供して，

2005年から2015年にかけ売上を２倍に拡大していた。

　MIRA事業M&Aの狙いは，この10年の学習を活かし，長期的な視点に基づき，自動車産業の投資がエネルギーや安全，ITの活用による自動走行へとよりシフトするとの市場の変化に対応し，自動運転や安全性能に係る技術などの車両開発分野に事業を展開するため，次世代モビリティ開発での提案力を強化することであった。車両開発全般のエンジニアリング，試験の領域において成長が目指された（堀場製作所，2015a）。MIRAのエンジニアリングおよび試験のビジネスの市場規模についてHORIBAは２兆円を超えると推定している（堀場製作所，2017a）。

　M&Aを通じHORIBAの排ガス，自動車の最先端計測技術をMIRAの研究開発現場へ投入することにより，車両開発に係る自動車関連企業のパートナーとして事業拡大の加速が可能であった。具体的には，３つのシナジーが想定された（堀場製作所，2015a）。

　シナジーの１つ目は，HATSの計測技術とMIRAの設計・開発，試験シミュレーションの技術は，相互に事業ポートフォリオを補完し，車両開発での技術に係る包括サービスの提供，次世代車両開発技術のノウハウの蓄積が可能となることである。２つ目は，HORIBAのネットワークの活用によってMIRAの事業をイギリス，アジア，南米などの一部地域からグローバルな新たな市場へと展開することである。３つ目は，HATSの製品群の補完を可能とするMIRAが有している電気自動車の設計や自動運転，IT関連技術のノウハウにより，製品差別化を図り，ノウハウを活用した試験システムの活用を通じて未来の自動車社会の基盤となる技術の設計・開発の強化が可能となることであった（堀場製作所，2015a）。

　ターゲット企業の選定およびアプローチに関し，MIRAのCEOであったジョージ・ギレスピー（George Gillespie，現常務執行役員，ホリバMIRA（イギリス）エグゼクティブ チェアマン，以下，ギレスピー）[19]は，ホリバ・ヨーロッパ（ドイツ）での自動車計測システム機器部門への所属を通じ，HORIBAとMIRAの相性の良さ，シナジーの大きさを確信していた（堀場製作所，2018a）。

　ギレスピーはHORIBA在籍時に，短期ではなく長期の利益の重視，人を人

財として重視する価値観，濃密なコミュニケーションを基盤とするグローバルマネジメントなどHORIBAの企業文化，見えない資産について理解していた。ギレスピーは，互いの事業ポートフォリオの補完による両社の成長を目的に，コミュニケーションを継続的にとり良好な関係を構築していた長野へMIRA事業M&Aを打診し，この打診からMIRA事業M&Aは実質的に始まった。このようにM&Aの発端は友好的であったため，以降のM&Aプロセスにおいて，いわゆる腹の探り合いなどのコストは大きく削減された。

　企業価値評価，買収スキーム策定，交渉および基本合意については，M&Aシナジー効果を含む買収金額の算定などの企業価値評価，買収スキーム策定，交渉，基本合意は長野，中村，吉見，多鹿，寺浦らにより行われた。企業価値評価のプロセスにおいて，福島は買収金額の点でM&Aに反対の姿勢をとった。一方，長野，中村はM&Aの推進に積極的な立場をとった。トップマネジメントはMIRA事業M&Aをいったん止める意思を長野，中村に示した。

　長野，中村は，トップマネジメントからMIRA事業M&Aに対する自身のコミットメント，当事者意識，成功への確信や自信の強さを試されていることを感じた。吉見は中立の立場を基本としながら，自身が考えるMIRAのM&Aの必要性を長野，中村へ伝え，M&Aを必要と判断すれば今一度，トップマネジメントに具申することを勧めた。長野，中村はMIRAのM&Aの必要性やシナジーの実現性などをあらためて精査し，強い意志，確信を持ってトップマネジメントへ具申，トップマネジメントはM&Aを前に進める意思決定を行った。

　買収スキームは，HORIBAが2015年6月にイギリス国内に買収の母体となる子会社としてHRA Internationalを設立し，この子会社にHORIBAから増資を行い，そしてHRA InternationalがMIRAより事業を譲り受け，HORIBA MIRAと社名等を変更するというものであった（堀場製作所，2015d）。この買収スキームは年金債務のみをカットするプレパッケージ型スキームという点で当時イギリス史上初ともいわれ極めて複雑であったが，吉見がイギリスの弁護士と緊密に連携をとり，取り纏めた[20]。数回にわたるLOI（Letter of Intent；意向表明書）の提出を経て，寺浦，吉見によって基本合意に至った。

　DDおよび統合準備に関しては，事業のDDは中村，原田らが，財務のDDは多鹿が，法務は寺浦，イギリスの弁護士が担い，DD全体は吉見がマネジメン

トした。DDにおいて把握された情報は，長野へ集約され，トップマネジメントへ適宜報告がなされた。DDにおいては，M&Aの発端が友好的なものであったため率直な情報開示がなされた。

　「技術や製品，サービスのクオリティに対するこだわり，執着，気概などMIRAのトップマネジメント，ミドルマネジメントの仕事に向き合う姿勢，有能さ」「MIRAの企業文化，価値観とHORIBAのそれらとの合致度合い，相性の良さ」「HORIBAがMIRA社員をマネジメントでリードできるか」「MIRA社員がHORIBAの一員として働きたいと思っているか」「HORIBAの社員がMIRAの社員と快く働けるか。一緒に働いて楽しいか」「MIRAの雰囲気」など極めて定性的な面が重点的に評価された。

　事業DDでは，中村をリーダーとする原田らのチームによりMIRAの視察，MIRAのトップマネジメントおよび多数のミドルマネジメントへのインタビューが行われ，MIRAの技術の将来性，人的資源のレベルや企業風土が評価された。インタビューは，MIRAの経営方針や組織風土を最大限尊重するという中村，原田の明確なポリシーがMIRAのトップマネジメント，ミドルマネジメントに伝播し，互いに胸襟を開いて行われた。

　「仕事に向き合う姿勢，有能さ」「HORIBAの企業文化，価値観との合致度合い」などの評価にあたって，中村，原田らはHORIBAのビジネスに関する価値観や方向性などを率直にMIRAのトップマネジメント，ミドルマネジメントへ伝え，「一緒にやっていけるか，ついてこられるか」と問い，反応をうかがった。MIRAのミドルマネジメントの多くは，MIRAの技術や市場におけるポジション，自らのビジネスの範囲，MIRAの強みなどについて明確な回答を示し，彼らが市場や技術を深く理解しておりプロフェッショナル人材に値することを中村，原田は確信した[21]。

　クロージングにおいて，M&A金額の大きさなどからHORIBAでは初の買収保険が締結された。保険金額についての当初の長野らの案は，株主が存在しない会社形態かつ買収資金が即年金基金に支払われることにより，通常のスキームと異なり表明保証等により買収価値を担保する手段が極めて限定的であることから，トップマネジメントの意向に沿い保険金額を増額する措置が採られた。

　経営統合は，前述したHORIBAのM&Aの特徴と「成果は長期的に創出する」

との方針に則り，MIRAの既存の経営計画，事業運営方針が尊重された。
MIRAの既存の経営計画はいわゆる100日プランのような短期的スパンのもの
ではなく，5〜10年計画である。100日プランに類するような新たな経営計画
の策定は行われなかった。MIRAのトップマネジメントは買収後もその権限を
ほぼ維持した。

　HATSとMIRAの経営活動の方向性の相違については，中村，原田らが
HATSの経営の方向性の背景等をMIRAのトップマネジメントへ時間を惜しま
ず懇切丁寧に，相互の認識を確認しながら，MIRAの考えや方向性を尊重し，
語り掛けるようにして納得を得ながら，MIRAの経営活動の方向性等をHATS
のそれらに沿うように徐々に修正した。

　MIRAのトップマネジメントのモチベーションが損なわれることのないよう
中村，原田らは特段の注意を払った。中でもMIRAのマネジメントの要である
MIRAのCEO，戦略担当者，オペレーション責任者，財務責任者の4名は
M&Aの成果創出において特に重要であり，この4名がM&A後もMIRAに在籍
することがM&A成功の鍵であったため，この4名のM&Aに係る肯定的感情
の維持，強化には注意が払われた。

5.5　ビジネスモデルの進展

5.5.1　ステークホルダーと全体価値創造

　MIRA事業M&Aを契機に，HATSひいてはHORIBAのビジネスモデルは，
大きな変化を遂げている。堀場（2012）によると，HATSの排ガス測定ビジネ
スの成長は環境規制強化によるものであったが，より燃費の優れた自動車の開
発のため自動車メーカーなどがエンジンの小型化，低排気量化，ハイブリッド
化にしのぎを削る中，排ガスの量の削減，濃度の希薄化によってより高い測定
技術を求められる燃費規制が排ガス測定ビジネスの成長を加速させている。

　2005年のカール・シェンク（ドイツ）のMCTビジネスの買収により，
HORIBAのHATSは駆動系試験設備，ブレーキ試験設備，風洞試験設備へ業容
を広げ，自動車の研究開発試験全般へ幅広く対応可能なソリューションを提供

できる環境を整え（中村，2014），「ターンキーシステムによるソリューション
提供」を推進した（堀場，2012）。

　HATS の継続のためには，製品，ハードウェアの提供にとどまるのではなく，
顧客が製品やハードウェアを活用することによって獲得している価値を的確に
捉え，その価値を充足するソフトウェアや測定によって得られた解析データな
どのソリューションを提供することが重要であり，すなわちハードウェアの
メーカーから，ハードウェアによって解析したデータを提供するソリューショ
ンプロバイダーへの転換が求められている（堀場，2012）。

　このように，HATS は，環境規制対応から燃費向上対応へと，またハード
ウェアの提供から顧客が有する期待価値の充足のためのソフトウェア，データ
の提供へと，ビジネスモデルの転換を図ってきた。MIRA の M&A は，さらに
自動車開発の製品プロバイダーからエンジニアリング機能を備えた開発パート
ナーへと転換する（堀場製作所，2016a）ことで HATS のビジネスモデルの変
化をさらに加速する。

5.5.2　バリューネットワーク

　2017年 7 月，ホリバMIRA（イギリス）の敷地内に最新鋭の排ガス試験装置
を備えた先進的排ガス試験設備が開設された。当該設備はRDE規制に対応し，
室内での路上走行の再現を可能とする（堀場製作所，2018a）。RDEはReal
Driving Emissionsの略称であり，RDE規制とは乗用車の路上走行中の排ガス
測定試験に関する新規制である。欧州では2017年 9 月より開始され，日本では
2022年から開始の予定である（堀場製作所，2018a）。当該施設はRDE規制の他，
温度や高度などについてあらゆる環境条件の下でのデータ収集が可能であり，
自動車メーカーの開発スピードを加速する（堀場製作所，2018a）。

　2017年11月，駐日イギリス大使館にてホリバMIRAの事業を日本国内の自動
車関連メーカーにプロモーションするためのイベントが開催された。このイベ
ントにおいては，ホリバMIRAの電気自動車や自動運転車の開発技術およびそ
れらの強み，充実している試験設備と継続投資による一層の事業強化，イギリ
ス政府が自動運転分野へ積極投資する姿勢や実績について，日本の自動車メー
カーに紹介された（堀場製作所，2017b）。

　2018年1月1日付のHORIBAの組織改革において，グローバル戦略にもとづくHATSの意思決定，ホリバMIRA（イギリス）との事業シナジーの加速によるグローバル最適化の強力な推進を目的に，グローバルATSボードが新設された。グローバルATSボードは，堀場製作所，アメリカ子会社，ホリバMIRAのボードメンバー（経営層）により構成されるHORIBA連携のバーチャル組織であり，自動運転や電動化など変革期の自動車産業に対する迅速な事業戦略の策定，実行を徹底する（堀場製作所，2017c）。また，この組織改革とあわせて実施された人事異動において，長野は取締役・グローバルATSボードリーダーへ，同じく福島はホリバMIRA（イギリス）の会長へと昇格した（堀場製作所，2017d）。

　2018年4月，ホリバMIRAが運営するテクノロジーパークが，6年以上事業実績の低下が認められず，成長の継続が実証可能であり，国際マーケットで素晴らしい業績向上を果たした企業に贈られるイギリスのビジネス分野で最も栄誉のあるイギリス女王賞（Queen's Award for Enterprise）の国際貿易部門を受賞した。テクノロジーパークはイギリス自動車産業の中心地のイギリス中部にあり，自動車メーカー，主要部品メーカーに優れた研究開発環境を提供している。15カ国から40社，1,200名以上が働く重要な自動車の「技術クラスター」となっている（堀場製作所，2018d）。

　2018年8月10日，HORIBAのホリバ・ヨーロッパはFuelCon AG（ドイツ）の株式を100％取得する株式譲渡契約をFuelCon AGと締結した。FuelCon AGは電動化車両用バッテリーや燃料電池テストベンチの開発などの次世代モビリティに関する多くのスキル，ノウハウを有する。このM&AによりHORIBAはバッテリー，燃料電池などを活用する広範な自動車計測ソリューションの提供を通じ，電動化自動車計測事業を強化する（堀場製作所，2018b）。

　2019年，HORIBAはホリバMIRAが有する電動化車両用バッテリーの開発技術，エンジニアリング力を基盤に置き，車両台上評価技術を日本市場から展開するため，自動車・環境プロセス計測の研究開発・生産拠点である「HORIBA BIWAKO E-HARBOR」（滋賀県大津市）に，電動化車両用バッテリーや燃料電池などの評価試験室を建設した。投資額は13億円である（堀場製作所，2018e，2019f）。

　本試験室はバッテリーやバッテリーマネジメントシステム[22)] の研究開発および性能，信頼性の評価試験に対応し，HORIBA BIWAKO E-HARBOR内の自動車開発試験設備「E-LAB」内への新設により隣接する試験室のエンジン，駆動モーターを含むパワートレイン[23)]，車両の評価とバッテリーおよびバッテリーマネジメントシステムを組み合わせた充放電サイクル試験が可能となる。これらのことから市場が拡大する電動化車両のバッテリー単体試験のみならず，パワートレインや車両本体をあわせた試験などトータルシステムの評価や解析の柔軟な実施が可能となる（堀場製作所，2018e，2019f）。

　以上のように，MIRA事業M&Aを契機にHORIBAは，ビジネスモデルの新たな構築，変化のため，バリューチェーンを技術の面から強化し，また積極的なプロモーションもあわせ，外部ネットワークの拡大を図っている。また，組織，人事の面からも新たなビジネスモデルへの転換を加速させている。

5.6　企業家の意図

　電動化，自動運転など次世代自動車の開発が進展する中，世界の自動車メーカー，部品メーカーが積極的に開発投資を行い，新たなプレーヤーが自動車産業に参入しつつある状況下の自動車開発技術と産業構造の変化を，HORIBAは事業機会と捉えた（堀場製作所，2018a）。

　次世代モビリティへの対応のため，HORIBAのトップマネジメント，ミドルマネジメントはMIRAの技術，市場の必要性を認識した。しかし，専門性の高さや先進性のため，MIRAの技術をHORIBAが理解することは極めて困難であった。MIRAのトップマネジメント，ミドルマネジメントの真摯さ，有能さ，HORIBAとの相性の良さを，彼らとのインタビュー等を通じて確信した長野，中村らのミドルマネジメントは「MIRAの人材をマネジメントすることを通じて必ずこのM&Aを成功させる」との不退転の決意でMIRAのM&Aに臨んだ。買収金額は約159億円とHORIBAにとっては過去最大の金額に達した。

5.7 主要業績指標の推移

　MIRA事業M&A以前，HATSの事業領域は，排ガスビジネス（排ガス測定），自動車運行管理システム（ITS：Intelligent Transport Systems），MCTであり，各々の規模はHORIBAの推定によると，排ガスビジネスが550～650億円，自動車運行管理システム100～150億円，MCTがエンジン性能テスト1,000～1,200億円，車体・風洞実験・ブレーキテスト150～200億円，駆動系テスト300～400億円の計2,100～2,600億円であった。MIRAのM&Aにより，車両設計開発，車両性能試験，研究開発棟のリースなどのエンジニアリング（ECT：Engineering Consultancy & Testing）が加わり，当該ビジネスの市場規模をHORIBAは2兆円を超えると推定している（堀場製作所，2018a）。

　HORIBAは創業以来，「はかる」技術の追求と新市場への挑戦によって成長を続けてきた。三代目社長に堀場厚が就任した1992年から2018年までの26年間では，積極的なM&Aとシナジーの最大化により売上高は5倍以上に拡大している（堀場製作所，2019b）。

　直近10年のHORIBAの業績推移をみると，2018年度の売上は2,106億円であり2008年度の売上1,342億円の約1.6倍へと拡大している。総合的な収益性を示す総資本営業利益率は，資本効率を示す資本回転率が0.7前後で横ばいに推移する中，狭義の収益性を示す売上高営業利益率の増加により，2018年度は10.2%と2008年度の8.2%から2ポイント上昇した。安全性を示す自己資本比率は，2018年度58%と高い水準を維持している。また，自動車計測事業部の売上は，2008年度542億円であったが2018年度797億円と約1.5倍に拡大している（堀場製作所，2019b）。

5.8 おわりに

　本章ではMIRA事業M&Aについて，調査・分析の経緯，HORIBAの概要，プロセスの独自性およびミドルマネジメントの貢献に着眼した詳細を明らかにした。そしてビジネスモデルの進展および「企業家の意図（Teece，2007，

2009)」，主要業績指標の状況を示した。

　次章では，本章において明らかにした調査・分析の結果に基づき，「DCの提示」「DC発揮におけるミドルマネジメントの貢献」の観点から，発見事実を明らかにし考察する。また4.2において一時的に定義したDCについて最終的な定義づけを行う。

《注》

1）　HORIBAでは従業員が事業成長の基盤である見えない資産を築き上げてきたと考え，従業員をかけがえのない財産，と捉えている（堀場製作所，2018a）。本書では，「人財」と一般的な「人材」の混同記載を避け，以降の記述においては，原則，「人材」と統一表記した。

2）　維持すべきスピリットとは，提携以降のHORIBAの製品開発のあり様，企業文化の礎である社是「おもしろおかしく」などから総合的に勘案すると，「開発（直販）」「非形式主義（実利主義）」「フレキシビリティ」「濃密なコミュニケーション」などである。

3）　SRHシステムズは2006年にHORIBAが買収し，現在はホリバ・テストオートメーションとなっている（堀場製作所，2019a）。

4）　「HORIBA Report」は，HORIBAのさらなる価値の理解を目的に，事業や財務情報と共に財務諸表に掲載されない資産（企業文化などの見えない資産）についてアニュアルレポートとCSR報告書の情報をまとめた統合報告書である。2013年版から作成されている（堀場製作所，2019e）。

5）　「HORIBA Report」などでは「顧客」ではなく「お客様」と表記している。学術論文の一般的な文言の用法に鑑み，また「お客様」を「顧客」と読み替えてもHORIBAの実態を把握，表記するうえで問題は生じないと判断し，本書では「お客様」を「顧客」と表記する。

6）　シェアドサービスとは，経理・財務，法務，知的財産権管理，人事，ITなど特定の業務を複数のグループ会社間で共有化，集中化すること（森，2014）。

7）　社是「おもしろおかしく」をベースとした従業員の自己実現のために，5つの"おもい"がHORIBAでは掲げられている。"おもい"とは「だれも思いつかないことをやりたい」「世界を舞台に仕事をしたい」「技を究めたい」「自分の仕事や会社をだれかに伝えたい」「人や地球の役に立ちたい」である。Omoiと英語表記もされ世界の従業員が価値観を共有している（堀場製作所，2019a）。

8）　失敗経験のない社長による失敗で経営が傾いてしまう例は多い（古川・代慶，2016）。

9）　HORIBAは，One Company経営，バランス経営を実現するのは一人ひとりの従業員であり，全従業員を同じファミリーと考える。そして，社是「おもしろおかしく（Joy and

Fun)」を理解して高い士気をもって活躍している従業員をホリバリアンと呼んでいる（堀場製作所，2015b）。

10)　「MLMAP2020」の策定以降，HORIBAグループの業績は，2019年12月期において，半導体システム機器部門を中心とする販売減少等により，売上高は2,002億円，営業利益は209億円，経常利益は205億円と，それぞれ前期比マイナスの4.9%，27.5%，27.5%であった（堀場製作所，2020）。2020年12月期においては，半導体セグメントの販売が増加したものの，新型コロナウイルス感染症拡大による企業活動停滞等により，売上高は1,871億円，営業利益は197億円，経常利益は194億円と，それぞれ前期比マイナスの6.6%，5.8%，5.5%であった（堀場製作所，2021）。

11)　CVS法は排出ガス流量の計測が不要であり，かつバッグ採取によるサンプル平均化効果を有する，精度よく排ガス計測が可能な優れた方法である（中村，2012）。

12)　現在のサンプリング法は，計測対象をサンプリングしておいて試験終了後に分析計へ導入し濃度を計測するバッチ計測と，計測対象を連続して分析計へ導入し時間的変化を連続測定する連続計測に二分される。排ガス規制（新車型式認証）で使われるCVSはバッチ計測の代表であり，規制のために計測される際は基本性能への要求も法規で規定される。連続計測はエンジンや触媒の開発において使用されることが多く，計測の対象・目的に応じて精度，再現性，応答性などが異なり十分な検討が必要である（河邨，2009）。

13)　ソフトウェア開発機能の強化によって，例えば，車両排ガス試験アプリケーションVETS（Vehicle Emission Test System）から，排ガス計測装置（MEXA/CVS），シャシダイナモメータ（VULCAN），自動運転ロボット（ADS）等の自動制御や法規で定められた試験項目の設定，設備の校正，試験準備など排ガス試験のプロセスの自動化が，また試験結果の帳票出力の機能，データ解析ツールなどにより試験工数の大幅削減が可能となった（中村，2014）。

14)　バーチャル・ヘッドクォーター制はインターナショナルなメンバーから構成されるグローバル・プロダクト・プランニング・グループにより運営される。分析計の性能やデータのグローバル共有などの顧客の普遍的な要求価値はグローバル・コンテンツと，各国の規制の違いや地域の顧客に特有なニーズはローカル・コンテンツと定義される。ローカル・コンテンツは，各国が設計，生産，据付を担当し，顧客に接近しており，高い独立性によってスピーディーな開発から据付が可能である（一橋大学大学院国際企業戦略研究科，2005）。バーチャル・ヘッドクォーター制はHORIBAの企業文化，グローバル人材開発などを含め森（2014）が詳しい。

15)　ポーター賞は，製品，プロセス，経営手腕のイノベーションを通じて独自性を有する戦略を実行し，高収益を達成・維持している企業を表彰するため，2001年7月に創設された。賞の名称はマイケル・E. ポーターに由来する（一橋ビジネススクール国際企業戦略専攻）。

16)　Enterprise Zonesとはイギリス政府が進める経済特区プロジェクトの1つ。特区内に拠

点を有する企業は税率低減などのメリットを受けることが可能。MIRA施設を含めイギリ
ス国内に24カ所指定（堀場製作所，2015a）。

17)　M&A担当マネジャーの吉見はM&Aプロフェッショナルの中途採用人材であり，経営
管理部長の福島の下に位置していたが，実質はMIRA事業M&Aの全般マネジメントを担
うなど大きな裁量を有していた。

18)　齊藤は，当時，代表取締役副会長兼グループCOOとして業務執行責任を負っており，
「トップマネジメントの３つ下以内の階層に位置」し，トップマネジメントとの直接コ
ミュニケーション，トップマネジメントへ直接影響力を行使することが可能であり，ラ
ストボイスではなかった。よって3.2.2で示したアッパーミドルマネジメントに該当する。
しかし，齊藤は全社の業務を所轄していたこと，MIRA事業M&Aに係る業務の詳細な意
思決定，遂行は長野以下に実質一任していたことから，トップマネジメントと位置づけた。

19)　ギレスピーは，リカルド（イギリス），カール・シェンク（ドイツ）を経て，ホリバ・
ヨーロッパ（ドイツ）で戦略商品開発担当副社長を務め，2009年からMIRAのCEOであっ
た。そして2015年のMIRA事業M&AによりHORIBA MIRA CEOに就任した（堀場製作所，
2018a）。

20)　買収スキームの内容は守秘義務に基づき明らかにできない。

21)　MIRA事業M&Aの２年後，原田は「MIRAのトップマネジメント，ミドルマネジメン
トは有能であるとの判断は正しかったと確信している」と述べている。

22)　バッテリーマネジメントシステムとは，バッテリー充放電の電流，電圧，温度などを
モニターし，充電容量や安全な使用条件などを監視するシステムである（堀場製作所，
2018e）。

23)　パワートレインとは駆動輪への動力伝達装置である（堀場製作所，2018e）。

第 **6** 章

HORIBA事例研究Ⅱ： 発見事実と考察

　本章では，第5章において示したMIRA事業M&Aに関する調査・分析の結果に基づき，4.6にて示したDC提示の枠組み，ミドルマネジメント貢献の分析視座に則り，「DCの提示」「DC発揮におけるミドルマネジメントの貢献」について発見事実を明らかにし考察する。また4.2において一時的に定義したDCについて最終的な定義づけを行う。

6.1　ダイナミック・ケイパビリティの提示

6.1.1　ダイナミック・ケイパビリティの提示

(1)　有効なプロセス

　MIRA事業M&Aにおいて有効に機能したプロセスに関する発見事実と考察は以下の通りである。M&A全般のマネジメントに関し，堀場らのトップマネジメントは，海外経験を有する日本人，海外の人材からM&Aチームが編成されていることを確認することを怠らなかった。この目的は，M&Aチームが情報解釈，意思決定する際，グローバルな観点から多様な情報の収集および解釈を行い適切な意思決定を行うためであった。吉見はHORIBAのグローバルなネットワークを活用し海外人材のアサインを行った。

　これらのプロセスを通じ，M&Aチームは，海外経験のある日本人，海外の

人材から編成されたマルチナショナルチームとなり，グローバルな視野から様々な情報を収集，解釈することを通じて，意思決定の適切さや実行力に関し優れたチームとなった。FAは，被M&A企業との直接的なコミュニケーションを通じた情報収集，意思決定の観点から採用しなかった。

　M&Aチーム内では，トップマネジメント，ミドルマネジメントを問わず，合理性を基盤とする率直で忌憚のないコミュニケーションが密に行われた。意思決定の方法は集団相談型あるいは集団参加型（白樫，2011）で行われた。これらのコミュニケーションのプロセスは，M&AチームメンバーのMIRA事業M&Aの成功に関するコミットメントや当事者意識の強化，意思決定の適切さの確保において効果的であった。

　トップマネジメントはMIRA事業M&Aの中核メンバーであった長野，中村らミドルマネジメントへM&Aの方向性や具体策の選択肢，各々の選択肢の根拠などに関する提案・具申を強く要求した。そして，強い要求へのミドルマネジメントの対応の状況から彼らの当事者意識やコミットメントの強さを判断し，最終的な意思決定を行った。

　トップマネジメントからの強い要求，率直で忌憚のないコミュニケーションにより長野，中村，原田，吉見らミドルマネジメントの当事者意識，コミットメントはM&A成功に向けた不退転の決意へと昇華した。この不退転の決意は飛び地のM&A（竹田，2018）を成功させるうえで極めて重要な精神的基盤となった。

　M&A戦略立案に関し，2005年に実施したカール・シェンク（ドイツ）のM&Aによって，HATSはエンジン計測装置などの自動車計測をビジネスに加え，エンジンから駆動系の研究開発に係る分析・計測システムを自動車関連メーカー等に提供するに至った。この10年にわたる学習の流れを引き継ぐHATSの経営戦略の一環として，長期的な視点から次世代モビリティ開発での提案力を強化することを通じた車両開発全般のエンジニアリング，試験の領域における成長というMIRA事業M&Aの狙いが定められた。HATSを取り巻く環境は極めて不透明であったにもかかわらず，長野，中村は自動車メーカーやその部品メーカー，競合企業，学術研究などの動向から，事業ポートフォリオの補完，シナジーの獲得，新たなビジネスモデルの構想を含むM&A戦略を立

案した。

　ターゲット企業の選定およびアプローチに関し，長野は，元HORIBA社員でMIRAのトップマネジメントであったギレスピーと，ヘッドハンティングによりギレスピーがHORIBAを退職した後も，良好な関係を維持していた。この良好な関係に加え，ギレスピーのHORIBAの企業文化などの見えない資産への信頼の大きさから，ギレスピーは長野へM&Aについて積極的にアプローチし，情報開示が行われるなどM&Aは友好的に進められた。長野とギレスピーの良好な関係，ギレスピーのHORIBAの見えない資産への信頼の大きさはDDにおける調査コストの削減など大きな効果があった。

　企業価値評価，買収スキーム策定，交渉および基本合意に関し，企業価値評価において買収金額を巡り，長野，中村と福島との間で主張の相違があり，トップマネジメントはM&Aを前に進めることをいったん止める意思決定を行った。しかし，長野，中村らはトップマネジメントへM&Aを前に進めることをあらためて具申，この具申を受けトップマネジメントはM&Aを前に進めるとあらためて意思決定した。トップマネジメントの意思決定は，長野，中村らがM&A成功へ強くコミットしているか否かを見極めたうえでのことであった。複雑な買収スキームは，吉見がイギリスの弁護士と緊密に連携をとり，取り纏めた。

　DDおよび統合準備に関し，M&Aの発端が友好的なものであったことから，駆け引きや水面下での交渉，根回しなどいわゆる腹の探り合いではなく，率直な情報開示，情報に係る認識の共有などがなされた。「MIRAのミドルマネジメントの製品のクオリティに関するこだわり，執着」「HORIBAの文化とMIRAの文化の融合可能性」などのMIRAの定性的な人的能力や企業文化が重点的に評価された。

　中村，原田はMIRAのミドルマネジメントに尊敬の念を持ちながらも，HORIBAの価値観や経営の方向性などを率直に伝え，MIRAミドルマネジメントの反応をうかがった。これらのプロセスは，経営統合のフェーズにおいて，MIRAのトップマネジメント，ミドルマネジメントを技術ではなく，人心掌握やマネジメントによってリードしM&Aシナジーを実現できるか否かを見極めるにあたり極めて有効であった。

　経営統合に関し，「M&Aの成果は中長期的に創出する」とのHORIBAの方針に則り，MIRAが作成していた5〜10年にわたる経営計画に基づき，中村，原田らを中心にMIRA事業M&Aにおける経営統合は推進された。中村，原田らは，MIRAのトップマネジメントやミドルマネジメントとの間に経営の方向性や価値観，具体策などについて離齬が生じた場合，彼らのモチベーションに大きな注意を払い，尊重の念を持ち時間を惜しまず懇切丁寧に，HORIBAの経営の方向性や価値観，具体策などをオープンで率直なコミュニケーションに基づき説明し，MIRAが作成していた経営計画を徐々に修正した。

　M&A戦略立案，事業DDなどのプレM&Aと経営統合などのポストM&Aは中村，原田ら同一人物が担い，プレM&AとポストM&Aは一体的に推進された。このプレM&AとポストM&Aの一体的推進による経営統合プロセスは，M&Aの鍵ともいわれるポストM&Aを推進する中村，原田らの当事者意識，コミットメントを高め，またMIRAの経営実態を理解している者が経営統合を担うことから，人心掌握やマネジメントを通じたM&Aシナジーの実現のうえで極めて有効であった。

　以上，MIRA事業M&Aにおける有効なプロセスは，全般マネジメントの「①マルチナショナルなM&Aチームの編成」「②FAの非採用」「③合理性を基盤とする率直な忌憚のないコミュニケーション」，M&A戦略立案の「④経営戦略とM&A戦略との整合性の確保」，ターゲット企業選定・アプローチの「⑤被M&A企業トップマネジメントの信頼にもとづく友好的M&A」，価値評価・M&Aスキーム等の「⑥ミドルマネジメントからトップマネジメントへの具申」「⑦複雑なM&Aスキームの策定」であった。

　またDDの「⑧事業DDにおける定性的事項の評価」，経営統合の「⑨中長期的な視点に立った経営統合」「⑩尊敬の念，オープンで率直なコミュニケーションにもとづくマネジメントによる経営統合」「⑪プレM&Aを担ったミドルマネジメントによるポストM&Aの推進」「⑫被M&A企業のモチベーションの維持，向上」もMIRA事業M&Aにおける有効なプロセスであった。

(2)　基盤の経営資源・プロセス，企業家の意図

　MIRA事業M&Aにおける有効なプロセスの基盤となった経営資源は大きく

3つ存在する。1つ目はトップマネジメント，ミドルマネジメントの人材である。トップマネジメントは，MIRAの先端技術を十分に理解することが極めて困難な状況にあって，M&Aの最終合意など重要な意思決定を下した。M&Aチームにおける海外メンバーの存在を確認するなど，グローバルな視野からM&Aに取り組む体制を整備した。M&Aの方向性や具体策の選択肢，選択肢各々のメリット，デメリットなどに関する説明，提案をミドルマネジメントへ常に強く要求し，ミドルマネジメントのMIRA事業M&Aへのコミットメント，当事者意識の強さや成功への自信の程度を把握，同時にミドルマネジメントのM&Aの成功に向けた確信や不退転の決意を醸成した。

　トップマネジメントからM&Aへのコミットメントの強さや成功への自信の程度を把握されるミドルマネジメントの経験は，ミドルマネジメントがDDにおいてMIRAのトップマネジメント，ミドルマネジメントの人的能力，HORIBAとの相性などを評価する際に有効に働いた。

　長野，中村らのミドルマネジメントは，新たなビジネスモデルの構想を含むM&A戦略の立案を担い，強い確信を持ち不退転の決意を持ってトップマネジメントにM&A戦略を具申し，M&Aを前に進めた。中村，原田らはMIRA社員の真摯さ，HORIBAとMIRAの文化の融合可能性，ひいてはM&Aによるシナジーの実現可能性を評価した。吉見は組織の境界を越え，グローバルネットワークを活用し，M&Aチームメンバーをアサインした。また極めて複雑な買収スキームをまとめ上げるなど，長野，中村らのM&Aへの取り組みを積極的，効果的に後押しした。

　MIRA事業M&Aにおける有効なプロセスを機能させるうえで，HORIBAのトップマネジメント，ミドルマネジメントは必須であり，プロセスやルーティンでの代替は不可であった。

　2つ目は，コア技術，コーポレートフィロソフィなど，見えない資産である。HORIBAはグローバル化を「互いの伝統と文化を尊重し相互理解のうえで実現が可能」としたうえで，「その土地に定着する方法を心がけること」と定義し（堀場製作所，2003），HORIBAグループの理念や文化，風土，価値観の理解，共有を目的に，1999年，HORIBA社員の行動指針であるコーポレートフィロソフィを明文化した（堀場製作所，2003）。

　HORIBAに対しMIRAのトップマネジメント自らがM&Aを積極的に打診し，またMIRA社員が積極的な情報開示を行うなどM&Aが友好的に進められたのは，コーポレートフィロソフィにもとづくHORIBA社員の仕事に関する価値観，仕事への向き合い方，仕事の進め方に対し，MIRAのトップマネジメントがHORIBA社員として働いた経験を通じて，強く共感していたからである。またHORIBAのコーポレートフィロソフィとHORIBA社員の実際に乖離がなく，HORIBAへの強い信頼を寄せていたからである。

　コーポレートフィロソフィの他，HORIBAのコア技術およびアプリケーション技術，ディファクトスタンダードという市場ポジション，人材や現場を重視する経営姿勢，HORIBAが立地する京都の文化などの見えない資産は，先端技術を開発するMIRAの中核を担う博士資格を有するトップマネジメント，ミドルマネジメントの琴線を刺激するうえで有効であり，MIRA事業M&Aにおいて極めて有効に機能した。

　コーポレートフィロソフィ，人材や現場の重視などの見えない資産は，尊敬や相互理解の重視が基盤にあることから，MIRA事業M&Aにおいて，HORIBAのトップマネジメントとミドルマネジメント間，ミドルマネジメント間，HORIBA社員とMIRA社員間におけるオープンで率直な忌憚のない濃密なコミュケーションの実現に有効であった。

　3つ目は，人心掌握，マネジメントに係る経験則，ノウハウである。1996年にHORIBAがM&Aを行ったABXは医学に強みを有していたが，HORIBAはそうではなかった。1997年にM&Aにより取得したISA，2005年に同じくM&Aにより取得したカール・シェンク，いずれの企業もHORIBAが有していない技術，ノウハウを保有していた。したがってM&Aの後に技術やノウハウの優位性によってHORIBAが被M&A企業を保持することは困難であり，保持のためにはマネジメントに頼るしかなかった（相馬，2011）。

　これらのM&Aの経験を通じて，HORIBAはマネジメントによって被M&A企業にリーダーシップを発揮するうえで有効な，尊敬の念，オープンで率直なコミュニケーションなど暗黙的な価値観，スキル，ノウハウを蓄積し，これらに通底するものがHORIBAのコーポレートフィロソフィに取り入れられ，HORIBA社員の行動指針としての機能を果たすこととなった。

「トップマネジメント，ミドルマネジメントの人材」「見えない資産」「人心掌握，マネジメントに係る経験則，ノウハウ」はいずれも，顧客に大きな価値をもたらし，強い経路依存性ゆえ模倣や代替が極めて困難であることなどから，VRIN資源であると判定される。

　MIRA事業M&Aの有効なプロセスの基盤となったプロセスは大きく3つある。1つ目は，One Company経営のためのFUN HOUSEで行われる各種会議体やブラックジャックプロジェクト，従業員お誕生日会，HORIBA BIWAKO E-HARBORのE-LAB，吹き抜け階段エリアなどを通じて行われているトップマネジメント間，トップマネジメントとミドルマネジメント間，従業員間，HORIBAと顧客・生産協力会社とのディスカッション，コミュニケーション，懇親の頻度の高さ，濃密さである。これらのプロセスにより，MIRA事業M&Aでは合理性を基盤とするオープンで率直な忌憚のない濃密なコミュケーションがなされた。

　2つ目は，「HORIBA Report」やIRによる積極的かつ効果的な企業情報の発信である。堀場製作所（2014a）によると，中長期的な事業ポートフォリオを紹介するHORIBAの投資家向けの決算説明会資料（IR資料）が，「企業価値を効果的に伝えるIR資料のスライド1枚」として評価され，IRグッドビジュアル賞実行委員会によって創設された「IRグッドビジュアル賞」を受賞した。

　また，堀場製作所（2014b）によると，ステークホルダー向けの統合報告書である「HORIBA Report 2013」は，印刷物としての年次報告書の伝統の承継，Web開示の活用，財務・非財務のデータの統合，和文版と英文版の提供，世界規模で企業の価値創造活動を簡潔に提示，企業の将来の見通しの確保の点で高く評価され，WICIジャパンが選定する第2回「WICIジャパン統合報告優秀企業賞」を受賞した。この賞は，堀場製作所以外に，伊藤忠商事，オムロン，日本郵船，ローソンの4社が受賞している。

　積極的かつ効果的な企業情報の発信を通じ，HORIBAのコーポレートフィロソフィやHORIBAが友好的M&Aを通じM&Aシナジーを実現していることがグローバルレベルで周知され，HORIBAへの信頼の強化につながり，友好的M&AによるDDに係るコストの低減などに大きな効果をもたらした。

　3つ目は，グローバル人材・次世代経営人材の育成施策である。HORIBA

ではグローバル人材・次世代経営人材の育成を目的に，人材として競う緩やかな母集団の形成，海外出向による将来のグローバル人材の発掘，担当業務を超えリーダーシップを発揮できる者へのイベントでのリーダーの役割の付与などが意図して行われている。そして，グローバル人材・次世代経営人材の育成最終フェーズとして，グローバルで活躍できる人物としての魅力，HORIBAの技術へ顧客の期待を喚起する力，事業展開先での顧客やサプライヤーとの互いの能力と文化の尊重にもとづく新たな価値の創出への努力の能力を把握，強化するため，M&Aが位置づけられている（SAPジャパン，2014）。

　MIRA事業M&Aには長野，中村らのグローバル人材・次世代経営人材としての成長，評価という目的が内在されており，グローバル人材・次世代経営人材の候補である長野，中村らのミドルマネジメントがM&Aに当事者として関わることは既定であった。HORIBAのグローバル人材・次世代経営人材の育成施策は，MIRA事業M&Aにおいて大きな貢献を果たし，VRIN資源と判定した長野，中村らのミドルマネジメントの育成に極めて大きく貢献した。

　事業拡大という主目的に加え，グローバルな次世代経営人材育成のための施策として副次的にM&Aが活用されるようになったのは，M&Aがグローバル人材・次世代経営人材の育成に効果的であると，過去のM&A経験からHORIBAが学習したからである。過去のM&A経験とは1996年に行われたABXのM&A等に係る経験である。

　堀場製作所（2003）によると，ABX M&Aの陣頭指揮を担った中峯は，「行間を読む交渉，互いの企業文化の理解が不可欠」「M&Aは経験がなかったため実践で学ぶしかない」「語学ができる，社の指示を伝えられるという表層のやり取りではM&Aは不可能」と述べている。また，1997年のISAグループ17社の買収においては，事業評価は石田専務（当時），ABXのM&Aを担当した中峯，科学計測開発部の右近部長（当時）の3名のミドルマネジメントによるチームが編成され行われている。

　「グローバル展開におけるOne Company経営のための各種会議体やFUN HOUSEなどにおけるトップマネジメント間，トップマネジメントとミドルマネジメント間のディスカッション，懇親」「HORIBA ReportやIRによる積極的かつ効果的な企業情報の発信」「HORIBAの海外出向，M&Aの経験などの

グローバル人材・次世代経営人材の育成施策」はいずれも独自性の高いプロセスである。

「企業家の意図（Teece, 2007, 2009）」については，MIRA事業M&Aを担ったHORIBAのトップマネジメント，ミドルマネジメントは，自動車開発技術と産業構造の変化にビジネスチャンスを察知し，MIRA技術の理解が極めて難しく，またHORIBAにとって過去最大の買収金額に達する，すなわち大きなリスクが存在するにもかかわらず，「M&Aを必ず成功させる」という不退転の決意を持って，M&Aに臨んだ。HORIBAのトップマネジメントはリスク甘受の点でSchumpeter（1926）のいう企業家，ミドルマネジメントはビジネスチャンスの察知，リスク甘受の点でSchumpeter（1926）の企業家，そして商業化力の点からKirzner（1973）の経営者的な企業家に該当する。

(3)　ビジネスモデル，主要業績指標

HATSは環境規制対応ニーズ対応から燃費向上ニーズ対応へ，ハードウェアのみならずソフトウェア，データの提供へと，これまでビジネスモデルの転換を行ってきた。そしてMIRA事業M&Aを契機に，技術の面からのバリューチェーンの強化，積極的なプロモーション，外部ネットワーク拡大によって，自動車開発の製品プロバイダーからエンジニアリング機能を備えた開発パートナーへの転換とビジネスモデルの新たな構築，変化を加速している。

HORIBAは創業以来成長を続けてきた。売上は，2018年までの約30年間に5倍以上拡大している。直近10年間では，売上は約1.6倍へと拡大，総合的な収益性は改善され，財務の安全性は良好な水準を維持している。HATSの売上は直近10年で約1.5倍に拡大している。

(4)　ダイナミック・ケイパビリティの提示

MIRA事業M&Aにおける有効なプロセス，またこの有効なプロセスの基盤の経営資源およびプロセスを，4.6.1にて既述したように，横軸にM&Aプロセスの時系列の流れを連鎖的に置き，また縦軸に階層的に記述したものが**図表6-1**である。

[図表6-1]　有効なプロセス，基盤の経営資源，プロセス

	全般マネジメント	M&A戦略立案	ターゲット企業の選定・アプローチ	価値評価，M&Aスキーム，合意	デューデリジェンス，統合準備	経営統合
表層 **有効なプロセス**	①マルチナショナルなM&Aチーム編成 ②FAの非採用 ③合理性を基盤とする率直な忌憚のないコミュニケーション （TMによる確認　MMによる人材アサイン）	④経営戦略とM&A戦略との整合性	⑤友好的M&A ↑ 積極的なアプローチ ↑ 被M&A TMのHORIBAへの信頼	⑥MMからTMへの具申　⑦複雑なM&Aスキームの策定	⑧定性的事項評価	⑨中長期的な視点に立つ統合　⑩尊敬の念，率直なコミュニケーションにもとづくマネジメント　⑪プレM&Aを担ったMMによる統合　⑫被M&A企業モチベーションの維持，向上
基盤となった経営資源	Ⓐ TM─MMへの強い要求／MMの当事者意識，コミットメントの強化　MM─当事者意識，コミットメント／合理性を基盤とする高いコミュニケーション力			Ⓑ見えない資産：コア技術・アプリケーション技術，コーポレートフィロソフィ，人材・現場の重視 等		Ⓒ人心掌握，マネジメントに係る経験則，ノウハウ↑M&Aの経験
基盤となったプロセス **深層**	Ⓧ濃密なディスカッション，コミュニケーション，懇親			Ⓨ積極的かつ効果的な情報発信		Ⓩグローバル人材・次世代経営人材の育成施策

※TM：Top Management（トップマネジメント），MM：Middle Management（ミドルマネジメント）
出所：調査・分析にもとづき筆者作成

　MIRA事業M&Aにおける有効なプロセスは，全般マネジメントの「①マルチナショナルなM&Aチームの編成」「②FAの非採用」「③合理性を基盤とする率直な忌憚のないコミュニケーション」，M&A戦略立案の「④経営戦略とM&A戦略との整合性」，ターゲット企業の選定・アプローチの「⑤被M&A企業トップマネジメントの信頼にもとづく友好的M&A」，価値評価・M&Aスキーム等の「⑥ミドルマネジメントからトップマネジメントへの具申」「⑦複雑なM&Aスキームの策定」，DDの「⑧事業DDにおける定性的事項の評価」であった。

　そして経営統合の「⑨中長期的な視点に立った経営統合」「⑩尊敬の念，オープンで率直なコミュニケーションにもとづくマネジメント」「⑪プレM&Aを担ったミドルマネジメントによる統合」「⑫被M&A企業のモチベーションの維持，向上」であった。

　これら有効なプロセスは，「Ⓐトップマネジメント，ミドルマネジメント」「Ⓑコア技術などの見えない資産」「Ⓒ人心掌握，マネジメントに係る経験則，

ノウハウ」の3つのVRIN資源を基盤に機能していた。また，「Ⓧ濃密なディ
スカッションやコミュニケーション，懇親」「Ⓨ積極的かつ効果的な情報の発
信」「Ⓩグローバル人材・次世代経営人材の育成施策」という独自性の高いプ
ロセスを基盤として機能していた。

　以上より，HORIBAのMIRA事業M&Aに係る組織能力は，VRIN経営資源，
独自性の高いプロセスを基盤とする連鎖的かつ重層的な独自性の高いプロセス
の一群から形成されている。

　MIRA事業M&Aにおける有効なプロセス等を担ったHORIBAのトップマネ
ジメント，ミドルマネジメントはSchumpeter（1926）やKirzner（1973）の企
業家に該当する。HORIBAはMIRA事業M&Aを通じてビジネスモデルの新た
な構築，変化を加速しており，また主要業績指標は良好に推移している。

　以上，HORIBAのMIRA事業M&Aに係る組織能力は，プロセスおよびプロ
セス一群の独自性の高さ，基盤の経営資源の多様性，VRINへの該当度の高さ，
企業家の意図の存在という内実的評価，ビジネスモデルの新たな構築，変化，
主要業績指標の良好さという外形的評価の点から，DCとみなすことが可能で
ある。

6.1.2　企業家の育成プロセス

　MIRA事業M&Aを推進したHORIBAのトップマネジメント，ミドルマネジ
メントは，経路依存的な固有の強みや特徴を有し，DCを構成するVRINに該当
する経営資源である。また独自の思考の流れや手順，プロセスでM&Aを遂行
し，独自性を有するプロセスを担っている可能性もある。トップマネジメント，
ミドルマネジメントを模倣することは極めて難しい。したがって，VRINに該
当する経営資源である企業家的なトップマネジメント，ミドルマネジメントを
獲得，育成するプロセスが，独自性を帯び，VRINに該当する経営資源，プロ
セスと統合的に一体化した組織能力として形成されている場合，DCである可
能性がある。

　HORIBAの場合，「おもしろおかしく」というVRINに該当する経営資源や
オープン&フェア，加点主義，コミュニケーションという基本方針の下，展開
される人事制度などを基盤とするHORIBAの独自性のある次世代経営人材育

成やグローバル人材育成のプロセスは，またこれらが一体化した組織能力は，本書においては十分な調査・分析を行えていないが，DCである可能性がある。

6.1.3　オペレーショナル・ケイパビリティの重要性とDCとの区分

「マルチナショナルM&Aチームの編成」「FAの非採用」などは，DCを構成するプロセスであるが，一つ一つの単体としてのプロセスで捉えるといわゆるOCである可能性がある。すなわち，OCがDCの構成要素として重要な役割を担っていると考えることができる。

　DCとOCの区分はDC先行研究の問題点の１つである。OCがDCの構成要素として重要な役割を担っている場合，OCをDCとして認識するか否かとの問題が生じる。このような問題から，DCとOCの区分は，「能力フレームワークの要素（Teece, 2014a)」など理論上はあり得ても，実際においてすなわち実務上は困難である。理論的な研究を進めつつ，DCとOCの区分を実務において活用するにあたっては，DCとOCの区分への拘泥は避け，DC概念を組織で共有したり織能力強化の方向性を検討したりするにあたってのフレームワークとしての用途にとどめることが肝要である。

6.1.4　小括

　本節では，MIRA事業M&Aについて調査・分析した結果に基づき，DCの提示の観点からの発見事実，考察を明らかにした。当該M&Aに係る組織能力は，独自性の高いプロセス，VRINに該当する経営資源が複雑に階層化，連鎖し，統合的に発揮，形成されており，他社が模倣することは極めて難しく，資源ベースを創造，拡大，修正することを可能とする競争優位の源泉になり得る組織能力，すなわちDCとみなすことが可能であった。

　企業家的，経営者的なトップマネジメント，ミドルマネジメントは極めて固有性の強いDCを構成する経営資源であり，同時に独自性を有するプロセスの担い手になり得ることから，DC発揮に貢献するトップマネジメント，ミドルマネジメントを獲得，育成するプロセスがVRINに該当する経営資源と一体化し独自性を帯びた場合，当該組織能力がDCとなり得る可能性がある。

「マルチナショナルM&Aチームの編成」などは，一つ一つの単体としてプロセスで捉えるとOCであるが，DCの構成要素として重要な役割を担っている可能性がある。また，DCとOCの区分は，実務においては困難であり，DC概念の共有や組織能力強化の方向性などの検討にあたってのフレームワークとして活用するにとどめることが肝要である。

6.2　ミドルマネジメントの貢献

6.2.1　ミドルマネジメントの貢献

M&A全般マネジメントにおいて，長野はM&A全体の進捗管理を担い，M&Aチームメンバーに最適な人物をアサインした。トップマネジメントへ重要な情報を適宜提供し，重要事項に係るトップマネジメントの意思決定が必要になる場合は，意思決定のために必要な情報を収集し，自らの意思，および意思決定過程をトップマネジメントへ率直に忌憚なく示すことを通じて，トップマネジメントの重要意思決定を支援した。M&AチームのリーダーとしてM&Aをけん引した。いずれの活動も，主体的に，自律的に行われた。

中村，福島は，長野と同様に，トップマネジメントの重要意思決定事項について，主体的，自律的に関与し，自らの意思，意思決定過程をトップマネジメントへ率直に忌憚なく示した。吉見は，M&Aプロフェッショナル人材として，地域や組織を跨いだアサインが可能なHORIBAの特性を活かし，M&Aチームへの海外人材のアサインなど重要な役割を主体的，自律的に果たした。

ミドルマネジメントである長野，中村らが，トップマネジメントの重要意思決定やその他のM&Aの様々な場面で主体的，自律的に関与し，また率直な忌憚のないコミュニケーションを行えた要因として，意思決定が集団相談型あるいは集団参加型（白樫，2011）で行われたことが挙げられる。

M&A戦略立案に関し，長野，中村はHATSを取り巻く環境が極めて不透明である中，自動車メーカー，部品メーカー，競合企業，学術研究などの動向から，経営戦略の一環として経営戦略と整合的なM&A戦略を，新たなビジネスモデルの構想を含め，立案した。

　ターゲット企業の選定およびアプローチにおいて，長野はMIRAのトップマネジメントであるギレスピーからM&Aについて打診を受けた。この打診がMIRA事業M&Aの発端であり，MIRA事業M&Aは友好的に進められることとなった。長野がギレスピーからM&Aの打診を受けたのは，ギレスピーがHORIBAに在籍した経験からHORIBAとMIRAのシナジーの大きさを確信し，HORIBAによるM&Aを強く希望していたためであった。またギレスピーがHORIBAを退職した後も長野がギレスピーと緊密なコミュニケーションを継続し良好な関係を構築していたからである。

　企業価値評価，買収スキーム策定，交渉および基本合意に関し，企業価値評価において，福島は買収金額の大きさからM&Aに反対の態度を明らかにした。M&Aを前に進めることを主張する長野，中村は，トップマネジメントが買収金額の大きさからM&Aを見合わせるとの態度を明らかにした後，HORIBAにとってのMIRA事業M&Aの必要性，シナジーの具現性などをあらためて熟考し，強い意志，決意をもって，社長へ具申した。

　長野らの具申により，トップマネジメントはMIRA事業M&Aへ継続して取り組む意思決定を下した。吉見は買収金額の点からM&A見合わせの態度がトップマネジメントより長野，中村へ示された際，M&Aの必要性，M&A戦略などのあらためての熟考や決断，社長への具申を長野，中村へ促した。買収スキーム策定において，吉見は複雑な買収スキームをイギリスの弁護士と緊密に連携をとり，取り纏めた。

　DDおよび統合準備に関し，事業DDにおいて，中村，原田は「クオリティに対するこだわり，執着，気概，有能さ」「HORIBAの企業文化，価値観との合致度合い」「マネジメントによるMIRA社員リードの可否」など極めて定性的な面を，MIRAの経営方針や組織風土を最大限尊重するというポリシーを明確に持ち，忌憚ないコミュニケーションを通じて評価した。結果，MIRAのミドルマネジメントが極めて有能であり，プロフェッショナル人材に値することを中村，原田は確信した。

　経営統合において，中村，原田は中長期的な視点で成果を創出するというHORIBAのM&A方針に則り，MIRAのトップマネジメントらのモチベーションに大きな注意を払い，MIRAの既存の経営計画，事業運営方針を尊重した。

100日プランに類するような新たな経営計画の策定は行わなかった。HATSとMIRAの経営活動の方向性の相違に関し，中村，原田は尊敬の念を持って，オープンで率直なコミュニケーションにより，HATSの経営の方向性の背景等について時間を惜しまず懇切丁寧に語り掛け納得を得ながら，相互の認識の丁寧な確認を行った。そしてMIRAの既存の経営計画をHATSの経営計画に沿うように徐々に修正した。

　以上，ミドルマネジメントである長野，中村らは自らがVRIN資源として，MIRA事業M&Aにおいて有効なプロセスへ主体的，自律的に取り組み，MIRA事業M&Aを成功に導いた。彼らは，ビジネスチャンスを察知し，大きなリスクが存在するにもかかわらず，不退転の決意を持ってM&Aに臨んだ。それは，Schumpeter（1926）の企業家，Kirzner（1973）の経営者的な企業家に該当する。米倉（1998）の企業家の類型に則れば，企業家的企業家，技術志向的企業家に該当する。彼らはトップマネジメントに対して合理性，主張性という上方向の影響力を発揮していた。

6.2.2　ミドルマネジメントの役割

　DCF（Teece，2007，2009）の感知，捕捉，再配置の観点から，MIRA事業M&Aにおけるミドルマネジメントが担った役割を明らかにする。ミドルマネジメントは顧客等との関係性を通じ，秘匿性の高い競争優位に資する情報の入手と適切なフィルタリング，意味づけといった感知の役割を担った。トップマネジメントの意思決定バイアスの回避，トップマネジメントへの意見具申によるトップマネジメントの批判的評価の促進，商業化実現のための予算編成の技術の提供などの捕捉の役割を担った。M&Aというプロジェクト的タスクにおける高レベルプロフェッショナルサービスの提供，知識の共有や結合・創造などの再配置の役割を果たした。

　ミドルマネジメントは企業家的企業家（米倉，1998）の要素を持ちつつ，主に経営管理者的企業家（米倉，1998）あるいは技術志向的企業家（米倉，1998）としてDC発揮に貢献した。また，戦略スタッフとしての価値提供の役割を担うことでDC発揮に貢献した。

6.2.3　ミドルマネジメント貢献の要因

　トップマネジメントへの上方向の影響力の発揮により，ミドルマネジメントがDC発揮に貢献できた要因は大きく4つ存在した。1つ目の要因は，トップマネジメントの意思決定時における部分的無知（Ansoff, 1965）である。トップマネジメントは部分的無知の状態で意思決定が求められた。トップマネジメントは部分的無知を自覚し，ポジションにとらわれない忌憚のないコミュニケーション，議論による意思決定の必要性を理解し，意思決定は白樫（2011）の集団相談型あるいは集団参加型で行われ，ミドルマネジメントはトップマネジメントへ影響力を発揮することが可能となった[1]。

　2つ目の要因は，ミドルマネジメントの有能さである。MIRA事業M&Aにおけるミドルマネジメントは，Schumpeter（1926），Kirzner（1973）の企業家の役割を，主体的，自律的に担った。トップマネジメントが意思決定する際に必要とする情報を見極め，加工しトップマネジメントに提供した。これらの有能さにより，ミドルマネジメントはトップマネジメントへの影響力の発揮が可能となった。

　3つ目の要因は，ミドルマネジメントによるモチベーションの維持・向上の必要性である。経営統合の実行を担ったのはミドルマネジメントであった。経営統合はM&Aにおいて成果を獲得する極めて重要なプロセスである。重要プロセスである経営統合を担うミドルマネジメントのモチベーションの維持・向上のため，トップマネジメントがミドルマネジメントの影響力を受け止め，許容することは極めて合理的であった。

　4つ目の要因は業容である。HORIBAはグローバルに広域な地域において，顧客のカスタマイズ要求に応えつつ非標準のハイエンド製品・サービスを小ロットで提供している。このためトップマネジメントによるマネジメントには限界があり，ミドルマネジメントが拠点ごとで自律的にリーダーシップを発揮しなければならない。この業容がMIRA事業M&Aにおいても反映され，ミドルマネジメントがトップマネジメントに影響力を発揮することとなった。

　以上，MIRA事業M&Aにおいて，ミドルマネジメントがDC発揮へ貢献できた要因は，「重要意思決定時におけるトップマネジメントの部分的無知（Ansoff,

1965)」「ミドルマネジメントの有能さ」「ミドルマネジメントのモチベーションの維持・向上の必要性」「業容」であった。

6.2.4　アッパーミドルマネジメントの要件

　本書では，RQ2-2「DC発揮におけるミドルマネジメントの貢献実態はいかなるものか」の探求にあたり，図表3-4に示した通り，DC発揮の貢献が想定されるミドルマネジメントをアッパーミドルマネジメントと称し，一般のミドルマネジメントの上位に位置づけた。そしてアッパーミドルマネジメントの要件を「トップマネジメントの3つ下以内の階層に位置」し，トップマネジメントとの直接コミュニケーション，トップマネジメントへ直接影響力を行使することが可能であり，「ラストボイス―最後に決める人―ではない」とした。

　本章での調査・分析の発見事実，考察から，MIRA事業M&Aを推進したミドルマネジメントがSchumpeter（1926）の企業家，Kirzner（1973）の経営者的な企業家に，また米倉（1998）の企業家的企業家，技術志向的企業家に該当し，DC発揮へ貢献していたことが判明した。そこで，DC発揮への貢献が想定されるアッパーミドルマネジメントの要件として，Teece（2007，2009，2014a）の論説に則って，企業家の観点から，新たな要件を追加する。

　Teece（2009）によると，市場は摩擦なく機能するとの前提や組織マネジメントの重要性の理解不足などによって，経済学は経営者を適切に評価できていない。競争市場において経済的な成果を創出し企業を存続させるために優れた経営者は必須である。経営者は，オープン・エコノミーの環境下でイノベーションを素早く行い企業を進化させ，企業家的である必要があり，DCを保有，あるいは開発しなければならない。

　企業家，経営者は，発明をイノベーションにつなげ，組織化し，製品・サービスとしてマーケットに送り出す。DCは資産のオーケストレーションというルーティンには落とし込み難い重要な組織ケイパビリティであり，企業家により新規事業が軌道に乗ってからも，企業家的マネジメントを通じて経営者はDCを維持する必要がある（Teece，2009）。DCFの感知に必要とされる経営スキルは捕捉，再配置に必要なそれらとは異なるが，感知，捕捉，再配置のいずれにおいても企業家的で右脳的なスキルは必要である（Teece，2007）。以上

のように，事業の拡大期以降において，また感知，捕捉，再配置というDCF（Teece，2007，2009）の３プロセスいずれにおいても，DC維持のために企業家的マネジメント，右脳的なスキルは重要とされる。

　Teece（2009）は，経営者は発明や知識の実用化を成し遂げ労働者に高い生産性を付与しており，またその役割は企業家の役割と重複し，また時には同じであり，その差異は小さくなっているとする。一方，管理者は日常のオペレーションやルーティンの維持・改善などの専門的適合度（Teece，2007）についての役割を担っており，感知などの企業家活動や進化的適合度（Teece，2007）に関わる役割は期待されず，企業家，経営者とは有用な区別がなされる（Teece，2009）としている。このように，イノベーションの端緒を成功裏に成し遂げる企業家とイノベーションの商業化を成し遂げ組織体を構築する経営者とは，小さい差異ながらもその役割は区別され，一方，企業家，経営者と管理者とでその役割に明らかな相違がある。

　Teece（2007）は前述のように感知，捕捉，再配置のいずれも企業家的マネジメントが必要であるとしつつ，Teece（2014a）は図表1-6の「ダイナミック・ケイパビリティと戦略の相互関係」にて示すように，DCF（Teece，2007，2009）の３プロセスと経営者のオーケストレーションの本質は，感知が企業家的に，捕捉と再配置は管理的に，またリーダーシップに対応する，すなわち感知は特に企業家的マネジメントが，捕捉と再配置においては経営者的マネジメントの重要性が増すと論じている。

　以上から，DCの担い手として差異は小さいが，企業家は発明，イノベーション初期の担い手，経営者は商業化成功および成功持続の担い手に区別される。また企業家的マネジメントが経営者においてもDC形成・発揮のうえで必要であり，管理者は企業家，経営者とは異なり日常オペレーションを担う。

　これまでみてきたTeece（2007，2009，2014a）の論説に立脚して，マネジャーを，能力，役割の点から，経営者と管理者とに区分し，経営者はさらに企業家，狭義の経営者（以下，経営者（狭））とに区分する。企業家は，右脳的能力が高く，DCF（Teece，2007，2009）の特に感知の能力に秀で，イノベーションの初期を成功に導く。経営者（狭）は，企業家の要素を持ち合わせつつ，DCF（Teece，2007，2009）の捕捉，再配置の能力が高く，イノベー

[図表6-2]　マネジャーと企業家，経営者（狭），管理者の対応関係

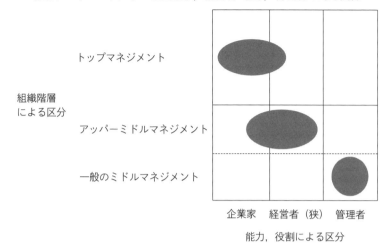

出所：先行研究にもとづき筆者作成

ション初期および商業化を成功へと導く。管理者はDCの役割は担わず，日常のオペレーションやルーティン業務の管理，改善に従事し，ロアー管理者をマネジメントする。企業家は米倉（1998）の企業家的企業家，経営者（狭）は米倉（1998）の技術志向的企業家，市場志向的企業家，経営管理者的企業家に対応する。

　Teece（2007，2009，2014a）の論説に立脚した役割によるマネジャーの区分である企業家，経営者（狭），管理者と組織階層によるマネジャーの区分であるトップマネジメント，DC発揮へ貢献するアッパーミドルマネジメント，一般のミドルマネジメントの対応関係は**図表6-2**の通りである。トップマネジメントは主に企業家の能力，役割を，アッパーミドルマネジメントは主に経営者（狭）次いで企業家の役割を，一般のミドルマネジメントは管理者の役割を担う。

　以上よりアッパーミドルマネジメントの要件として「主にイノベーション初期および商業化を成功へと導く経営者（狭），次いで右脳的能力の高い，特に感知に秀でイノベーション初期を成功に導く企業家」を追加する。

　この追加に合わせトップマネジメントに関し「主に企業家の能力，役割を担

[図表6-3] マネジャー，アッパーミドルマネジメントの定義，要件

```
        ┌─────────────────────────────┐
        │   組織への貢献の責任を有する者        │
        │      (Drucker, 1974)            │
        └─────────────────────────────┘
         ┌──────────┴──────────┐
┌────────────────────┐    ┌────────────────────┐
│他の人々を通じて企業目標を達成する者 │   │単独に専門職として貢献する者    │
│(Koontz and O'Donnell, 1955) │   │   (Drucker, 1974)        │
└────────────────────┘    └────────────────────┘
※他の人々は部下に限らず上司，他部門         ※自身の上にマネジャーがいる者：他
  の長，経営者などを含む(中原, 2014)         のマネジャーの部下である
```

```
  ┌─ トップマネジメント ── 全員が自分の部下である (Mintzberg, 2009)
  │                    ※主に企業家の能力，役割を担う
  │
  ├─ ミドルマネジメント ── 自身の上下にマネジャーがいる者：他のマネジャー
  │                    の部下であり，上司でもある (Mintzberg, 2009)
  │   │
  │   ├─ ┌─ アッパーミドルマネジメント ─┐
  │   │  └────────────────┘
  │   │   ※主に経営者（狭），次いで企業家の能力，役割を担う
  │   │   ※ダイナミック・ケイパビリティ発揮への貢献が想定される
  │   │   ※トップマネジメントの3つ下以内の階層に位置する
  │   │   ※ラストボイス（伊丹, 2004）ではない
  │   │
  │   └─ ┌─ 一般ミドルマネジメント ─┐
  │      └───────────────┘
  │       ※管理者の能力，役割を担う
  │
  └─ ロワーマネジメント ── 部下はすべてマネジャーの肩書を有しない現場スタッフ
                       (Mintzberg, 2009)
```

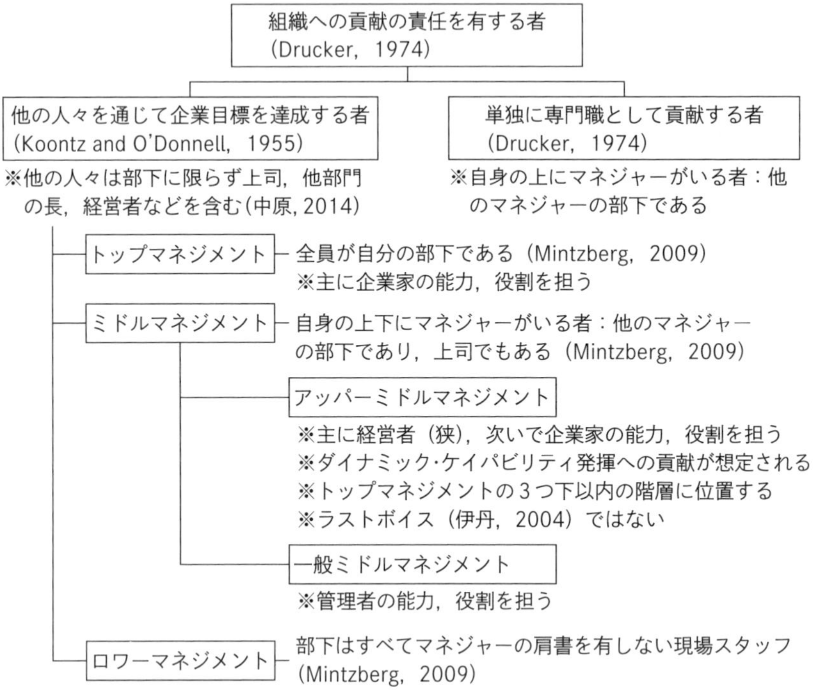

出所：先行研究にもとづき筆者作成

う」を，一般のミドルマネジメントについては「管理者の役割を担う」を追加する。またこの追加等に伴い，マネジャー，アッパーミドルマネジメントの定義，要件について示した図表3-4を**図表6-3**へと修正する。

6.2.5 小括

　MIRA事業M&Aでは，ミドルマネジメントは企業家，経営者（狭）として，リスクの大きさを踏まえながらビジネスチャンスの獲得のために果敢にチャレンジし，主体的，自律的にM&Aの有効なプロセスの大半に取り組み，トップマネジメントへ合理性，主張性にもとづく影響力を発揮し，M&A成功のために必要不可欠な存在であった。

　ミドルマネジメントが担った役割は，DCF（Teece, 2007, 2009）の感知で

は「顧客等との関係性を通じた秘匿性の高い競争優位に資する情報の入手と適切なフィルタリング，意味づけ」，捕捉では「トップマネジメントの意思決定バイアスの回避」「トップマネジメントへの意見具申」「商業化実現のための財務的能力を支える予算編成の技術の提供」，再配置では「M&Aというプロジェクト的タスクにおける高レベルプロフェッショナルサービスの提供，知識の共有や結合・創造」などであった。

ミドルマネジメントが貢献できた要因は，「意思決定時における部分的無知による忌憚のないコミュニケーション，議論」「ミドルマネジメントの有能さ」「ミドルマネジメントのモチベーションの維持，向上の必要性」「業容」である。

最後にアッパーミドルマネジメントの要件として，3.2.2にて挙げた「トップマネジメントの3つ下以内の階層に位置」し，トップマネジメントとの直接コミュニケーション，トップマネジメントへ直接影響力を行使することが可能であり，「ラストボイス―最後に決める人―ではない」に，「主にイノベーション初期および商業化を成功へと導く経営者（狭），次いで右脳的能力の高い，特に感知に秀でイノベーション初期を成功に導く企業家」を追加した。

6.3　ダイナミック・ケイパビリティの最終的な定義づけ

4.2において，DC概念の明確化，操作化を意図しDCを一時的に定義した。DCの一時的な定義においてはHelfat et al.（2007）のDCの定義「組織が意図的に資源ベースを創造，拡大，修正する能力（邦訳，p.6）」を援用した。「模倣困難な組織」という文言を追記し，DCを一時的に「資源ベースを意図的に創造，拡大，修正する模倣困難な組織能力」と定義した。

このDCの一時的な定義を，事例研究からの発見事実および考察に基づき，「持続的な外部適応のため」「企業家能力を基盤とする」という文言を追記し，DCを「持続的な外部適応のため，資源ベースを意図的に創造，拡大，修正する模倣困難な企業家能力を基盤とする組織能力」と定義し直す。

本項では，本書でのDCの最終的な定義づけにおいて，4.2にてDCを一時的に定義した際と同様に，Helfat et al.（2007）のDCの定義を援用する理由を述

べる。そして，DCの一時的な定義へ新たに追記する文言，またDCの定義に新たに包含する概念を示す。なお，4.2でのDCの一時的な定義において，Helfat et al.（2007）のDC定義に，競争優位持続における重要性，個人による能力との先入観の回避およびDCは組織能力である観点から追記した「模倣困難な組織」という文言については，事例研究の発見事実や考察からは追記した理由を否定する知見は得られなかったため追記したままとする。

　Helfat et al.（2007）のDCの定義を援用するのは，この定義が広範なDC概念を包含し，「意図」というDCの重要な特性を表す文言が記されているからであった。DCに係る広範な概念の包含は，本書がDC先行研究の様々な問題点の克服に向けた端緒に位置し，既成概念や制約を外し，発見した事実や考察に基づきDC研究を進展させるうえで重要である。本書はDC先行研究において山積する問題点から2つの問題点を抽出し，克服を試み一定の貢献を果たした。しかし問題点克服の余地は残り，また本書で取り組んでいない問題点は依然として山積している。このため，今後の研究においても，既成概念や制約を外し，新たな事実を発見，考察しDC研究を進展させるうえで，「DCに係る広範な概念」をDCの定義の基盤とすることは重要である。

　「意図」という文言の使用は，機械的な組織能力と企業家などの人によるDCを区分するうえで重要である。事例研究からの発見事実や考察を通じ，企業家であるトップマネジメント，アッパーミドルマネジメントがDC発揮においては不可欠であり，重要であることが確認された。

　DCの定義においては，Helfat et al.（2007）のDCの定義に，「持続的な外部適応のため」「企業家能力を基盤とする」という文言を追記する。「持続的な外部適応のため」という文言を追記する理由は2つある。1つ目の理由は，理論的に，ビジネスモデルの新たな構築，変化を通じた外部適応による収益の獲得および収益の投資という一連のサイクルを回すこと，すなわち外部適応の意図が企業の持続的競争優位に不可欠だからである。この考えに則り，4.6においてDCの外形的評価の対象として，ビジネスモデルと主要業績指標を挙げた。

　2つ目の理由は，ビジネスモデルの新たな構築，変化を通じた外部適応により収益を獲得し投資に回し持続的競争優位を獲得することに関して，事例研究対象の企業のトップマネジメント，ミドルマネジメントは明確な意図を有して

いたからである。

　「企業家能力を基盤とする」という文言を追記するのは，M&Aの有効なプロセスが機能するうえで企業家能力を有するトップマネジメント，アッパーミドルマネジメントを他のプロセスで代替することは不可能であり，企業家能力はDCを発揮するうえで必要不可欠な基盤となる能力であったからである。不透明な環境下においてビジネスチャンスを察知し，リスクを負って商業化を図るプロセスは，ルーティン化したプロセスにより組織的に遂行できるものもあるが，重要な意思決定や人のモチベーションの維持，向上などは，企業家能力を有するトップマネジメント，ミドルマネジメントによるものであった。以上から，DCを「持続的な外部適応のため，資源ベースを意図的に創造，拡大，修正する模倣困難な企業家能力を基盤とする組織能力」と本書では最終的に定義する。

　このDC定義の「模倣困難な」という文言には，「組織能力は階層性，連鎖性の特性を有し複雑である」「組織能力に影響を与える業容，戦略，経営資源などは企業各々で異なる」，よって「企業各社のDCに共通性を見出すこと，DCの模倣は困難であり，DCは競争優位の持続に貢献する」との組織能力，DCの特性を包含する。

6.4　おわりに

　本章では，MIRA事業M&Aの調査・分析結果に基づき，DCの提示およびミドルマネジメント貢献の観点からの発見事実，考察を明らかにした。そしてDCの最終的な定義づけを行った。MIRA事業M&Aに係る組織能力は，DCの提示の観点からは，独自性の高いプロセス，VRINに該当する経営資源が複雑に階層化，連鎖し，統合的に発揮，形成され，他社の模倣は極めて難しく，DCとみなすことが可能である。

　DC発揮に貢献するトップマネジメント，アッパーミドルマネジメントの獲得，育成に係る組織能力がDCとなり得る可能性がある。またOCがDCの構成要素としてDC発揮のうえで重要な役割を担っており，実務でDCを活用する場合，DCとOCの区分は概念上のフレームワークとして活用するにとどめ，区分

への拘泥は避けることが肝要である。

　ミドルマネジメントの貢献の観点からは，ミドルマネジメントは，企業家，経営者（狭）であるアッパーミドルマネジメントとして，M&Aに取り組み，トップマネジメントへ合理性，主張性にもとづく影響力を発揮し，DCF（Teece, 2007, 2009）の感知，捕捉，再配置の役割を担い，M&A成功のために必要不可欠な存在であった。ミドルマネジメントの貢献が可能であった要因は，「重要意思決定時におけるトップマネジメントの部分的無知（Ansoff, 1965）」「ミドルマネジメントの有能さ」「ミドルマネジメントのモチベーションの維持・向上の必要性」「業容」であった。

　アッパーミドルマネジメントの要件として「主にイノベーション初期および商業化を成功へと導く経営者（狭），次いで右脳的能力の高い，特に感知に秀でイノベーション初期を成功に導く企業家」を追加した。

　DCの定義について，4.2にて行ったDCの一時的定義に「持続的な外部適応のため」「企業家能力を基盤とする」という文言を追記し，本書においてはDCを最終的に「持続的な外部適応のため，資源ベースを意図的に創造，拡大，修正する模倣困難な企業家能力を基盤とする組織能力」と定義した。

《注》━━━━━━━━━━━━━━━━━━━━━━━━━━━━━━━━━━●

1 ）　トップマネジメントの意思決定時における部分的無知については，トップマネジメントが，自身の部分的無知や部分的無知であるがゆえにポジションにとらわれない忌憚のないコミュニケーション，議論による意思決定の重要性を認識する必要があるため，「トップマネジメントの有能さ」と言い換えてもよい。

終章

本書の成果と残された研究課題

終.1　本書の要約

　序章では，社会的背景として日本企業の競争優位や競争力の低下についての現状および原因について，また学術的背景として日本企業低迷に関する調査・分析，課題や方策の提唱がなされたにもかかわらず，日本企業の競争優位，競争力が回復するには至ってはいない現状を述べた。

　そして，優れた組織能力の入手や統合・再編成の能力を発揮するDCに関する広範な学術的知見，先行研究の問題点の克服への貢献は，多国籍企業，大企業にとどまらず，日本の中小製造業やサービス業にとっても，競争優位持続，競争力強化のうえで有益であるのではないかとの問題意識を述べた。以上の社会的背景，学術的背景，問題意識を踏まえた本書の概要として，本書の目的および結論，研究方法，本書の構成を示した。

　第1章では，DC先行研究をレビューし，理論的考察を行い，DC先行研究に山積する問題点を整理した。そしてDC論がいまだ理論には至っていない状況であることを指摘し，本書の目的が，DC先行研究の問題点である「①DCはどのような組織能力であるのか具体的な提示が不十分」「②DC発揮におけるミドルマネジメントの貢献実態に関する実証的な検証が不十分」の連鎖的な克服，すなわちDCを組織能力として具体化する枠組みを提示し，DC発揮におけるミ

ドルマネジメントの貢献実態を明らかにすること，また実務におけるDCの応用展開の進展であることを示した。

　第2章では，組織能力に係る先行研究のレビューを通じ，組織能力および組織能力に関連する経営資源，ケイパビリティ，コア・コンピタンス，ルーティンなどの諸概念の定義や特徴などを明らかにした。組織能力の構成要素はプロセス，経営資源，戦略とした。プロセスは「インプットされた資源を高付加価値化するための相互作用，協調，コミュニケーション，意思決定のパターンであり，業務遂行の方法，一連の活動，慣習，ルーティン，パターン」と，プロセスを構成するルーティンは「一定の定めに従い秩序立って実行される規則的な，予測ができる思考や言動のパターン（型，様式），フォーマルな規則や手続き，風習，慣習」と定義した。経営資源は「財務的資源，物的資源，人的資源，組織資源，情報的資源からなる。各々の経営資源は区分されているわけではなく重複している」とした。

　戦略は「重大な課題に取り組むための分析や構想や行動指針の集合体であり，診断，基本方針，行動の3要素から構成されるゆるぎない基本構造」と定義した。組織能力は「競争力・生存能力の強化を目的とする，経路依存性を有する，戦略に方向づけられた組織の階層的，連鎖的なプロセス，経営資源の体系」と定義した。

　最後に，組織能力再編成の重要な手段の1つとされるM&Aについて，M&Aの定義・動機，組織能力との関連，M&Aプロセス，M&Aチームメンバーの役割を明らかにした。

　第3章では，DC論，企業家論，戦略論などに関する先行研究のレビューから，DC発揮におけるミドルマネジメントの貢献可能性を明らかにした。そしてマネジャーを「組織への貢献の責任を有する者」と定義し，「他の人々を通じて企業目標を達成する者」と「単独に専門職として貢献する者」とに区分した。「他の人々を通じて企業目標を達成する者」はトップマネジメント，ミドルマネジメント，ロワーマネジメントに区分した。

　トップマネジメントとは「組織内の全員が自分の部下であり，すべての組織内活動の正式な権限を保有する者」である。ミドルマネジメントとは「自身の上下にマネジャーがいる者：他のマネジャーの部下であり，上司でもある」で

ある。ロワーマネジメントとは「部下はすべてマネジャーの肩書を有しない現場スタッフ」である。「単独に専門職として貢献する者」は「自身の上にマネジャーがいる者：他のマネジャーの部下である」とした。

　次いでLee and Teece（2013）などの先行研究から，DC発揮への貢献が想定されるトップマネジメント候補のミドルマネジメントを一般のミドルマネジメントの上位に位置づけ，アッパーミドルマネジメントと称し，アッパーミドルマネジメントは，「トップマネジメントの３つ下以内の階層に位置」し，トップマネジメントとの直接コミュニケーション，トップマネジメントへ直接影響力を行使することが可能であり，「ラストボイス―最後に決める人―ではない」を要件とした。

　第４章では，第１章から第３章の先行研究レビューと理論的考察を踏まえ，本書の目的を確認したうえで，RQとして「企業の経営プロセスに係るDCとは具体的にどのような組織能力か」「DC発揮におけるミドルマネジメントの貢献実態はいかなるものか」を設定した。またDCの操作性を高めるため，DCを「資源ベースを意図的に創造，拡大，修正する模倣困難な組織能力」と一時的に定義した。

　研究方法として事例研究（単一事例研究）を選択した理由，事例研究実施時の留意事項を，そして調査・分析対象の経営プロセスとしてM&Aを選択した理由，M&A調査・分析のフレームワーク，調査・分析の対象組織を明らかにした。そしてDCを提示する枠組み，DC発揮におけるミドルマネジメントの貢献に係る分析視座を示した。

　第５章では，MIRA事業M&Aに関して，調査・分析の経緯，HORIBAの概要，プロセスおよびミドルマネジメントの貢献に着眼した詳細を明らかにした。そしてビジネスモデルの新たな構築，変化や企業家の意図の状況，主要業績指標の推移を示した。

　第６章では，DCの提示の観点から，第４章にて明らかにしたDCの提示に関する枠組みに基づき，DCを具体的に提示した。そして，企業家的，経営者的なトップマネジメント，アッパーミドルマネジメントを獲得，育成する独自性を有する組織能力がDCとなり得る可能性があること，またDC発揮のうえでOCが重要な役割を担っている可能性があること，さらにDCの実務における活

用の場ではDCとOCとの区分へ拘泥しないことが肝要であると指摘した。

　ミドルマネジメントの貢献の観点からは，ミドルマネジメントがトップマネジメントへ合理性，主張性にもとづく影響力を発揮し，M&A成功，DC発揮のために必要不可欠な存在であったことを示した。

　ミドルマネジメントが担った役割として「顧客等との関係性を通じた秘匿性の高い競争優位に資する情報の入手と適切なフィルタリング，意味づけ」「トップマネジメントの意思決定バイアスの回避」「トップマネジメントへの意見具申」「商業化実現のための予算編成技術の提供」「M&Aというプロジェクト的タスクにおける高レベルプロフェッショナルサービスの提供，知識の共有や結合・創造」などを挙げ，ミドルマネジメントの貢献の要因として「意思決定時における部分的無知による忌憚のないコミュニケーション，議論」「ミドルマネジメントの有能さ」「ミドルマネジメントのモチベーションの維持，向上の必要性」「業容」を示した。

　アッパーミドルマネジメントの要件として「主にイノベーション初期および商業化を成功へと導く経営者（狭），次いで右脳的能力の高い，特に感知に秀でイノベーション初期を成功に導く企業家」を新たに追加した。

　DCの定義について，第4章でのDCの一時的な定義，第6章での発見事実と考察を踏まえ，DCを最終的に「持続的な外部適応のため，資源ベースを意図的に創造，拡大，修正する模倣困難な企業家能力を基盤とする組織能力」と定義した。

終.2　本書の貢献

終.2.1　リサーチ・クエスチョンの確認

　本書は山積するDC先行研究の問題点の中から2つの問題点—「①DCはどのような組織能力であるのか具体的な提示が不十分」「②DC発揮におけるミドルマネジメントの貢献実態に関する実証的な検証が不十分」の連鎖的な克服，すなわちDCを組織能力として具体化する枠組みを提示し，DC発揮におけるミドルマネジメントの貢献実態を明らかにすること，また実務におけるDCの応用

展開を進めることを目的とした。

　DC先行研究の問題点「①DCはどのような組織能力であるのか具体的な提示が不十分」への着眼は、DCが組織能力として具体的に提示されず抽象度の高い状態での提示に留まることは、DCの理論化への進展に、また実務的な貢献に支障となるからである。

　DC先行研究の問題点「②DC発揮におけるミドルマネジメントの貢献実態に関する実証的な検証が不十分」への着眼は、「①DCはどのような組織能力であるのか具体的な提示が不十分」との問題点を克服してDCを組織能力として具体的に提示するため、例えば「だれがどのような背景、状況、経緯において、どのような相互作用によって、どのような意思決定を下したか」などを明らかにするため、DC発揮の主体を特定してDCを調査・分析する必要があったからである。

　DC発揮の主体をミドルマネジメントとしたのは、DC論においてDC発揮に関してミドルマネジメントはトップマネジメントの下支えであるとされ、DC発揮へのミドルマネジメントの貢献は評価されていないからである。DCを内在している可能性のある新製品や新事業の開発などのプロセスに関してミドルマネジメントが大きな貢献を果たしている多数の先行研究が存在していることなどから、ミドルマネジメントがDC発揮に貢献している可能性がある。

　以上のDC先行研究の問題点を克服するためRQを設定した。以下に、DC先行研究の問題点および問題点克服のためのRQを再掲する。

　問題点「①DCはどのような組織能力であるのか具体的な提示が不十分」については次のRQを設定した。
RQ1　企業の経営プロセスに係るDCとは具体的にどのような組織能力か。
　RQ1-1　DCを組織能力として具体的に提示するためにはどのような枠組みが必要か。
　RQ1-2　DCとは具体的にどのような組織能力か。

　問題点「②DC発揮におけるミドルマネジメントの貢献実態に関する実証的な検証が不十分」については次のRQを設定した。

RQ2　DC発揮におけるミドルマネジメントの貢献実態はいかなるものか。
　　RQ2-1　DC発揮におけるミドルマネジメントの貢献実態の把握のためには
　　　　　　どのような分析視座が必要か。
　　RQ2-2　DC発揮におけるミドルマネジメントの貢献実態はいかなるものか。

　RQ1に関して，調査・分析の対象とする経営プロセスについては4.4にて，調査・分析の対象とする組織は4.5にて，DCを組織能力として具体的に提示する枠組みは4.6にて，DCが具体的にどのような組織能力であるかについては6.1にて示した。RQ2に関して，DC発揮におけるミドルマネジメントの貢献実態の把握のための分析視座については4.7にて，DC発揮におけるミドルマネジメントの貢献実態は6.2にて示した。

　本項では，学術的および実務的に貢献するRQ1-1「DCを組織能力として具体的に提示するためにはどのような枠組みが必要か」，RQ1-2「DCとは具体的にどのような組織能力か」およびRQ2-2「DC発揮におけるミドルマネジメントの貢献実態はいかなるものか」についての解答を再提示し，貢献の理由を明らかにする。

終.2.2　学術的貢献

(1)　ダイナミック・ケイパビリティの提示に関する枠組み

　本項では，4.6にて示したRQ1-1「DCを組織能力として具体的に提示するためにはどのような枠組が必要か」の解答を再提示し，その学術的貢献について明らかにする。

　本書では組織能力を「競争力・生存能力の強化を目的とする，経路依存性を有する，戦略に方向づけられた組織の階層的，連鎖的なプロセス，経営資源の体系」と定義した。そしてある特定のプロセスや経営資源のみではなく，あるプロセスと他のプロセスの，あるいはあるプロセスと経営資源の繋がりや一群に着眼し，2つの手順を設けDCを組織能力として具体的に提示した。

　1つ目の手順はDC候補を抽出するための手順である。事例研究における調査・分析対象組織の実務家に対するインタビューにおいて巻末の「資料2　調査票A　M&A担当者」「資料3　調査票B　M&Aプロセス担当者」「資料4

調査票C　有効なプロセス・経営資源等，ミドルマネジメント貢献」を用い，M&Aプロセスを構成する各々のプロセスの具体的な内容，各々のプロセスにおける有効なプロセス，有効なプロセスの基盤となった経営資源，プロセスを把握し，DC候補を抽出した。

　2つ目の手順はDCを組織能力として具体的に提示するための手順であり，内実的評価および外形的評価にて行った。内実的評価は「能力フレームワークの要素（Teece, 2014a）」と企業家（Schumpeter, 1926；Kirzner, 1973）の意図により行った。「能力フレームワークの要素（Teece, 2014a）」に則り，M&Aという経営プロセスを構成するプロセスの独自性，活用された経営資源のVRINへの該当の状況を評価した。またプロセスに係る「企業家の意図（Teece, 2007, 2009）」について評価した。

　そして，プロセス，あるいはプロセスの一群の独自性や活用されている経営資源のVRINへの該当度が高く，またそのプロセス，あるいはプロセスの一群，経営資源に係る「企業家の意図（Teece, 2007, 2009）」が強ければ，DCである可能性が高いとした。内実的評価で組織能力自体を評価し具体的にDCを提示することによりトートロジー問題を回避することを試みた。

　外形的評価は，ビジネスモデル，主要業績指標により行った。ビジネスモデルが新たに構築あるいは変化し，また主要業績指標の推移が良好であれば，内実的評価により組織能力として具体的に提示したDC候補をDCである可能性が高いとみなした。ビジネスモデルと収益性や財政状態を示す主要業績指標という表に現れた状態によって，DC候補の外部環境への適合度合いを確認し，DC候補をDCとみなすか否かの最終的な検証を行った。

　DC先行研究においてDCが組織能力として具体的に提示されてこなかったのはその方法論が十分でなかったことも一因であった。本書では巻末「資料2～4」によるインタビューを通じて，DC候補を抽出した後，VRIN，独自性，企業家の意図の点からDC候補がDCである可能性が高いか否かについて検証する内実的評価と，ビジネスモデル，主要業績指標の点からDC候補の外部適応の状況を検証する外形的評価という2つの評価を通じ，DCを組織能力として具体的に提示した。

　本書で構築したDCを組織能力として具体的に提示する調査・分析の枠組み

はDCの先行研究では十分には示されていない。また今後のDC研究においてこの調査・分析の枠組みを適用することが，またこの調査・分析の枠組みをもとに調査・分析の枠組みの改善を進めることが可能である。よって，本書で構築したDCを組織能力として具体的に提示する調査・分析の枠組みは学術的に貢献するものである。

(2) ダイナミック・ケイパビリティの具体的提示

　本項では，6.1にて解答したRQ1-2「DCとは具体的にどのような組織能力か」の解答を再提示し，その学術的貢献の内容や理由を示す。MIRA事業M&Aに係る組織能力は，図表6-1にて示したように独自性の高いプロセス，VRINに該当する経営資源が複雑に階層化，連鎖し，統合的に発揮，形成されており，他社が模倣することは極めて難しく，資源ベースを創造，拡大，修正することを可能とする競争優位の源泉になり得るDCとみなした。

　VRINに該当する経営資源である企業家的，経営者的なトップマネジメント，アッパーミドルマネジメントは，極めて固有性の強いDCを構成する経営資源であると共に，独自の思考の流れや手順でM&Aを遂行する，すなわちプロセスでもある。彼らの獲得や育成は可能であるかもしれないが，模倣は不可能に近い。よって，彼らを獲得，育成するプロセスはDCである可能性がある。

　DCを構成する「マルチナショナルM&Aチームの編成」「FAの非採用」などは，一つ一つの単体としてのプロセスで捉えるとOCである可能性もあり，DCが発揮されるうえでOCは重要な役割を担っている。

　独自性の高いプロセス，VRINに該当する経営資源が複雑に階層化，連鎖し統合的に発揮，形成されているDCのあり様を，図表6-1にて具体的に提示することは，DCの先行研究ではなされてはいない。よって学術的な貢献を果たす。また「VRINに該当する経営資源である企業家的，経営者的なトップマネジメント，アッパーミドルマネジメントを獲得，育成するプロセスはDCである可能性がある」「DCが発揮されるうえでOCがDCの構成要素として重要な役割を担っている」ことの実証的な指摘は，DC先行研究では十分になされていないため学術的な貢献を果たす。

(3)　ミドルマネジメントの貢献

　本項では，6.2にて解答したRQ2-2「DC発揮におけるミドルマネジメントの貢献実態はいかなるものか」の解答を再提示し，その学術的貢献の内容や理由を示す。DCの先行研究においては，DC発揮に関しミドルマネジメントはトップマネジメントの下支えであり，その貢献は評価されていない。しかし，本書の事例研究にもとづく発見事実および考察からは，M&Aに取り組んだミドルマネジメントは企業家的，経営者的なアッパーミドルマネジメントであり，リスクの大きさを踏まえながらビジネスチャンスの獲得のために果敢にチャレンジし，主体的，自律的にM&Aの有効なプロセスを遂行した。ミドルマネジメントはトップマネジメントへ合理性，主張性にもとづく影響力を発揮し，DC発揮において必要不可欠な存在であった。この発見事実はDC先行研究の見解とは一致しないものであり学術的な貢献を果たす。

　DC発揮に貢献するミドルマネジメントはミドルマネジメントの一部であることから，本書では一般のミドルマネジメントから分離し，アッパーミドルマネジメントと称し，その要件として「トップマネジメントの3つ下以内の階層に位置」「トップマネジメントと直接コミュニケーションが可能」「ラストボイス―最後に決める人―ではない」「主にイノベーション初期および商業化を成功へと導く経営者（狭），次いで右脳的能力の高い，特に感知に秀でイノベーション初期を成功に導く企業家」を挙げた。DC発揮の主体として，一般のミドルマネジメントから分離してアッパーミドルマネジメントと称し特定したことは，DCの先行研究ではなされておらず，DC形成過程の解明において有益であり，学術的な貢献を果たす。

終.2.3　実務的貢献

(1)　ダイナミック・ケイパビリティを提示するための枠組み

　DCはオープンイノベーションなどよりも研究の歴史は古いが，日本における認知度は十分でなく「難しい」ともよくいわれ存在感は希薄である（菊澤，2019b）。認知度が十分でなく難しいといわれる要因の根本は，階層性や連鎖性を有し，またプロセスや経営資源が混在する組織能力自体の理解や把握の難しさにある。

　本書ではDC候補を抽出するために巻末の「資料2～4」を用いた。そして
DCを組織能力として具体的に提示するために「能力フレームワークの要素
(Teece, 2014a)」および「企業家（Schumpeter, 1926；Kirzner, 1973）の
意図」を活用し，最終的に組織能力がDCである可能性が高いか否かについて
評価するためにビジネスモデル，主要業績指標を用いた。

　これらDCを組織能力として具体的に提示する一連の手順は，実務家が組織
能力の階層性や連鎖性，プロセスや経営資源の区別などを理解することに資す
る。またM&Aのみならず，新製品開発などの他の経営プロセスにも応用適用
が可能である。よって，本書で構築したDCを組織能力として具体的に提示す
る一連の手順は実務的な貢献を果たす。

(2)　ダイナミック・ケイパビリティの具体的提示

　本書ではDCのあり様を図表6-1にて提示した。この提示は，DCが階層化し
ており，また連鎖していることを，そしてDCは特定のプロセスや経営資源で
はなくそれらが一体として統合的に結合した組織能力であることを実務家が理
解するうえでの一助となる。本書でのDCの提示は実務家がDCを実際の経営に
活かすうえで有益であり，実務的に貢献する。

(3)　ミドルマネジメントの貢献

　「トップマネジメントは優秀でカリスマ性がある」「ミドルマネジメントは
トップマネジメントの指示命令に従う存在である」等のある種ステレオタイプ
化されたトップマネジメント像，ミドルマネジメント像を持つ実務家は一定程
度存在する。本書ではDC発揮において必要不可欠なミドルマネジメントの存
在を，またDC発揮に貢献するミドルマネジメントをアッパーミドルマネジメ
ントと称しその要件を明示した。

　アッパーミドルマネジメントの要件の明示は，企業が競争優位を持続し，競
争力を強化するためにアッパーミドルマネジメントを獲得，育成するうえで，
一般のミドルマネジメントからアッパーミドルマネジメントを選抜する際の尺
度などとして有益である。よって，アッパーミドルマネジメントの要件の明示
は実務的な貢献を果たす。

終.3　本書の残された研究課題・発展可能性

終.3.1　本書の残された研究課題

(1)　調査・分析の枠組みに関する課題

　「調査・分析の枠組み」の課題は２つある。１つはDCとOCの区分判定にお
ける主観や恣意性の低減である。本書ではDCF（Teece, 2007, 2009），能力
のフレームワークの要素（Teece, 2014a）などによってDCの操作化は進展し
ているものの，いまだトートロジー問題は解消されず，DCの具体的な提示は
不十分であるとの問題意識にもとづき，4.6にて示した通り，あるプロセスと
他のプロセス，あるいはあるプロセスと経営資源の繋がりや一体化した一群に
着眼し，「DC候補の抽出」「DCの具体的提示」という２つの手順にもとづき
DCを組織能力として具体的に提示した。

　「DC候補の抽出」ではDCである可能性の高いプロセス，経営資源およびそ
れらが繋がり一体化した組織能力を抽出した。「DCの具体的提示」ではDC候
補をDCである可能性が高いか否かについて判定し具体的に提示した。

　「DCの具体的提示」は「能力フレームワークの要素（Teece, 2014a）」「企
業家の意図（Teece, 2007, 2009）」からなる内実的評価と「ビジネスモデル
構築」「主要業績指標」からなる外形的評価にて構成した。

　「能力フレームワークの要素（Teece, 2014a）」では，M&Aという経営プロ
セスを構成するプロセス，経営資源を「能力フレームワークの要素（Teece,
2014a）」に則り独自性，VRINへの該当の観点から評価した。「企業家の意図
（Teece, 2007, 2009）」では，これらのプロセスに係る「企業家の意図（Teece,
2007, 2009）」の強さの観点から評価した。プロセス，あるいはプロセス一群
の独自性や活用されている経営資源のVRINへの該当度が高く，またそのプロ
セス，あるいはプロセス一群に係る「企業家の意図（Teece, 2007, 2009）」
が強ければ，DCが発揮，形成された可能性が高いとみなした。

　「能力フレームワークの要素（Teece, 2014a）」に則りM&Aの構成プロセス，
経営資源を独自性，VRINへの該当の観点から評価，またこれらのプロセスに

係る「企業家の意図（Teece，2007，2009）」の強さの観点から評価する際において，筆者の主観や恣意性を排除できる余地がある。主観や恣意性を完全に払しょくすることは不可能であるが，DC論の理論化に向け，組織能力の区分の方法，組織能力の可視化などに関する先行研究をあらためてレビューし，DCとOCの区分に関する判定において主観や恣意性を極力低減する方法を模索する必要がある。

「調査・分析の枠組み」に関するもう1つの課題は，DCとOCの判定に係る尺度の追加である。本書では，DCの具体的提示について「能力フレームワークの要素（Teece，2014a）」「企業家の意図（Teece，2007，2009）」「ビジネスモデル構築」「主要業績指標」により行った。DCの具体的提示においては「イノベーション」「共特化」を用いることを検討する必要がある。なぜならば，DCに関しTeece（2007，2009）はイノベーション，共特化をDCによって成し遂げられる事象として挙げ，重視しているからである。内実評価として用いるか，あるいは外形的評価として用いるかについては，また前述した「能力フレームワークの要素（Teece，2014a）」「企業家の意図（Teece，2007，2009）」と同様に主観，恣意性を極力低減する方法については十分な検討が必要である。

(2) 研究方法に関する課題

本書の調査・分析は単一事例研究にて行った。研究方法としての単一事例研究の適切さについては事前に十分検証したが，論旨の外的妥当性（一般性）について限定のインプリケーションである可能性を否定できない。外的妥当性（一般性）を確保するため，今後も事例研究による調査・分析を継続する必要がある。

一方で，単一事例研究あるいはごく少数の事例の研究の方が現時のDC研究においてはより重要であるとも考察される。なぜなら，本書では，階層性，連鎖性という組織能力の特性を踏まえ，DCを単一のプロセスや経営資源が繋がり一体化した集合としての組織能力と捉え，この組織能力に企業各々の業容，戦略，経営資源などの歴史的な変化によって経路依存性が付与され，「企業各社のDCに共通性を見出すこと，またDCの模倣は困難である」とDCを捉えている。

　DCに関して共通性を見出すことは困難という認識に立脚すると，仮説や理論の一般化を志向する複数事例研究よりも，単一事例研究あるいはごく少数の事例の研究の方が，DC研究にとっては有効である可能性がある。今後の研究においては，複数事例研究と単一あるいはごく少数の事例研究とをいかに組み合わせ調査・分析を行うかについて明らかにすることが課題である。

　今後の研究では，DCは組織能力であり，組織能力はプロセスを構成要素とすることから，調査・分析の対象は経営プロセスとし，中でも新たなケイパビリティ獲得の可能性が高く，今後の競争優位持続においてさらにその重要性を増すM&Aを調査・分析の対象とすることを基本とする。そのうえで，多国籍企業か日本国内企業かなどの業容，自動車産業，家電産業などの業界，GNT企業であるかなど，いずれの観点から調査・分析の対象を絞った方がよいのか，あるいは絞らず調査・分析した方がよいのかについて検討する。

(3)　研究テーマに関する課題

　研究テーマに関する課題は6つある。1つ目の課題はDCF（Teece，2007，2009）の理論的考察および実証的な検証である。DCFはTeece（2007，2009）によるDCの一般的な枠組みであり，実証的な検証を行うことはDC論の理論化への進展において重要である。しかし本書ではその理論的な考察および実証的な検証は行えていない。DCF（Teece，2007，2009）に関してはDCF（Teece，2007，2009）を使用した様々な研究者の企業分析事例をレビュー，理論的考察のうえ，実証的な検証を行う必要がある[1]。

　2つ目の研究テーマに関する課題は，DC発揮へのアッパーミドルマネジメントの貢献要因の解明およびアッパーミドルマネジメント要件の精緻化である。本書ではDC発揮へアッパーミドルマネジメントが貢献している要因を，またアッパーミドルマネジメントの要件を明らかにしたが，十分とは言い難い。ミドルマネジメントに係る自律性，意思決定，リーダーシップ，組織風土，期待される役割などについての先行研究にもとづく調査・分析の枠組みを策定，調査・分析を行い，アッパーミドルマネジメント貢献の要因の明確化，要件の精緻化を行う必要がある。

　3つ目の研究テーマに関する課題は，DC発揮に貢献する企業家的，経営者

208

的なトップマネジメント，ミドルマネジメントの確保，育成のプロセスの解明である。本書においてはDC発揮においては彼らが必要不可欠であることが判明した。彼らがDCの構成要素，あるいはDCそのものであるならば，彼らを持続的に確保，育成するある程度のルーティン性が認められるプロセスがDCである可能性がある。

　企業家的要素を研究することも今後の課題である。企業家的要素について赤尾（2018）はDCF（Teece, 2007, 2009）によってむしろブラックボックス化されたともいえると述べている。理論的混乱回避の観点からの演繹的な経済学的アプローチ（永野, 2018）を念頭に置きつつ，企業家論にもとづく認知的アプローチ（石川, 2016）により研究に取り組むことが，DCの具体的な解明，実務的貢献の点からは重要である。

　4つ目の研究テーマに関する課題は，DCとDCの類似理論についての異同事項や関係性を理論的に考察し明示することである。本書においては，DCと類似する点のあるChristensen（1997）の組織能力概念，藤本（2003）のもの造りの組織能力の3階層概念などとDC概念との異同事項を明らかにしたが十分ではない。これら以外にもダイナミックシナジー（伊丹, 2012）[2]，双面型組織（O'Reilly and Tushman, 2004；Harreld et.al, 2007）[3] などDCに類似，あるいは関係し親和性のよい概念は存在する。これらのDCの類似理論とDCの異同事項や関係性の明示により，友枝（2000）の言う論理的整合性を高め，DC論の理論化へ貢献する。

　5つ目の研究テーマに関する課題は，日本企業の競争力強化のための実務におけるDC応用展開の促進である。実務における応用展開は本書の目的の1つであり，終.2.3において本書の実務的貢献として「DCを組織能力として具体的に提示するための枠組み」「DCの具体的提示」「DC発揮におけるミドルマネジメントの貢献」を挙げたが，十分とは言い難い。実務におけるDCの応用展開を促進し日本企業の競争力強化，競争優位の持続に資することが課題である。

　具体的には，日本の大企業，多国籍企業のみならず，中小企業を調査・分析の対象とした研究を行う。中小企業には競争優位を有する，あるいは競争優位を持続する優れた中小企業が多数存在し（Simon, 2009；細谷, 2014；福谷他, 2013；淺羽, 2015；柿崎, 2017；井上, 2017；日本政策金融公庫総合研究所,

2015），また奥村（2015）がイノベーションとファミリービジネスの永続性を説明する理論としてDCを挙げていることなどから，大企業，多国籍企業のみならず中小企業もDCを発揮している可能性が高い。

　中小企業は一般に大企業と比べトップマネジメントへの経営の依存度が高く，トップダウンの傾向が強い（清成他，1996；渡辺他，2001）ため，DC発揮へのミドルマネジメントの貢献可能性は大企業と比べ低いと想定され，そのような特性を有する中小企業においてミドルマネジメントのDC発揮への貢献が検証できれば，DC発揮へのミドルマネジメントの貢献はより一般化され得る。

　本書ではDC発揮へのミドルマネジメントの貢献について調査・分析を行い考察した。いわゆる中間管理職と呼ばれる日本のミドルマネジメントの役割や機能は大きな変容の最中にある。この変容の実態を精査し，踏まえ，「日本企業ならではのミドルマネジメント貢献とはいかなるものか」を明らかにすることも課題である。

　日本企業の競争優位の持続，競争力強化のために実務においてDCを応用展開するにあたっては，通称「伊藤レポート」[4)] など日本企業の競争力の強化の基盤ともいえる日本経済の継続的な成長のための国家的政策の方向性を視野に入れ，これらと連動する研究成果の創出を志向することも検討に値する。

　6つ目の研究テーマに関する課題は，DCの定義である。本書ではDCの概念を明らかにし研究におけるDCの操作性を高めるため，Helfat et al.（2007）によるDCの定義「組織が意図的に資源ベースを創造，拡大，修正する能力（邦訳，p.6）」を援用し，この定義に「模倣困難な組織」という文言を追記するなどしてDCを一時的に「意図的に資源ベースを創造，拡大，修正する模倣困難な組織能力」と定義した。そして事例研究での発見事実や考察を踏まえ，このDCの一時的な定義に「持続的な外部適応のため」「企業家能力を基盤とする」という文言を追記し，DCを「持続的な外部適応のため，資源ベースを意図的に創造，拡大，修正する模倣困難な企業家能力を基盤とする組織能力」と最終的に定義した。

　DCの最終的な定義にあたり，Helfat et al.（2007）のDCの定義を援用したのは，この定義がHelfat，Teece，WinterらDC研究の泰斗によって定義されたもので広範な概念を含み研究に臨むにあたり既成概念や制約を外すことで研

究から新たな知見を見出すうえで有益であるからである。また機械的な組織能力とDCとを区別する「意図」というDCの重要な特性を表す文言が記されているからである。

「模倣困難な組織」という文言の「模倣困難な」を追記したのは、プロセスの独自性や経営資源のVRINの程度、組織能力の階層性、連鎖性、非ルーティン性などにより模倣が困難であるゆえに競争優位につながるという論理の一連を明示するためである。「組織」という文言の追記は、DCがトップマネジメントなどの個人による能力との先入観の回避のため、またDCは組織能力であるからである。

DCを広範なDC概念の包含によって定義することについては、あらためて重要であることが分かった。先行研究や事例研究での発見事実、考察を通じて、DC研究には課題が山積、錯綜し、DC論は、依然として「実証的裏付けが十分でない複数の有力な仮説が競合している」という状況にあることが判明した。このような状況においては、DC概念の限定化ではなく、拡張化の余地を担保する広範な概念でDCを定義した方が望ましい。機械的な組織能力とDCとを区別する「意図」という文言については、企業家であるトップマネジメント、アッパーミドルマネジメントがDC発揮においては不可欠であると判明し、この意図という文言の重要性があらためて確認された。

「模倣困難な組織」という文言は、DCがプロセスの独自性や経営資源のVRINの程度、組織能力の階層性、連鎖性、非ルーティン性などにより模倣が困難であるゆえに競争優位につながるという一連の論理を明示するためであったが、事例研究での発見事実や考察においてこの追記した理由を否定する知見は得られなかったことから追記したままとした。

「持続的な外部適応のため」という文言の追記は、外部適応による収益の獲得および投資の一連のサイクルの回転が競争優位の持続に不可欠であり、事例研究対象企業のトップマネジメントらはDC発揮の主体としてこの収益の獲得と投資の一連のサイクルの回転による競争優位持続の意図を明確に有していたからである。「企業家能力を基盤とする」という文言の追記は、事例研究における発見事実と考察から、企業家能力を有するトップマネジメント、アッパーミドルマネジメントがDCを発揮するうえで必要不可欠であったからである。

　これまで述べたように，本書におけるDCの最終的な定義づけは，DCに関する広範な概念を有するHelfat et al.（2007）のDCの定義を拠り所としながら必要と考えられた文言の追記等を行い，一時的にDCを定義したうえで，事例研究による調査・分析を通じた発見事実，考察に基づき，追記した文言の検証，新たな文言を追記するというプロセスにて行った。本書の最終的なDCの定義はDCの重要な概念を必要最小限で含み，DCの操作性の向上，ひいてはDC論における通説理論確立に貢献する。

　しかし，本書におけるDCの定義は，その拠り所をHelfat et al.（2007）においており，Teece et al.（1997），Eisenhardt and Martin（2000），Zollo and Winter（2002），Teece（2007），Helfat and Winter（2011）などのDCの定義の参照，分析は十分でない。これらのDCの定義をあらためて参照し分析するプロセスを踏まえDCをあらためて定義し直す必要がある。

終.3.2　本書の発展可能性

　序章にて示した通り，経営戦略論の発展にもかかわらず日本企業の競争優位や競争力の低下が長期化している。このような状況下にある日本企業にとって，広範な学術的知見に立脚するDCに関する先行研究の問題点を克服することは，競争優位の持続，競争力の回復のうえで有益ではないか。このような問題意識の下，研究に取り組んだ。

　本書では，DC先行研究では十分でなかったDCを組織能力として具体的に提示するための枠組を構築し，DCを組織能力として具体的に提示した。DC先行研究では評価されていなかったDC発揮におけるミドルマネジメントの貢献について，DC発揮において必要不可欠なミドルマネジメントの存在を事例研究による調査・分析の結果に基づき明示し，さらにDC発揮に貢献するミドルマネジメントを一般のミドルマネジメントから分離しアッパーミドルマネジメントと称し，その要件を明らかにした。

　そしてこれらの研究成果を踏まえ，今後の研究における課題を，調査・分析，研究方法，研究テーマという3つの観点から挙げた。本書の成果および成果にもとづく課題への取り組みは，学術的な貢献として理論的仮説の段階にあるDC論の理論への進展を促し，実務的な貢献として低迷する日本企業の競争力

に回復や競争優位の持続に有効な指針を提供するものである。

《注》——●

1） DCF（Teece, 2007, 2009）について筆者は，木下（2019）にて実証的な検証を試みている。しかし，理論的考察の不足などにより，十分に検証するには至っていない。

2） 伊丹（2012）は戦略と資源蓄積の間のダイナミズムについて，3つのタイプのダイナミック資源適合に分けて論じた。「①過去の戦略により蓄積した現在の経営資源を現在の戦略で有効利用する資源の有効利用」「②現在の戦略の工夫で将来の資源を望ましいものとする資源の効率的蓄積」「③現在あるいは将来の資源蓄積の大きさが将来の大きな戦略構想を駆動する戦略のドライブ」である。そして現在の戦略から生み出される見えざる資産を将来の戦略が使うという効果をダイナミックシナジーと呼んだ。

3） O'Reilly and Tushman（2004）は，フィールド・スタディを通じ，「既有の能力により既存事業を深耕し収益性を高める組織」と「新たな能力の形成により新規事業を開発する組織」の2つの異なる組織を持つ組織がブレークスルー・イノベーションを果たしていることを見出し，このような組織を双面型組織と称した。

4） 通称「伊藤レポート」は，日本経済を継続的な成長軌道に乗せていくため，ミクロの企業レベルでの収益力（稼ぐ力）の向上と持続的な価値創出および長期的投資からリターンを獲得する仕組みである経済のインベストメント・チェーンの全体最適化が必要との基本認識に基づき2017年に策定された。インベストメント・チェーンとは，「資金の拠出者から，資金を最終的に事業活動に使う企業に至るまでの経路および各機能のつながり」である。日本企業のROEの低さの主因はレバレッジではなく事業収益力の低さ，長期投資家の層の薄さ，企業と投資家の対話の欠如などの問題意識が，また8％を超えるROEへの企業のコミットメント，経営者としての財務最高責任者（CFO）人材の強化・育成，インベストメント・チェーンを最適化するインセンティブ構造への転換，非財務情報も含む統合的な企業情報の開示の必要性などの提言が示された（経済産業省, 2014b）。

あとがき

　本書は，東洋大学より2022年3月に博士学位を授与された審査論文（木下，2022b）に加筆修正を加え，出版したものである。当論文の執筆にあたっては，本当に多くの方々から多大なるご指導ご支援，激励をいただいた。心より御礼申し上げる。研究指導の主査をお務めいただいた法政大学大学院教授（広島大学名誉教授）の井上善海先生に深く感謝申し上げる。先生からのご指導は，筆者が中小企業診断士を志した約25年前に遡る。実務，学術の両面にわたり，またプライベートな領域でも，多大なるご指導を賜り続けてきた。筆者が現在，大学教員として研究，教育を生業とできているのは先生のおかげである。先生の教えを胸に，今後も研究，実務に精進いたす所存である。

　研究指導の副査をお務めいただいた東洋大学教授の幸田浩文先生（当時），柿崎洋一先生，山本聡先生には多様な視点からご指導を賜った。先生方からのご指導は常に建設的で，研究を深め，前進させることができた。厚く御礼申し上げる。審査における中間報告会や公聴会にてご指導いただいた東洋大学教授の劉永鴿先生，依田俊伸先生，西澤昭夫先生，富田純一先生，東洋大学准教授の石田実先生のおかげで研究の基盤を確立することができた。感謝申し上げる。

　日本マネジメント学会，経営行動研究学会，経営哲学学会には感謝の念に堪えない。拙い学会発表や投稿論文に対する諸先生の広く深い洞察に満ちたコメント，ご指摘のおかげで，研究を進展，飛躍させることができた。慶應義塾大学名誉教授の渡部直樹先生，慶應義塾大学教授の菊澤研宗先生，立命館大学教授の石川伊吹先生，立正大学教授の永野寛子先生，帝京大学教授の楊錦華先生，東洋学園大学准教授の赤尾充哉先生らのDC，組織能力についての研究業績は，私のDC研究の礎である。先生らの研究業績なくして本書の出版はあり得なかった。心より御礼申し上げる。

　事例研究先であるHORIBAの中村博司氏，原田大海氏，多鹿淳一氏，吉見信彦氏（当時）には，多忙な業務の合間を縫いインタビューに応じていただいた。本書の元である博士学位審査論文の下書きを懇切丁寧に確認いただき，修

正箇所のご指摘を賜った。その取り組みの姿勢は驚くほど真摯かつ緻密，オープンなものであった。本書が出版できたのはHORIBAの皆様のおかげである。言葉では言い表すことができないほど感謝している。

　日本生産性本部の重野俊哉氏，口村直也氏，矢吹恒夫氏（当時）および中小企業診断士の丹野吉己氏からは，事例研究先企業の探索・確保，有益な助言や指摘など様々な支援，研究への激励を頂戴した。筆者が現在勤務している九州産業大学では，教授の安熙卓先生，聞間理先生，松尾知也先生，船岡健太先生，郭智雄先生らからご高配，激励を賜ることで研究を続けることができた。研究の成果の一端として本書の出版に至った。心より御礼申し上げる。

　鹿児島大学のゼミで指導を賜った岡部吾郎先生（当時），空手の師匠である竹隆光師範，友人の有川隆君，経営コンサルタントの野間徹君は研究活動の精神的支柱であった。妻と子供，そして亡き父，母は常に支え続けてくれた。この場をかりて心から感謝の意を表したい。

　最後に，出版事情が厳しい中，単著出版の機会を与えていただいた株式会社中央経済社の山本継社長，学術書編集部の納見伸之編集長に，厚く御礼申し上げる。

　今後は，本書の成果を学術，実務の両面から，社会に役立ててまいる所存である。本書を通じ，研究および実務の領域で活躍されておられる皆様に，研究成果の一端として少しでも還元できれば幸いである。

2023年3月

木下耕二

参考文献

青島矢一・加藤俊彦（2003）『競争戦略論』東洋経済新報社。

赤尾充哉（2015）「ティースの学説におけるルーティン概念の変遷（渡部直樹教授退任記念号）」『三田商学研究』58⑵，pp.309-317。

赤尾充哉（2018）「ルーティン概念から見るダイナミック・ケイパビリティ論：サイモンからティースへ（大野功一教授退職記念号）」『関東学院大学経済経営学会研究論集』273，pp.81-96。

秋本茂樹（2018）「第7章 ダイナミック・ケイパビリティ論の米ソ軍事技術開発への応用」菊澤研宗編著『ダイナミック・ケイパビリティの戦略経営論』中央経済社。

淺羽茂（2015）「日本のファミリービジネス研究（特集 ファミリービジネス その強さとリスク）」『一橋ビジネスレビュー』63⑵，pp.20-30。

芦澤美智子（2012）「買収後の企業再生を成功に導くケイパビリティ：日本電産が成功させた企業再生の事例から」『Venture review』20，pp.15-24。

網倉久永・新宅純二郎（2011）『経営戦略入門』日本経済新聞出版社。

池内秀己（2019）「日本的経営をどう捉えるか—「家」としての日本企業：その原理・構造，問題—」『経営學論集』89⑼，pp.6-18。

石川伊吹（2016）「深化するダイナミック・ケイパビリティ論研究のミクロ的展開—知識の成長としてのDC—」『経営哲学』13⑴，pp.6-17。

伊地知寛博（2004）「日本のイノベーション・システム—「全国イノベーション調査」データに見る民間企業全体の現況（特集 競争力の検証—日本企業は本当に復活したのか?）」『一橋ビジネスレビュー』52⑶，pp.36-51。

伊丹敬之（2004）「よき経営者の姿（特集 日本企業のトップマネジメント）」『一橋ビジネスレビュー』52⑵，pp.6-17。

伊丹敬之（2012）『経営戦略の論理（第4版）』日本経済新聞出版社。

伊丹敬之・加護野忠男（2003）『ゼミナール経営学入門（第3版）』日本経済新聞出版社。

井上善海（2008）「第Ⅰ章 経営戦略の概念と体系」井上善海・佐久間信夫編著『よくわかる経営戦略論』ミネルヴァ書房。

井上善海（2017）「第6章 スモールビジネスのイノベーション」東洋大学経営力創成研究センター編著『スモールビジネスの創造とマネジメント』学文社。

井上達彦（2016）「なぜ，全ての最優秀論文が統計学ベースでないのか?（特集 統計を使った研究が最強か?）」『経営哲学』13⑵，pp.28-38。

入江洋（2012）「民営化企業の経営戦略と組織変革：JR東日本を事例として」『横浜国際社会科学研究』16（4/5），pp.481-503。

入山章栄（2012）『世界の経営学者はいま何を考えているのか—知られざるビジネスの知のフロンティア』英治出版。

入山章栄（2014）「世界標準の経営理論（第2回）SCP(1)理論「ポーターの戦略」の根底にあるものは何か」『Harvard business review』39⑽, pp.128-136。

入山章栄（2015）「世界標準の経営理論（第9回）取引費用理論（TCE）100年前も現在も企業の有り方は「取引コスト」で決まる」『Harvard business review』40⑸, pp.124-137。

入山章栄（2016）「世界標準の経営理論（第19回）ダイナミック・ケイパビリティ 企業の「変わる力」は組織に宿るのか，個人に宿るのか」『Harvard business review』41⑷, pp.126-137。

上田泰（2007）「第4章 ケイパビリティ概念の多様性と変革の組織的要件」遠山暁編著『組織能力形成のダイナミックス』中央経済社。

SAPジャパン（2014）「堀場製作所の人事システムとグローバル人財育成の取り組み」<http://www.sapjp.com/blog/archives/8846>2015年10月3日。

大芝周子（2018）「第6章 ダイナミック・ケイパビリティ論の地方創生問題への応用—地域ブランドとしての広島レモンの事例分析—」菊澤研宗編著『ダイナミック・ケイパビリティの戦略経営論』中央経済社。

太田肇（2017）『なぜ日本企業は勝てなくなったのか—個を活かす「分化」の組織論—』新潮社。

大月博司（2004）「組織ルーティンのロジック」『北海学園大学経営論集』1⑷, pp.79-91。

大脇康弘（2003）「ミドルアップダウン型の組織開発—活力ある学校組織を生み出すために（今月の特集 教育効果を高める学校組織の在り方）」『月刊高校教育』36⑻, pp.20-27。

奥村昭博（2015）「ファミリービジネスの理論 昨日，今日，そしてこれから（特集 ファミリービジネス その強さとリスク）」『一橋ビジネスレビュー』63⑵, pp.6-19。

柿崎洋一（2017）「第1章 スモールビジネスとCSR」東洋大学経営力創成研究センター編著『スモールビジネスの創造とマネジメント』学文社。

加護野忠男（1980）『経営組織の環境適応（第5版）』白桃書房。

加護野忠男・井上達彦（2004）『事業システム戦略』有斐閣。

勝部伸夫（2019）「株主主権論とコーポレート・ガバナンス：株主主権論は日本の企業経営に妥当するか（特集 グローバル化問題：日本企業にとって株主主権論は妥当か）」『経営哲学』16⑵, pp.17-29。

加登豊（2004）「日本的品質管理を鍛える（特集 競争力の検証—日本企業は本当に復活したのか?）」『一橋ビジネスレビュー』52⑶, pp.52-63。

金井壽宏（1991）『変革型ミドルの探求—戦略・革新指向の管理者行動』白桃書房。

亀川雅人（2019）「グローバル化問題と経営哲学：日本企業にとって株主主権論は妥当か（特集 グローバル化問題：日本企業にとって株主主権論は妥当か）」『経営哲学』16⑵, pp.3-16。

軽部大（2004）「データで振り返る日本企業のパフォーマンスと経営課題（特集 競争力の検証—日本企業は本当に復活したのか?）」『一橋ビジネスレビュー』52⑶, pp.24-35。

河合忠彦（2012）「リレー連載 戦略経営のすすめ第1回 戦略経営とダイナミック・ケイパビリティ」『戦略経営ジャーナル』Vol. 1, No.2<http://www.iasm.jp/file/advice_01.

pdf>2015年１月13日。
河邨浩（2009）「自動車開発とHORIBAの排ガス計測技術の歩み（特集 自動車計測技術）」『Readout』(34)，pp.44-49。
企業活力研究所（2008）「2008企業内ミドルマネジメントが十分な役割を果たすための人材育成に関する調査研究報告書」企業活力研究所。
菊澤研宗（2015a）『ビジネススクールでは教えてくれないドラッカー』祥伝社。
菊澤研宗（2015b）「イーストマンコダックと富士フイルムに学ぶダイナミック・ケイパビリティの戦略」<http://www.dhbr.net/articles/-/3068?page=4>2015年５月５日。
菊澤研宗（2015c）「バーバリーと三陽商会に学ぶダイナミック・ケイパビリティ戦略」<http://www.dhbr.net/articles/-/3161?page=3>2015年４月15日。
菊澤研宗（2016）『組織の経済学入門―新制度派経済学アプローチ（改訂版）』有斐閣。
菊澤研宗（2018）「第１章　戦略経営論史」菊澤研宗編著『ダイナミック・ケイパビリティの戦略経営論』中央経済社。
菊澤研宗（2019a）「反株主主権論：シュムペーター，ドラッカー，そしてティース（特集 グローバル化問題：日本企業にとって株主主権論は妥当か）」『経営哲学』16(2)，pp.30-41。
菊澤研宗（2019b）「序論　最適解のない不確実な状況を生き抜くための企業理論（訳者解説）」D.J.ティース，菊澤研宗・橋本倫明・姜理恵訳『D.J.ティース　ダイナミック・ケイパビリティの企業理論』中央経済社。
菊澤研宗（2019c）『成功する日本企業には「共通の本質」がある　ダイナミック・ケイパビリティの経営学』朝日新聞出版。
菊澤研宗・野中郁次郎（2012）「知識ベース企業の経済学：ミドル・アップダウン・マネジメントとハイパーテキスト型組織の効率性」『一橋ビジネスレビュー』60(1)，pp.148-162。
木下耕二（2016）「ダイナミック・ケイパビリティに係わる先行研究の理論的考察」『東洋大大学院紀要』第53集，pp.133-153。
木下耕二（2017a）「ダイナミック・ケイパビリティ構築におけるミドルマネジメントの貢献―「能力フレームワークの要素」を活用したGNT企業M&Aの分析より―」『経営行動研究年報』第26集，pp.94-98。
木下耕二（2017b）「ダイナミック・ケイパビリティの主体とミドルマネジメントの役割に関する理論的考察」『東洋大大学院紀要』第54集，pp.167-191。
木下耕二（2019）「ダイナミック・ケイパビリティの実務的展開：M&Aを起点とするビジネスモデル構築企業の分析より」『経営哲学』16(1)，pp.39-48。
木下耕二（2021a）「M&A組織能力の分析：ビジネスモデル革新事例研究より（特集2020年代の経営革新と事業創造）」『経営教育研究』24(1)，pp.53-62。
木下耕二（2021b）「ダイナミック・ケイパビリティ研究の進展に向けたミドルマネジメント定義及び要件の理論的考察」『商経論叢』61(4)，pp.37-46。
木下耕二（2021c）「組織能力に係る先行研究の理論的考察」『東洋大大学院紀要』第58集，pp.125-147。
木下耕二（2022a）「ダイナミック・ケイパビリティ事例研究に向けた調査対象経営プロセス

M&Aに関する一考察」『商経論叢』62⑶，pp.29-42。

木下耕二（2022b）「ダイナミック・ケイパビリティのフレームワークとミドルマネジメント貢献に関する研究—M&Aプロセスを対象に—」東洋大学。

木俣貴光（2010）『企業買収の実務プロセス』中央経済社。

清成忠男・田中利見・港徹雄（1996）『中小企業論—市場経済の活力と革新の担い手を考える』有斐閣。

金榮慤・深尾京司・牧野達治（2010）「『失われた20年』の構造的要因」経済産業研究所<https://www.rieti.go.jp/jp/publications/pdp/10p004.pdf>2020年4月1日。

工代将章（2007）「人事処遇からビジネス役割論へ」『Works13⑴』pp.4-6。

経済産業省（2014a）「グローバルニッチトップ企業100選 表彰企業概要」<https://www.metrol.co.jp/wp-content/uploads/2014/06/0215d157077a8b7d3f80225ca865deaa.pdf>2015年4月22日。

経済産業省（2014b）「『持続的成長への競争力とインセンティブ〜企業と投資家の望ましい関係構築〜』プロジェクト（伊藤レポート）最終報告書」<https://www.meti.go.jp/policy/economy/keiei_innovation/kigyoukaikei/pdf/itoreport.pdf>2021年7月1日。

経済産業省（2016）「イノベーションを推進するための取組について」<https://www.meti.go.jp/shingikai/sankoshin/sangyo_gijutsu/kenkyu_innovation/pdf/report01_01.pdf>2020年6月20日。

経済産業省（2020）「中間取りまとめ2020 未来ニーズから価値を創造するイノベーション創出に向けて」<https://www.meti.go.jp/press/2020/05/20200529009/20200529009-1.pdf>2020年6月20日。

経済産業省・官民若手イノベーション論ELPIS（2020）「企業・大学・官庁の若手が描く未来のたたき台」<https://www.meti.go.jp/press/2020/04/20200422001/20200422001-1.pdf>2020年6月20日。

経済産業省・厚生労働省・文部科学省（2012）『ものづくり白書（2012年版）』経済産業調査会。

経済産業省・厚生労働省・文部科学省（2013）『ものづくり白書（2013年版）』経済産業調査会。

経済産業省・厚生労働省・文部科学省（2014）『ものづくり白書（2014年版）』経済産業調査会。

経済産業省・厚生労働省・文部科学省（2019）『ものづくり白書（2019年版）』経済産業調査会。

黄雅雯（2011a）「ダイナミック・ケイパビリティ論の課題と可能性」『商学研究科紀要』73，pp.29-42。

黄雅雯（2011b）「EMS企業のダイナミック・ケイパビリティ—鴻海社の事例研究を中心に—」『商学研究科紀要』72，pp.47-62。

幸田浩文（2003）「第6章 新しい人材像と人事部門の役割」平野文彦・幸田浩文編著『21

世紀経営学シリーズ 8　新版 人的資源管理』学文社。

小林俊治（1979）「河合忠彦著『企業行動理論の方法的基礎』」『早稲田商学』（279），pp.57-63。

榊原清則・大滝精一・沼上幹（1989）『事業創造のダイナミクス』白桃書房。

坂本雅明（2015）『戦略の実行とミドルのマネジメント』同文舘。

佐々木宏（2018）「中小製造業の拠点配置戦略とダイナミック・ケイパビリティ」『組織科学』51(4)，pp.77-89。

島弘（1981）「H.クーンツの経営学の学派再分類と現代経営学」『企業会計』Vol. 81，No.1，pp.121-128。

白石弘幸（2009）「ダイナミック・ケイパビリティの本質：花王と大日本印刷を事例に（投稿論文）」『日本情報経営学会誌』29(4)，pp.72-83。

白樫三四郎（2011）「<研究ノート> V・H・ヴルームの履歴，業績，および思い出（人間科学部特集号：桜井三枝子教授，田中邦夫教授，樽本照雄教授退職記念号）」『大阪経大論集』61(6)，pp.133-146。

進化経済学会編（2006）『進化経済学ハンドブック』共立出版。

相馬和彦（2011）「HORIBAの成長を支えるワンカンパニー経営…堀場製作所」<http://www.shinkeiken.com/wp/20110727/1337.html>2016年7月18日。

十川廣國（2002）『新戦略経営・変わるミドルの役割』文眞堂。

ダイヤモンド社（2018）「特集 データ満載保存版 平成経済全史30：さらばレガシー，その先へ」『週刊ダイヤモンド』106(32)，pp.28-65。

高梨智弘（2003）『プロセス・マネジメント入門』生産性出版。

竹田年朗（2018）「第120回（最終回）統合しないM&A」『ポストM&A戦略』<https://www.marr.jp/marr/marr201812/entry/11864>2019年1月1日。

田村正紀（2006）『リサーチ・デザイン―経営知識創造の基本技術』白桃書房。

中小企業庁（2011）『中小企業白書2012年版～震災からの復興と成長制約の克服～』同友館。

土屋勉男・金山権・原田節雄・高橋義郎（2017）『事例でみる中堅企業の成長戦略：ダイナミック・ケイパビリティで突破する「成長の壁」』同文舘出版。

デロイト トーマツ コンサルティング（2013）「M&A経験企業にみるM&A実態調査（2013年）」<https://www2.deloitte.com/content/dam/Deloitte/jp/Documents/about-deloitte/news-releases/jp-nr-nr20131008-2.pdf>2021年12月10日。

遠山暁（2007）「第2章　企業革新におけるダイナミックケイパビリティ」遠山暁編著『組織能力形成のダイナミックス』中央経済社。

東洋経済新報社編（1995）『日本会社史総覧　上巻』東洋経済新報社。

戸部良一・寺本義也・鎌田伸一・杉之尾孝生・村井友秀・野中郁次郎（1984）『失敗の本質―日本軍の組織論的研究―』ダイヤモンド社。

友枝敏雄（2000）「終章　社会学の〈知〉へ到達する　研究法と理論の接続」今田高俊編著（2000）『社会学研究法・リアリティの捉え方』有斐閣。

内閣府（2013）「平成25年度年次経済財政報告」<https://www5.cao.go.jp/j-j/wp/wp-je13/

pdf/all_02.pdf>2018年5月1日。

中島恵（2012）「テーマパーク産業におけるダイナミック・ケイパビリティ—松竹の鎌倉シネマワールドの事例—」『観光研究論集：大阪観光大学観光学研究所年報』(11)，pp.33-54。

中島恵（2014）「テーマパーク産業におけるダイナミック・ケイパビリティ—常磐興産のスパリゾートハワイアンズの事例—」『大阪観光大学紀要』(14)，pp.69-77。

長島直樹（2012）「インド進出企業の事例研究から得られる示唆」『研究レポート』397，pp.1-27。

中野達也（2014）「ミドルアップ・ダウン方式による新事業につながる良質な研究テーマの創出（特集 うまくいっている企業では，どのようにして研究員からテーマを生み出しているのか—画期的・独創的な研究開発テーマを創出する人材の発掘と育成・活用）」『研究開発リーダー』11(5)，pp.28-32。

永野寛子（2018）「経営戦略論における知識の成長（立正大学経営学部創設50周年記念；組織論・戦略論）」『立正経営論集』50（1・2），pp.18-34。

中橋國藏（2007）「第1章　組織能力と個人知識」遠山暁編著『組織能力形成のダイナミックス』中央経済社。

中原淳（2014）『駆け出しマネジャーの成長論—7つの挑戦課題を「科学」する』中央公論新社。

中村公一（2003）『M&Aマネジメントと競争優位』白桃書房。

中村公一（2016）「M&Aと組織間関係：組織間マネジメントの展開（山倉健嗣先生退職記念号）」『横浜経営研究』37(1)，pp.299-307。

中村公一（2017）「第5章　M&Aのプロセス」佐久間信夫・中村公一・文堂弘之編著『M&Aの理論と実際』文眞堂。

中村博司（2012）「自動車開発と排出ガス計測技術のあゆみ」『自動車技術』66(6)，pp.52-57。

中村博司（2014）「自動車計測システム部門の事業紹介」『Readout』42，pp.6-12。

新原浩朗（2006）『日本の優秀企業研究—6つの条件』日本経済新聞社。

西岡正（2012）「第8章　中小企業におけるイノベーション創出と持続的競争優位」小川正博・西岡正編著『現代日本企業のイノベーションⅢ　中小企業のイノベーションと新事業創出』同友館。

西澤眞三（2015）「システム論の再構築(2)：日系企業における組織能力と実践知」『経済研究』60（3・4），pp.21-33。

日本政策金融公庫総合研究所（2015）「中小企業による経営危機への対応と持続的な競争優位獲得への取り組み〜過去の教訓活用と積極的な人材投資による危機克服〜」『日本公庫総研レポート』No.2015-3。

日本生産性本部（2020）「公益財団法人日本生産性本部のご案内」<https://www.jpc-net.jp/about/pdf/JPC.pdf> 2020年10月1日。

沼上幹（1995）「個別事例研究の妥当性について（新しい産業の生成－3－マーケティングの新潮流<テーマ>」『ビジネスレビュー』42(3)，pp.55-70。

沼上幹（2008）「第1章　日本企業の実証研究とリソース・ベースト・ビュー「見えざる資

産のダイナミクス」を中心とした展望」伊藤秀史・沼上幹・田中一弘・軽部大『現代の経営理論』有斐閣。

沼上幹（2009）『経営戦略の思考法』日本経済新聞出版社。

沼上幹（2014）「有機的組織の幻想」『一橋ビジネスレビュー』62(1)，pp.6-19。

沼上幹・軽部大・加藤俊彦・田中一弘・島本実（2007）『組織の＜重さ＞』日本経済新聞出版社。

根来龍之・木村誠（1999）『ネットビジネスの経営戦略―知識交換とバリューチェーン―』日科技連出版社。

根本孝（1998）『ラーニング・シフト―アメリカ企業の教育革命―』同友館。

野崎治子（2010）「人を活かす，人が活きる 堀場製作所における人事システムと人財育成」『Business research』1030，pp.46-55。

野田稔・ミドルマネジメント研究会（2008）『中堅崩壊 ミドルマネジメント再生への提言』ダイヤモンド社。

野中郁次郎・竹内弘高（1996）『知識創造企業』東洋経済新報社。

延岡健太郎（2002）「日本企業の戦略的意思決定能力と競争力―トップマネジメント改革の陥穽（特集 組織マネジメントの理論）」『一橋ビジネスレビュー』50(1)，pp.24-38。

一橋大学大学院国際企業戦略研究科（2005）「ポーター賞2005受賞事業の戦略 株式会社堀場製作所 エンジン計測システム機器事業」<https://www.porterprize.org/pastwinner/data/winners2005.pdf>2018年10月1日。

一橋ビジネススクール国際企業戦略専攻「ポーター賞とは」<https://www.porterprize.org/about/index.html>2018年10月1日。

福澤光啓（2013）「2　ダイナミック・ケイパビリティ」組織学会編『組織論レビューⅡ―外部環境と経営組織―』白桃書房。

福谷正信・鈴木勘一郎・難波正憲（2013）「第13章　GNT経営への展開―含意と示唆」難波正憲・福谷正信・鈴木勘一郎編著『グローバル・ニッチトップ企業の経営戦略』東信堂。

福原康司（2013）「企業家精神の社会的構築過程に関する探索的研究：マスメディアと社内ベンチャーを取り巻く用語法を中心として」『専修マネジメント・ジャーナル』3(2)，pp.13-25。

藤田誠（1997）「経営資源と組織能力」『早稲田商學』375，pp.39-68。

藤田誠（2007）『企業評価の組織論的研究―経営資源と組織能力の測定』中央経済社。

藤本隆宏（1997）『生産システムの進化論 トヨタ自動車にみる組織能力と創発プロセス』有斐閣。

藤本隆宏（2003）『能力構築競争』中央公論新社。

藤本隆宏（2005）「第1章　実証研究の方法論」藤本隆宏・高橋伸夫・新宅純二郎・阿部誠・粕谷誠『リサーチマインド　経営学研究法』有斐閣。

藤本隆宏・前川諒樹・岩尾俊兵（2019）「産業競争力と「緩やかな淘汰」：基本概念と数理モデルを用いたシミュレーション分析」『赤門マネジメント・レビュー』18(1)，pp.5-40。

古川慶一・代慶達也（2016）「リーダーのマネジメント論 外国人社員と鍋で一体感 堀場流の人材育成法」<http://style.nikkei.com/article/DGXMZO99962740S6A420C1000000?chan

nel=DF180320167066&style=1&n_cid=NMAIL001>2016年 5 月10日。

文堂弘之（2017）「第 3 章　M&Aの理論」佐久間信夫・中村公一・文堂弘之編著『M&Aの理論と実際』文眞堂。

細田孝宏・池田信太朗・中原敬太（2009）「特集 不滅の永続企業―絶えざる「変態」が衰退を防ぐ」『日経ビジネス』(1511) pp.22-44。

細谷祐二（2011a）「日本のものづくり　グローバル・ニッチトップ企業についての考察―GNT企業ヒアリングを踏まえて―（前編）」『産業立地』50⑷, pp.34-39。

細谷祐二（2011b）「日本のものづくり　グローバル・ニッチトップ企業についての考察―GNT企業ヒアリングを踏まえて―（後編）」『産業立地』50⑸, pp.41-45。

細谷祐二（2014）『グローバル・ニッチトップ企業論―日本の明日を拓くものづくり中小企業―』白桃書房。

洞口治夫（2009）『集合知の経営―日本企業の知識管理戦略―』文眞堂。

堀場厚（2012）「堀場製作所の事業展開（創刊60周年記念特別号）―（特集 未来技術をめざして）」『JETI』60⑽, pp.80-82。

堀場厚・赤堀たか子（2013）「私の人材教育論 堀場製作所 代表取締役会長兼社長 堀場厚 京都の文化と歴史を背景に中長期の視野で人も技術も関係も育む」『人材教育』25⑶, pp.18-25。

堀場厚・長島一由・広重隆樹（2014）「経営者に聞く 進化する人と組織（VOL.27）堀場製作所 堀場厚氏 代表取締役社長」『Works』20⑵, pp.38-41。

堀場厚・前澤秀忠（2009）「IRトップ群像（第 7 回）株式会社 堀場製作所 代表取締役会長兼社長 堀場厚 孤立無援の修羅場で育てる人財。会社の輝きは個々の社員がつくるステンドグラス」『IR-Com』pp.4-9。

堀場製作所（2003）『DNA of Horiba：堀場製作所創立50周年記念誌：a world ahead in analyzer technology』堀場製作所。

堀場製作所（2008）「2007年度 アニュアルレポート　HORIBA Explore for future　おもしろおかしく」<https://www.horiba.com/uploads/media/annual_report_2007_04.pdf>2015年10月 1 日。

堀場製作所（2014a）「第 1 回IRグッドビジュアル賞で入賞」<http://www.horiba.com/jp/investor-relations/ir-news/article/1-ir-30817/>2019年 1 月22日。

堀場製作所（2014b）「『HORIBA Report 2013』が第 2 回『WICIジャパン統合報告優秀企業賞』を受賞」<http://www.horiba.com/jp/investor-relations/ir-news/article/horiba-report-2013-2-wici-35119/>2019年 1 月22日。

堀場製作所（2015a）「英国MIRA Ltd.の事業を買収」<http://www.horiba.com/jp/corporate-news/news/article/mira-ltd-39541/>2016年10月 1 日。

堀場製作所（2015b）「HORIBA Report 2014 ［2014年12月期］」<https://www.horiba.com/uploads/media/HORIBA_Report_2014_01.pdf>2015年10月 1 日。

堀場製作所（2015c）「HORIBA Report 2014 ［2014年12月期］『見えない資産』ウェブデータ集」<https://www.horiba.com/fileadmin/uploads/Global/Documents/HORIBA_

Report/ja/2015/HORIBA_Report2014_data_ja_05.pdf>2015年10月1日。

堀場製作所（2015d）「子会社の増資及び事業譲受に関するお知らせ」<http://www.horiba.com/fileadmin/uploads/Global/Documents/ir/ja/news/2015_news/1JlL84aITkR6XgQ0.pdf>2015年10月1日。

堀場製作所（2015e）「MIRA Ltd.の買収について　電話説明会補足資料」<http://www.horiba.com/fileadmin/uploads/Global/Documents/ir/ja/news/2015_news/2J7D8kKRqFDsp6aP.pdf>2015年10月1日。

堀場製作所（2016a）「HORIBA Report 2015［2015年12月期］」<http://www.horiba.com/uploads/media/HORIBA_2015AR_jp_HQ.pdf>2018年7月30日。

堀場製作所（2016b）「湖西最大級の開発・生産拠点「HORIBA BIWAKO E-HARBOR」本格稼働」<https://www.horiba.com/jp/corporate-news/news/article/horiba-biwako-e-harbor-43851/>2016年10月1日。

堀場製作所（2016c）「新・中長期経営計画「MLMAP2020」を策定」<http://www.horiba.com/uploads/media/a8HQ6j3W2020jp.pdf>2018年7月30日。

堀場製作所（2017a）「HORIBA Report 2016［2016年12月期］」<http://www.horiba.com/uploads/media/HORIBA_Report_2016_jp_02.pdf>2018年7月30日。

堀場製作所（2017b）「駐日英国大使館で，電気自動車と自動運転に関するHORIBAの可能性を紹介」<http://www.horiba.com/jp/corporate-news/news/article/horiba-51547/>2018年7月1日。

堀場製作所（2017c）「HORIBAグループ組織改革・人事異動について」<http://www.horiba.com/jp/corporate-news/news/article/horiba-52231/>2018年7月1日。

堀場製作所（2017d）「人事異動について」<http://www.horiba.com/uploads/media/20171225_01.pdf>2018年7月1日。

堀場製作所（2018a）「HORIBA Report 2017［2017年12月期］」<http://www.horiba.com/uploads/media/20180510_HR_jp_01.pdf>2018年7月30日。

堀場製作所（2018b）「ホリバ・ヨーロッパ社，ドイツのFuelCon AGを買収」<http://www.horiba.com/jp/corporate-news/news/article/fuelcon-ag-54869//>2018年9月13日。

堀場製作所（2018c）「ローム株式会社の微量血液検査システム事業を承継」<https://www.horiba.com/jp/corporate-news/news/article/57929/>2020年1月16日。

堀場製作所（2018d）「ホリバMIRA社のテクノロジーパークが国際貿易部門で英国女王賞を受賞」<http://www.horiba.com/jp/corporate-news/news/article/mira-53881/>2018年8月1日。

堀場製作所（2018e）「電動化車両用バッテリーの評価試験設備を新設」<http://www.horiba.com/jp/corporate-news/news/article/54291/>2018年8月1日。

堀場製作所（2019a）「第81期　有価証券報告書」<https://www.horiba.com/uploads/media/20190325_SY_jp_01.pdf >2019年12月31日。

堀場製作所（2019b）「HORIBA Report 2018［2018年12月期］」<https://www.horiba.com/uploads/media/20190528_HR_jp_01.pdf>2020年1月1日。

224

堀場製作所（2019c）「ホリバ・インスツルメンツ社，MAMANTA Instrumentsの全株式を取得」<https://www.horiba.com/jp/corporate-news/news/article/manta-instruments-58637/>2019年11月1日。

堀場製作所（2019d）「新・中長期経営計画「MLMAP2023」を策定」< https://assets.minkabu.jp/news/article_media_content/urn:newsml:tdnet.info:20190806482971/14012019080806482971.pdf>2019年11月1日。

堀場製作所（2019e）「HORIBA Report「HORIBA Report 2018」の発行」<https://www.horiba.com/jp/investor-relations/ir-library/horiba-report/>2020年1月1日。

堀場製作所（2019f）「HORIBA BIWAKO E-HARBORに電動車両用バッテリーや燃料電池の評価試験施設を新設」<https://www.horiba.com/jp/automotive-test-systems/index/article-news/horiba-biwako-e-harbor-62393/>2020年1月1日。

堀場製作所（2020）「第82期 有価証券報告書」<https://static.horiba.com/fileadmin/Horiba/Company/Investor_Relations/IR_Library/Asset_Securities_Reports/20200330_SY_jp_01_F8x_02.pdf >2021年10月30日。

堀場製作所（2021）「第83期 有価証券報告書」<https://static.horiba.com/fileadmin/Horiba/Company/Investor_Relations/IR_Library/Asset_Securities_Reports/20210329_SY_jp_01_X7j.pdf_01.pdf >2021年11月2日。

槇谷正人（2014）「ダイナミック・ケイパビリティ形成における企業家機能」『経営情報研究 摂南大学経営情報学部論集』22⑴，pp.1-18。

槇谷正人（2016）「組織変革の促進要因—組織能力，組織学習，組織間関係，組織文化からのアプローチ—」『経営情報研究 摂南大学経営情報学部論集』23（1，2），pp.17-36。

間嶋崇・小沢一郎・笠原伸一郎・加藤茂夫（2012）「企業の持続的発展能力に関する事例研究⑵ 2社のヒアリング調査を中心に」『専修マネジメント・ジャーナル』2⑵，pp.45-55。

間嶋崇・今井雅和・小沢一郎他・笠原伸一郎・蔡芒錫・福原康司・矢澤清明・加藤茂夫（2013a）「企業の持続的発展能力に関する事例研究⑶ 2社のヒアリング調査を中心に」『専修マネジメント・ジャーナル』3⑴，pp.63-71。

間嶋崇・今井雅和・福原康司他・矢澤清明・加藤茂夫（2013b）「企業の持続的発展能力に関する事例研究⑷ 2社のヒアリング調査を中心に」『専修マネジメント・ジャーナル』3⑵，pp.67-76。

間嶋崇・今井雅和・福原康司他・矢澤清明・加藤茂夫（2014）「企業の持続的発展能力に関する事例研究（完）」『専修マネジメント・ジャーナル』4⑴，pp.29-39。

松尾睦（2013）『成長する管理職：優れたマネジャーはいかに経験から学んでいるのか』東洋経済新報社。

丸山一芳（2008）「組織的知識創造とミドル・マネジャーの認識—キヤノン・アルビレックス新潟の事例研究（ミドル人材のブレイクスルーを考える）」『Works review』3，pp.144-157。

三品和広（2004）『戦略不全の論理 慢性的な低収益の病からどう抜け出すか』東洋経済新報

社。

三品和広（2007）『戦略不全の因果　1013社の明暗はどこで分かれたのか』東洋経済新報社。

三谷宏治（2014）「イノベーションと持続的競争優位のための戦略コンセプト　ビジネスモデル全史（Feature Articlesビジネスモデル　儲かる仕組み）」『Harvard business review』39(4), pp.34-50.

三菱総合研究所（2019a）「IMD『世界競争力年鑑2019』からみる日本の競争力　第2回　日本の競争力向上の方向性　日本の競争力の強みと弱み。何をすべきか？」<https://www.mri.co.jp/knowledge/insight/20190808.html>2020年4月1日。

三菱総合研究所（2019b）「IMD『世界競争力年鑑2019』からみる日本の競争力　第1回　IMD『世界競争力年鑑2019』の結果概観」<https://www.mri.co.jp/knowledge/insight/20190806.html>2020年4月1日。

三戸公（1991a）『家の論理1』文眞堂。

三戸公（1991b）『家の論理2』文眞堂。

宮本又郎（2004）「基調講演 企業家学の意義（〔企業家研究フォーラム〕設立総会）」『企業家研究』(1), pp.96-106。

森岡孝文（2012）「ダイナミック・ケイパビリティ論からの中小企業の企業間連携（産業経済研究所設立30周年記念号）」『産業経済研究所紀要』22, pp.129-138。

森雄一（2014）「グローバルな人財開発による『ワンカンパニー』マトリックス経営の推進」『機能紙研究会誌』53, pp.11-17。

山倉健嗣（1993）『組織間関係　企業間ネットワークの変革に向けて』有斐閣。

山田幸三（2000）『新事業開発の戦略と組織―プロトタイプの構築とドメインの変革―』白桃書房。

山田敏之（2010）「組織能力の本質とダイナミック・ケイパビリティ」『経営論集』20, pp.55-72。

山田英夫（1997）「第3章　戦略の策定」『経営戦略（新版）論理性・創造性・社会性の追求』有斐閣。

ヤマモト キャメル・太田智（2009）『グローバルリーダー開発シナリオ』日本経済新聞出版社。

吉田孟史（2007）「第3章　組織の動的環境適応―ダイナミックケイパビリティ，即興ケイパビリティ，ケイパビリティ共生―」遠山暁編著『組織能力形成のダイナミックス』中央経済社。

楊錦華（2016）「国際競争力が低下した日本企業の問題：ダイナミック・ケイパビリティ論のフレームワークから（経営哲学論集）―（経営学の意義）」『経営哲学』13(1), pp.151-156。

與那原建（2010）「ダイナミック能力論の可能性―競争戦略論の統合化に向けて」『琉球大学経済研究』(94), pp.125-145。

米倉誠一郎（1986）「第4章　Ⅱ企業者精神の発展過程」小林規威・土屋守章・宮川公男『現代経営事典』日本経済新聞出版社。

米倉誠一郎（1998）「企業家および企業家能力：研究動向と今後の指針（<特集>現代経済と

企業システムⅠ．理論的考察）」『社會科學研究』50⑴，pp.29-42。

米倉誠一郎（2004）「解説―二〇世紀経営史の金字塔」『Chandler, A.（1962）*Strategy and Structure*. MIT Press.（有賀裕子訳『組織は戦略に従う』ダイヤモンド社，2004）』。

リクルートマネジメントソリューションズ（2012）「『おもしろおかしく』は人財価値最大化のためのビジョンでありゴールだ　株式会社堀場製作所　代表取締役社長　堀場 厚氏」『RMSmessage』29，pp.2-5。

リクルートマネジメントソリューションズ組織行動研究所・野中郁次郎監修（2010）『日本の持続的成長企業』東洋経済新報社。

労務行政（2009）「働きがいのある会社レポート（第6回　堀場製作所）」『労政時報』3745，pp.104-107。

渡辺研次（2007）「組織ルーティンのイノベーション」『年報経営ディスクロージャー研究』(6)，pp.1-17。

渡辺幸男・小川正博・黒瀬直宏・向山雅夫（2001）『21世紀中小企業論（第3版）多様性と可能性を探る』有斐閣。

和田剛明（2012）「多角化のための動態的組織能力：焼津水産化学工業株式会社の事例研究より」『組織学会大会論文集』1⑵，pp.137-145。

和田剛明（2013）「ダイナミック・ケイパビリティの構築・発揮プロセス―日本的経営理論からの探求―」『赤門マネジメントレビュー』12⑸，pp.371-396。

Abernathy, W. J., Clark, K. B. and Kantrow, A. M.（1983）*INDUSTRIAL RENAISSANCE : Producing a Competitive Future for America*, Basic Books.（望月嘉幸監訳『インダストリアル　ルネサンス―脱成熟化時代』TBSブリタニカ，1984）.

Adner, R. and Helfat, C. E.（2003）"Corporate Effects and Dynamic Managerial Capabilities", *Strategic Management Journal* 24, 1011-1025.

Alexander, O. and Yves, P.（2010）*Business Model Generation*, Japan UNI Agency.（小山龍介訳『ビジネスモデル・ジェネレーション　ビジネスモデル設計書』翔泳社，2012）.

Ansoff, H. I.（1965）*Corporate Strategy*, McGraw-Hill, Inc.（広田寿亮訳『企業戦略論』産業能率短期大学出版部，1969）.

Arthur, W. B.（1989）"Competing technologies, increasing returns, and look-in by historical events", *Economic Journal* 99, 116-131.

Barnard, C.（1938）*The Functions of the Executive*, Harvard University Press.（山本安次郎・田杉競・飯野春樹訳『新訳 経営者の役割』ダイヤモンド社，1968）.

Barney, J. B.（1991）"Firm Resources and Sustained Competitive Advantage", *Journal of Management*, Vol.17, No.1, 99-120.

Barney, J. B.（2002）*GAINING AND SUSTAINING COMPETITIVE ADVANTAGE*（*3rd ed.*），Pearson Education, Inc, New Jersey.（岡田正大訳『企業戦略論【上】基本編―競争優位の構築と持続―』ダイヤモンド社，2003）.

Barney, J. B., Wright, M. and Ketchen, Jr., D. J.（2001）"Firm Resource-based View of the Firm: Ten Years after 1991", *Journal of Management* ⒄1, 625-641.

Barton, D. L. (1995) *Wellsprings of Knowledge : Building and Sustaining the Source of Innovation*, President and Fellows of Harvard College. (阿部孝太郎・田畑暁生訳『知識の源泉―イノベーションの構築と持続―』ダイヤモンド社, 2001).

Block, Z. and Macmillan, I. C. (1993) *CORPORATE VENTURING : Creating New Business Within The Firm*, Harvard Business School Press. (社内起業研究会・松田修一監訳『コーポレート・ベンチャリング 実証研究・成長し続ける企業の条件』ダイヤモンド社, 1994).

Burgelman, R. A. (1983a) "A model of the interaction of strategic behavior, corporate context, and the concept of strategy", *Academy of Management Review* 8, 61-70.

Burgelman, R. A. (1983b) "A process model of internal corporate venturing in the diversified major farm", *Administrative Science Quarterly* 28, 223-244.

Burgelman, R. A. (1994) "Fading memories; A process theory of strategic business exit in dynamic environments", *Administrative Science Quarterly* 39, 24-56.

Burgelman, R. A. (1996) "A process model of strategic business exit; Implications for an evolutionary perspective on strategy", *Strategic Management Journal* 17, 193-214.

Burgelman, R. A. (2002a) "Strategy as vector and the inertia of coevolutionary look-in", *Administrative Science Quarterly* 47, 325-357.

Burgelman, R. A. (2002b) *Strategy Is Destiny*, The Free Press. (石橋善一郎・宇田理監訳『インテルの戦略―企業変貌を実現した戦略形成プロセス』ダイヤモンド社, 2006).

Burgelman, R. A. and Sayles, L. R. (1986) *INSIDE CORPORATE INNOVATION : Strategy, Structure and Managerial Skills*, The Free Press. (海老沢栄一・小山和伸・小林肇監訳『企業内イノベーション 社内ベンチャー成功への戦略組織化と管理技法』ソーテック社, 1987).

Cantillon, R. (1931) *Esai sur la nature du commerce en général*, Macmillan (戸田正雄訳『商業論』日本評論社, 1943).

Chandler, A. (1962) *Strategy and Structure*, MIT Press. (有賀裕子訳『組織は戦略に従う』ダイヤモンド社, 2004).

Chandler, A. (1977) *THE VISIBLE HAND: The Managerial Revolution in American Business*, The Belknap Press of Harvard University Press. (鳥羽欽一郎・小林袈裟治訳『経営者の時代（上・下）』東洋経済新報社, 1979).

Christensen, C. M. (1997) *THE INNOVATOR'S DILEMMA: When New Technologies Cause Great Firms to Fail*, Harvard Business School Press, Boston, MA. (伊豆原弓訳, 玉田俊平太監訳『イノベーションのジレンマ 増補改訂版』翔泳社, 2001) .

Cole, A. H. (1959) *BUSINESS ENTERPRISE IN ITS SOCIAL SETTING*, Harvard University Press. (中川敬一郎訳『経営と社会―企業者史―』ダイヤモンド社, 1965).

Collins, J. C. and Porras, J. I. (1994) *BUILT TO LAST: SUCCESSFUL HABITS OF VISIONARY COMPANIES*, Curtis Brown Ltd. (山岡洋一訳『ビジョナリーカンパニー―時代を超える生存の法則』日経BP出版センター, 1995).

Cyert, R. M. and March, J. G.（1963）*A Behavioral Theory of the Firms*, Blackwell Press. （井上恒夫訳・松田武彦監訳『企業の行動理論』ダイヤモンド社, 1967）.

D'Aveni, R. A. and Gunther, R. E.（1994）*Hypercompetition: Managing the Dynamics of Strategic Maneuvering*, Free Press.

Drucker, P. F.（1966）*The Effective Executive*, Harper Collins Publishers, Inc.（上田惇生訳『ドラッカー名著集1　経営者の条件』ダイヤモンド社, 2006）.

Drucker, P. F.（1974）*MANAGEMENT : TASKS, RESPONSIBILITIES, PRACTICES*, Harper & Row Publishers, Inc.（風間禎三郎・久野桂・佐々木実智男・上田惇生訳・野田一夫・村上恒夫監訳『マネジメント（下）―課題・責任・実践』ダイヤモンド社, 1974）.

Eisenhardt, K, M.（1989）"Building Theories from Case Study Research", *Academy of Management Review* 14(4), 532-550.

Eisenhardt, K, M. and Martin, J. A.（2000）"Dynamic Capabilities: What are They ? ", *Strategic Management Journal* 21, 1105-1121.

Eisenhardt, K, M. and Sull, D. N.（2001）"Strategy as Simple Rules", *Harvard Business Review*, 105-116.

Grant, R. M.（1991）"The Resource-Based Theory of Competitive Advantage: Implications for Strategy Formulation", *California Management Review* 33(3), 114-135.

Grant, R. M.（2002）*Contemporary Strategy Analysis: Concepts, Techniques, Applications*, 4th edition, Blackwell.

Greus, A.（1997）*The Living Company: Habits for Survival in a Turbulent Business Environment*, Curtis Brown Ltd.（堀出一郎訳『企業生命力』日経BP社, 2002）.

Hamel, G. and Prahalad, C. K.（1994）*COMPETING FOR THE FUTURE*, Harvard Business School Press.（一条和生訳『コア・コンピタンス経営』日本経済新聞社, 1995）.

Harper, D. A.（1996）*Entrepreneurship and the Market Process: an Enquiry into the Growth of Knowledge*, Routledge.

Harreld, J. B., O'Reilly, C. A. and Tushman, M. L.（2007）"Dynamic Capabilities at IBM : Driving Strategy into Action", *California Management Review* 49(4), 21-43.

Hébert, R. F. and Link, A. N.（1982）*The Entrepreneur: Main Stream Views and Radical Critique*, CBS Educational and Professional Publishing.（池本正純・宮本光晴訳『企業者論の系譜　一八世紀から現代まで』ホルト・サウンダーズ・ジャパン, 1984）.

Helfat, C. E. and Peteraf, M. A.（2003）"The Dynamic Resource-Based View: Capability life Cycles", *Strategic Management Journal* 24, 997-1010.

Helfat, C. E. and Winter, S. G.（2011）"Untangling dynamic and operational capabilities: Strategy for the （n）everchanging world", *Strategic Management Journal* 32(11), 1243-1250.

Helfat, C. E., Finkelstein, S., Mitchell, W., Peteraf, M., Singh. H., Teece, D.J. and Winter, S.

G.（2007）*DYNAMIC CAPABILITIES: Understanding Strategic Change in Organizations*，Blackwell Publishing Ltd.（谷口和弘・蜂巣旭・川西章弘訳『ダイナミック・ケイパビリティ 組織の戦略変化』勁草書房，2010）.

Johnson, Mark W., Christensen, Clayton, M., Kagermann H.（2008）"Reinventing Your Business Model"，*Harvard Business Review*.（関美和訳「根本的な変革が必要な時，不要な時 ビジネスモデル・イノベーションの原則（Feature Articles製品開発と事業モデルの再構築）」『Diamondハーバードビジネスレビュー』34(4)，2009，pp.40-56）.

Kahneman, D. and Lovallo, D.（1993）"Timid Choices and Bold Forecasts: A Cognitive Perspective on Risk Taking"，*Management Science* 39(1)，17-31.

Kanter, R. M.（1983）*THE CHANGE MASTERS*，Simon & Schuster.（長谷川慶太郎監訳『ザ チェンジ マスターズ 21世紀の企業変革者たち』二見書房，1984）.

Kipnis, D., Schmidt, S. M. and Wilkinson, I.（1980）"Intraorganizational influence tactics：Explorations in getting one's way"，*Journal of applied Psychology* 65, 440-452.

Kirzner, I.（1973）*Competition and Entrepreneurship*，University of Chicago Press.（江田三喜男・小林逸太・佐々木寛雄・野口智雄共訳・田島義博監訳『競争と起業家精神―ベンチャーの経済理論―』千倉書房, 1985）.

Knight, F. H.（1921）*Risk, Uncertainty, and Profit*，Houghton Mifflin.（奥隅栄喜訳『危険・不確実性および利潤』文雅堂, 1959）.

Koontz, H. and O'Donnell, C.（1955）*Principles of Management -An Analysis of Management Function*，McGraw-Hill.（大坪壇訳『経営管理の原則 1　経営管理と計画』ダイヤモンド社，1965）.

Lee, S. and Teece, D. J.（2013）"The Function of Middle and Top Management in the Dynamic Capabilities Framework"，*Kindai Management Review* 1, 28-40.

Levinthal, D. A. and March, J. G.（1993）"The Myopia of Learning"，*Strategic Management Journal* 14, 95-112.

Levit, B. and March, J. G.（1988）"Organizational Learning"，*Annual Review of Sociology* 14, 319-340.

Magretta, J.（2002）"Why Business Models Matter"，*Harvard Business Review*, 86-92.（村井章子訳「コンセプトのあいまいさが失敗を招く 名著論文再掲載 ビジネスモデルの正しい定義（Feature Articlesビジネスモデル 儲かる仕組み）」『Diamondハーバードビジネスレビュー』39(4)，2014，pp.114-127）.

March, J. G.（1991）"Exploration and Exploitation in Organizational Learning"，*Organization Science* 2(1)，71-87.

March, J. G. and Simon, H. A.（1958）*Organizations（2nd ed.）*，John Wiley & Sons, Inc.（高橋伸夫訳『オーガニゼーションズ（第2版）―現代組織の原典』ダイヤモンド社，2014）.

McGrath, R. G.（2013）*The end of competitive advantage: how to keep your strategy moving as fast as your business*，Harvard Business Review Press.（鬼澤忍訳『競争優位の終

焉』日本経済新聞出版社, 2014).

Mintzberg, H.（1973）*THE NATURE OF MANAGERIAL WORK*, Harper Collins Publishers, Inc.（奥村哲史・須貝栄訳『マネジャーの仕事』白桃書房，1993).

Mintzberg, H.（1994）*The Rise And Fall of Strategic Planning*, Prentice Hall International Ltd.（黒田哲彦・崔大龍・小高照男訳・中村元一監訳『「戦略計画」創造的破壊の時代』産能大学出版部，1997).

Mintzberg, H.（2009）*MANAGING*, Berrett-Koehler Publishers, Inc.（池村千秋訳『マネジャーの実像「管理職」はなぜ仕事に追われているのか』日経BP社，2011).

Mintzberg, H., Ahlstrand, B. and Lampel, J.（1998）*STRATEGY SAFARI : A GUIDE TOUR THROUGH THE WILDS OF STRATEGIC MANAGEMENT*, Free Press, New York.（木村充・奥澤朋美・山口あけも訳・齋藤嘉則監訳『戦略サファリ　戦略マネジメント・ガイドブック』東洋経済新報社，1999).

Nelson, R. R. and Winter, S. G.（1982）*An Evolutionary Theory of Economic Change*, Harvard University Press.（後藤晃・角南篤・田中辰雄訳『経済変動の進化理論』慶應義塾大学出版会, 2007).

O'Reilly, C. A. and Tushman, M. L.（2004）"The Ambidextrous Organization", *Harvard Business Review April*, 74–81.

Penrose, E.（1995）*The Theory of the Growth of the Firm, Third Edition*, Oxford University Press.（日高千景訳『企業成長の理論【第3版】』ダイヤモンド社，2010).

Peters, T. J. and Waterman, R. H.（1982）*IN SEARCH OF EXCELLENCE*, Harper Collins Publishers, Inc.（大前研一訳『エクセレント・カンパニー』英治出版，2003).

PinchotⅢ, G.（1985）*INTRAPRENEURING*, Harper & Row, Publishers, Inc.（清水清彦訳『社内企業家』講談社，1995年).

Popper, K. R.（1972）*Objective Knowledge: An Evolutionary Approach*, Oxford.（森博訳『客観的知識：進化論的アプローチ』木鐸社，1974).

Porter, M. E.（1980）*COMPETITIVE STRATEGY*, The Free Press.（土岐坤・中辻萬治・服部照夫訳『新訂　競争の戦略』ダイヤモンド社，1995).

Porter, M. E.（1996）"What is strategy?", *Harvard Business Review*, 74(6), 61-78.（編集部訳「『何をすべきか』, そして『何をすべきでないか』新訳 戦略の本質（Feature ArticlesマイケルE. ポーター 戦略と競争優位)」『Diamondハーバードビジネスレビュー』36(6), 2011, pp.61-78).

Porter, M. E.（2001）"Strategy and the Internet", *Harvard Business Review*, 62-78.（編集部訳「競争のルールも競争優位の源泉も変わらない　新訳 戦略とインターネット」『Diamondハーバードビジネスレビュー』36(6), 2011, pp.100-129).

Project Management Institute（2017）*A Guide to the Project Management Body of Knowledge*（*PMBOK Guide*), Project Management Institute, Inc.（Project Management Institute『プロジェクトマネジメント知識体系ガイド：PMBOKガイド 第6版』Project Management Institute, 2018).

Pümpin, C.（1987）*The Essence of Corporate Strategy*, Gower Publishing.（高梨智弘・吉田博文『企業戦略マニュアル』ダイヤモンド社，1990）.

Remenyi, D., Willoams, B., Money, A., Swartz, E.（1998）*Doing Research in Business and Management: An Introduction to Process and Method*, Sage Publications Ltd.（小樽商科大学ビジネス創造センター訳『社会科学系大学院生のための研究の進め方―修士・博士論文を書く前に―』同文舘出版，2002）.

Robbins, S. P., DeCenzo, D. A. and Coulter, M.（2004）*Fundamentals of Management: Essential Concepts and Applications, 8th Edition*, Prentice Hall.（高木晴夫監訳『マネジメント入門―グローバル経営のための理論と実践』ダイヤモンド社，2014）.

Rumelt, R. P.（2011）*Good Strategy, Bad Strategy: The Difference and Why It Matters*, Crown Business.（村井章子訳『良い戦略，悪い戦略』日本経済新聞出版社，2012）.

Schreyögg, G. and Kliesch-Eberl,M.（2007）"How Dynamic can Organizational Capabilities be ? Towards A Dual-Process Model of Capability Dynamization", *Strategic Management Journal* 28, 913-933.

Schumpeter, J. A.（1926）*The Theory of Economic Development: An Inquiry into profits, Capital, Credit, Interest, and the Business Cycle*, Harvard University Press.（塩野谷祐一・中山伊知郎・東畑精一訳『経済発展の理論：企業者利潤・資本・利子および景気の回転に関する一研究）』岩波書店，1977）.

Simon, H. A.（1996）*The Sciences of the Artificial*（*3rd ed*）, Massachusetts Institute of Technology.（稲葉元吉・吉原英樹訳『システムの科学　第3版』パーソナルメディア株式会社, 1999）.

Simon, H.（2009）*Hidden Champions of 21st Century : Success Strategies of Unknown World Market Leaders*, UNI Agency,Inc.（渡部典子訳・上田隆穂監訳『グローバルビジネスの隠れたチャンピオン企業―あの中堅企業はなぜ成功しているのか』中央経済社, 2012）.

Stalk, G., Evans, P. and Shulmam, L, E.（1992）"Competing on Capabilities : The New Rules of Corporate Strategy", *Harvard Business Review*, 70(2), 57-69.（鈴木泰雄訳「顧客を起点とした組織能力がカギ　ケイパビリティ競争論」『Diamondハーバードビジネスレビュー』33(4), 2008, 118-134）.

Teece, D. J.（2007）"Explicating Dynamic Capabilities : The Nature and Microfoundations of（Sustainable）Enterprise Performance", *Strategic Management Journal*, Vol.28（13）, 1319-1350.（渡部直樹訳「第1章　ダイナミック・ケイパビリティの解明（持続的な）企業のパフォーマンスの性質とミクロ的基礎」渡部直樹編著『ケイパビリティの組織論・戦略論』中央経済社, 2010）.

Teece, D. J.（2009）*Dynamic Capabilities and Strategic Management : Organizing for Innovation and Growth.*, Oxford University Press.（谷口和弘・蜂巣旭・川西章弘・ステラ・S．チェン訳『ダイナミック・ケイパビリティ戦略―イノベーションを創発し，成長を加速させる力』ダイヤモンド社, 2013）.

Teece, D. J. (2014a) "A Dynamic Capabilities-based Entrepreneurial Theory of the Multinational Enterprise", *Journal of International Business Studies* 45, 8-37.

Teece, D. J. (2014b) "The foundations of enterprise performance: Dynamic and ordinary capabilities in an (economic) theory of firms", *ACADEMY OF Management Perspectives* 28(4), 328-352.

Teece, D. J., Pisano, G. and Shuen, A. (1997) "Dynamic Capabilities and Strategic Management", *Strategic Management Journal* 18(7), 509-533.

Ulrich, D. and Smallwood, N. (2004) "Capitalizing on Capabilities", *Harvard Business Review,* 82(6), 119-127. (西尚久訳「無形資産投資の出発点 組織能力の評価法」『DIAMONDハーバード・ビジネス・レビュー』29(11), 2004, pp.34-45).

Vroom, V. H. and Yetton, P. W. (1973) *Leadership and Decision-Making,* University of Pittsburgh Press.

Wernerfelt, B. (1984) "A Resource-based View of the firm", *Strategic Management Journal* 5, 171-180.

Weston, J. F., Chung, K.S., Hoag, S.E. (1990) *Mergers, Restructuring, and Corporate Control,* Prentice Hall.

Wiggins, R. R. and Ruefli, T. W. (2003) "Industry, Corporate, and Segment Effects and Business Performance: A Non-parametric Approach", *Strategic Management Journal* 24 (9), 861-879.

Williamson, O. E. (1975) *Markets and Hierarchies,* The Free Press. (浅沼萬里・岩崎晃訳『市場と企業組織』日本評論社, 1980).

Winter, S. G. (2003) "Understanding Dynamic Capabilities", *Strategic Management Journal* 24, 991-995.

Yin, R. K. (1994) *Case Study Research (2nd ed.),* Sage Publications, Inc. (近藤公彦訳『新装版 ケース・スタディの方法 (第2版)』千倉書房, 2011).

Zollo, M. and Winter, S. G. (2002) "Deliberate Learning and the Evolution of Dynamic Capabilities", *Organization Science* 13, 339-351.

参考資料

資料1　調査協力依頼文書

○○○○年○○月○○日

○○○○○○
○○○○○○○　○○○○様

東洋大学大学院 経営学研究科 博士後期課程3年
木下　耕二

調査（主にヒアリング）への協力のお願い
~M&A時にトップマネジメントを支えるアッパーミドルマネジメントの貢献~

1．問題意識（本調査協力ご依頼の背景）

　グローバル化の進展，競争環境の激化，情報通信テクノロジーの高度化等を背景に，競争優位持続のためには，有形，無形の資産，ノウハウや技術，顧客基盤などの経営資源，この経営資源を活用，取得等する組織能力を更新していくことの重要性が高まっています。この更新のための有効な方策の一つとしてM&Aが挙げられます。

　トップマネジメントが，M&Aの重要な担い手として大きな貢献を果たしていることは明白です。一方，ミドルマネジメントのM&Aへの貢献につきましては，実態の解明が極めて不十分です。また，1980年代から90年代前半にかけて，日本企業の隆盛と共に，「ミドルマネジメントこそが日本企業の強さの源泉である」という論調が一般化しましたが，バブル崩壊以降，日本企業の迷走に伴い，戦略の構想や実行の点からのミドルマネジメントに対する評価は，「重要である」とのものから，「さほど重要でない」とのものまで，錯綜しています。

　M&Aすなわち経営資源，組織能力の更新，競争優位の持続に寄与する戦略的方策の実行において，ミドルマネジメントがいかに貢献しているか（あるいは貢献していないか）を明らかにすることは，次世代トップマネジメント候補であるミドルマネジメントの能力開発，ミドルマネジメントを中心とする取得したノウハウや技術等に係る組織学習などを具体策に検討，実行することに資するものであり，人的資源管理の高度化，ひいては総じて低迷している日本企業の競争優位の構築や持続へ寄与するものと考えます。

2．調査ご依頼事項
⑴　調査事項

　御社のトップマネジメント（1人）もしくはアッパーミドルマネジメント[1]（1~2人）へのヒアリング等により，御社で実施されたM&Aのプロセス[2]に関し次の2点をご教示ください。

　①　M&Aのプロセスにおけるトップマネジメント，アッパーミドルマネジメントの役割

分担

② M&Aのプロセスにおけるアッパーミドルマネジメントの貢献の状況[3]

＜注＞

1） トップマネジメント，アッパーミドルマネジメントとは

　トップマネジメントは組織階層の最上位に位置するCEOや主要部門長です。ミドルマネジメントはトップマネジメントの2，3下の階層に位置する主要部門の構成部門の長です。一般的には，日常のオペレーションやルーティン業務の管理，改善に従事しロワーマネジメントを管理したり，トップマネジメントの指示命令にしたがい情報収集・加工・提供したりすることを担っていると言われます。

　本調査におけるアッパーミドルマネジメントは，上記にとどまらず，自らの認識や見解をトップマネジメントに具申することなどで，トップマネジメントの重要な意思決定を支援したり，意思決定に影響を与えたりするミドルマネジメントを指します。

トップマネジメント
ミドルマネジメント ┬ アッパーミドルマネジメント
　　　　　　　　　 └ ミドルマネジメント
ロワーマネジメント

2） M&Aのプロセスとは

　M&AのプロセスとはM&Aの流れのです。M&Aのプロセスは事案により様々ですが，一般にプレM&AとポストM&Aに大別され，それらがさらに細分化されます。次頁をご参照ください。

					プレM&A						ポストM&A	
戦略立案	ターゲット企業の選定	フィナンシャルアドバイザーの選定	ターゲット企業へのアプローチ	企業価値の評価	買収スキームの策定	交渉	基本合意	デューデリジェンス（DD）	統合準備		経営統合
									最終契約	クロージング	
・経営戦略（含，買収戦略）の検討・立案 ・経営戦略とM&A目的の整合性チェック	・ターゲット企業情報の収集 ・ターゲット企業の絞り込み ・持込み案件対応	・FAの比較 ・アドバイザリー契約	・ターゲット企業へのアプローチ方法の検討 ・ターゲット企業への接触，意向確認 ・基礎的な情報の分析（初期分析）	・価値（買収金額）の算定 ・買収シナジー効果の算定 ・価値（買収金額）の報告と了承	・買収スキームの検討・決定，報告と了承 ・会計・税務的な評価 ・法的な評価	・交渉戦略の検討 ・交渉 ・報告	・基本合意書の作成 ・基本合意書の締結	・DD全般のマネジメント ・DD（事業，財務・税務，法務）結果の報告	・最終契約交渉 ・最終契約書の作成・締結	・各種の手続き（株式代金の決済，株券の授受，役員変更等） ・資金調達	・経営統合プラン策定 ・統合実施，買収後業績管理

（出所）木俣貴光（2010）『企業買収の実務プロセス』中央経済社.

3） M&Aのプロセスにおけるアッパーミドルマネジメントの貢献の状況

　主にヒアリングを通じ，例えば以下に示した事項などをご教示ください。

・トップマネジメントに指示命令されていない情報を，アッパーミドルマネジメントが自ら収集，加工，解釈し，トップマネジメントへ提供した。

・トップマネジメントの判断（意思決定）の方向性と一致しているとは言い難いアッパーミドルマネジメント自身の判断（意思決定）の方向性を，アッパーミドルマネジメントがトップマネジメントへ合理性をもって明確に主張，具申した。

(2)　調査対応者

ヒアリング等には，御社のM&A全般の実情をご存知でいらっしゃるトップマネジメント（1人）もしくはアッパーミドルマネジメント（1〜2人）にご対応いただけますようお願い申し上げます。

ご対応いただきたいアッパーミドルマネジメントの例といたしましては次のようなものが挙げられます。
●M&A推進チームの一員（メンバー）であった。
●M&A推進に関して必要な情報を収集・加工，自らの見解をトップマネジメントに具申した。
●M&Aにおけるトップマネジメントの重要意思決定を支援した。

(3)　調査プロセス（案）

調査プロセス（案）は次の通り⓪〜④の5つのプロセスを考えております。調査対応者のご都合などにより，実施時期など柔軟に設定させていただきます。

	調査対応者	調査方法	主たる実施事項，調査事項	所要時間（概算）	実施時期（概算）
⓪	窓口ご対応者	面談	・研究ご依頼事項，問題意識等の説明 ・調査ご対応者の検討・確定 ・調査対象M&Aの検討 ・スケジュールの検討	1時間	X月
①	トップマネジメント or アッパーミドルマネジメント	面談ヒアリング	・研究ご依頼事項，問題意識等の説明 ・調査対象M&Aの検討・確定 ・スケジュールの検討・確定 ・業容等の確認	1時間	X+1ヵ月以内
②	〃	書面記述	・M&Aプロセスにおけるトップマネジメント，アッパーミドルマネジメントの役割分担	30分	X+2ヵ月以内
③	〃	ヒアリング	・②記述事項（役割分担）の確認 ・アッパーミドルマネジメント貢献状況の確認	1時間	X+3ヵ月以内
④	〃	ヒアリングメール	・予備	1時間	X+3ヵ月以内

※　①〜④の調査対応者は基本，同一の方にお願い申し上げます。
※　ヒアリング事項は，事前に，調査対応者へご連絡（送信）させていただきます。

3. 守秘義務，研究成果

　インタビュー内容の学会誌への（論文等としての）掲載，企業名の公表等にあたりましては，許可を得るなど<u>守秘義務を厳守</u>いたします。

　これまでの研究から，調査協力企業様が秘匿性が高いと認識されることが多い事項には次のようなものがあります。

・社内の不協和

　　例：買収金額が想定より高額，DDにおける想定以上の不良債権の発見などにより，買
　　　収するか否かについて経営層で意見が分かれた。

・公に発表していることと異なる実態

　　例：公ではAしたとなっているが，実態はそうではない。

・法律事務所などと締結している秘密保持契約

　　例：ノウハウを有する特異な買収スキームであるため公にしてはならない。

　「秘匿性が高い」と調査ご協力企業様が認識されると少しでも考えられる事項につきましては，研究者（木下）は十分な注意を払い，秘匿性の大小を判断いたし，学会報告，投稿論文などで公にする場合は，事前に報告などの表現を調査ご協力企業様にご確認いただき必要に応じ修正，最終的な承諾を得て報告等するなど十分な注意を払います。

　研究成果は，<u>実際の企業経営に資する競争優位持続のモデルやフレームワークの構築，研究ご協力企業様への還元，出版物の発行</u>などを通じ，学術，実務のいずれにおいても意義あるものといたす所存です。また，<u>学会報告，学会誌への論文投稿により広く世に問い，研究方法等の適切さ</u>を検証します。

4. 連絡先

　研究者氏名：木下耕二

　　（携帯）●●●-●●●●-●●●●

　　（mail）●●●●@●●●●●●●●

以上

資料2　調査票A　M&A担当者

【本調査の目的等】
●本調査の目的は，「M&A推進メンバーがどのような役割・責任を担っていたかを大まかに把握する」ことです。

【記入要領】
●「②御社における主たる担当者」の欄にご記入ください。同一人物を重複してご記入いただいて構いません。
●氏名は，個人情報保護の点から，イニシャルでお答えください。同一イニシャルが存在する場合はイニシャルの後に数字をお振りください（例：木下耕二→KK1，木下清→KK2）。
●役職には，部長・室長，課長，一般職など，組織上のポジションをご記入ください。

①M&Aチームメンバーとその主たる役割・責任　（出所）木俣（2010）		②御社における主たる担当者		
M&Aチームメンバー	主たる役割・責任	氏名	部署	役職
a　担当役員	・M&Aの進捗管理 ・M&A推進可否の判断（都度都度の判断を含む） ・トップマネジメントへの根回し，コンセンサス形成 ・M&Aチームリーダー，メンバーのアサインと管理監督 ※経営企画担当役員がアサインされることが多い。			
b　チームリーダー	・M&Aチーム活動の総合的なマネジメント ・M&Aチームメンバーのアサイン ・M&A社内関係者への根回し，コンセンサス形成 ・トップマネジメントや担当役員へのプレゼンテーション ・外部専門家との連携・協働の窓口 ※経営企画もしくはM&A担当部門の上席管理職がアサインされることが多い。			
c　経営企画担当	・全社経営戦略とM&A目的の整合性のチェック ・買収後の経営統合プランの策定支援 ・社内の意思決定会議のアレンジ，資料作成			
d　M&A担当	・買収戦略の立案 ・ターゲット企業の選定 ・企業価値評価（バリュエーション） ・買収スキームの検討 ・交渉の補助 ・契約書等の草案作成，クロージング時のデリバリー			
e　事業企画担当	・買収対象事業のビジネスデューデリジェンス ・シナジー効果の算定 ・事業リスクの評価 ・買収後の経営統合プランの策定 ※買収対象事業の目利きができる経験豊富な社員がアサインされることが多い。			
f　経理財務担当	・財務・税務上の観点からの買収スキームの検討 ・会計処理の検討 ・財務デューデリジェンス（結果の精査） ・監査法人との連携，対応 ・買収後の買収対象企業の内部統制（J-SOX）対応			
g　法務担当	・法的観点からの買収スキームの検討 ・法務デューデリジェンス（結果の精査） ・基本合意書や最終契約書等の契約書作成 ・弁護士，法律事務所との連携，対応 ・取締役会や株主総会議事録の作成			
h　フィナンシャル・アドバイザー（FA）	・財務的観点からの買収スキームの検討，提案 ・M&A推進に関する全般的な支援，助言 ・買収対象企業との交渉支援 ・企業価値評価や買収資金調達方法に関する提案 ・各種デューデリジェンスに関する支援，助言			
I　弁護士，法律事務所	・法的観点からの買収スキームの検討，提案 ・法務デューデリジェンスの実施 ・基本合意書や最終契約書等の契約書作成 ・リーガルチェック			
j　公認会計士・税理士，会計事務所	・財務的観点からの買収スキームの検討，提案 ・財務および税務デューデリジェンスの実施 ・会計処理および税務に関する助言			

資料3　調査票B　M&Aプロセス担当者

記入要領
- ●作成例をご参照いただき、ご記入ください。
- ●担当者の欄に、M&Aに係わる方の「氏名」(部門)」等」をご記入ください。
- ●次いで、業務・役割毎に、主管の方の欄には◎を、その方を支援・サポートする方の欄には○をご記入ください。
- ●主な業務・役割など、実態に合わせてご修正いただいて構いません。

【記入フォーマット】
◎：主管（管理・管理の中心）
○：支援、サポート

	プレM&A									実行（エクセキューション）												ポストM&A				
	M&A全般	戦略立案			ターゲット企業選定		ファイナンシャルアドバイザー選定	ターゲット企業へのアプローチ		企業価値評価（バリュエーション）		買収スキーム確定			交渉		基本合意	デューデリジェンス（DD）				最終（契約）	クロージング（統合準備）		経営統合	
番号	1	2	3	4	5	6	7	8	9	10	11	12	13	14	15	16	17	18	19	20	21	22	23	24	25	26
主な業務・役割	・M&A全般の重要事項に関するマネジメント（連携・管理・合議運営等）・M&Aのコアメンバーのアサイン、会議運営等	・経営戦略とM&A戦略（買収戦略）的の整合・合致性意思決定	・経営戦略立案	・経営戦略とM&A戦略（買収戦略）的の整合・合致性立案	・ターゲット企業情報の収集・ターゲット企業の絞り込み	・持込み案件対応	・FAの比較・ターゲット企業へのアプローチ方法の検討FA契約	・ターゲット企業へのアプローチ方法の検討・ターゲット企業の意向の報告	・ターゲット企業への意向確認・基礎的な情報の分析（初期分析）の報告	・基礎的な情報の分析（初期分析）・価値（買収金額）の算定	・価値（買収金額）の算定・買収シナジー効果の算定	・価値（買収金額）の算定・買収シナジー効果の算定	・買収スキームの検討・買収スキームの報告・了承	・会計・税務的な評価・法的な評価	・交渉戦略の検討・交渉・報告	・交渉戦略の検討・交渉・報告	・基本合意書の作成・基本合意書の締結	・DD全般のマネジメント・DD結果の報告	・事業DD	・財務・税務DD	・法務DD	・最終契約交渉・最終契約書の作成・締結	・各種の手続き（株式の決済、株券の授受、役員変更等）	・資金調達	・経営統合プランの策定・統合の実施	・買収後業績管理
役割																										
担当者　氏名　役職（部門）等																										
担当者　企業内																										
担当者　企業外																										

資料4　調査票C　有効なプロセス・経営資源等，ミドルマネジメント貢献

M&A全般	担当：氏名，所属・役職	具体的な内容，特徴的な出来事有効なプロセス	独自プロセス，経営資源の活用	具申，率先等のMMの貢献
・M&A全般のマネジメント（進捗管理，メンバーのアサイン，会議運営等）				
・M&A重要事項に関する意思決定				

プレM&A		担当：氏名，所属・役職	具体的な内容，特徴的な出来事有効なプロセス	独自プロセス，経営資源の活用	具申，率先等のMMの貢献
戦略立案	・経営戦略（含，買収戦略）の検討・立案				
	・経営戦略とM&A目的の整合性チェック				
ターゲット企業選定	・ターゲット企業情報の収集				
	・ターゲット企業の絞り込み				
	・持込み案件対応				

実行（エクセキューション）		担当：氏名，所属・役職	具体的な内容，特徴的な出来事有効なプロセス	独自プロセス，経営資源の活用	具申，率先等のMMの貢献
フィナンシャルアドバイザー選定	・FAの比較				
	・アドバイザリー契約				
ターゲット企業へのアプローチ	・ターゲット企業へのアプローチ方法の検討				
	・ターゲット企業の意向の報告				
	・ターゲット企業への接触，意向確認				
	・基礎的な情報の分析（初期分析）				
企業価値評価（バリュエーション）	・価値（買収金額）の算定				
	・買収シナジー効果の算定				
	・価値（買収金額）の報告と了承				
買収スキーム策定	・買収スキームの検討・決定，報告と了承				
	・会計・税務的な評価				
	・法的な評価				
交渉	・交渉戦略の検討				
	・交渉				
	・報告				
基本合意	・基本合意書の作成				
	・基本合意書の締結				
デューデリジェンス（DD）	・DD全般のマネジメント				
	・DD結果の報告				
	・事業DD				
	・財務・税務DD				
	・法務DD				

ポストM&A			担当：氏名，所属・役職	具体的な内容，特徴的な出来事有効なプロセス	独自プロセス，経営資源の活用	具申，率先等のMMの貢献
統合準備	最終契約	・最終契約交渉				
		・最終契約書の作成・締結				
	クロージング	・各種の手続き（株式代金の決済，株券の授受，・役員変更等）				
		・資金調達				
経営統合		・経営統合プラン策定				
		・統合実施				
		・買収後業績管理				

索　引

■著者紹介
木下耕二（きのした　こうじ）

九州産業大学 商学部経営・流通学科 准教授。
東洋大学大学院経営学研究科ビジネス・会計ファイナンス専攻博士後期課程修了。博士（経営学）。
大手消費財メーカーのマーケティング，業務改善等の職を経て，コンサルティングファームにて経営コンサルティングに従事，並行して，東洋大学大学院において修士（経営学）および博士（経営学）の学位を取得。2019年4月より現職。
公益財団法人 日本生産性本部 主席経営コンサルタント。中小企業診断士。
専門は，経営戦略論，中小企業経営論，ダイナミック・ケイパビリティ，トップマネジメント，ミドルマネジメント。

主著：
『現代経営管理要論［改訂版］』（分担執筆，創成社，2022年）
『企業経営入門』（分担執筆，中央経済社，2022年）
『経営コンサルティング・ノウハウ2　仕事の基本』（単著，中央経済社，2014年）
『経営学用語辞典』（分担執筆，宜協社，2004年）
「M&A組織能力の分析：ビジネスモデル革新事例研究より」『経営教育研究（日本マネジメント学会）』（Vol.24, No.1, pp.53-62, 2021年）
「ダイナミック・ケイパビリティ構築におけるミドルマネジメントの貢献—「能力フレームワークの要素」を活用したGNT企業M&Aの分析より—」『経営行動研究年報（経営行動研究学会）』（Vol.26, pp.94-98, 2017年）

ダイナミック・ケイパビリティのフレームワーク
■資源ベース再構成の組織能力

2023年4月10日　第1版第1刷発行

著　者　木　下　耕　二
発行者　山　本　　　継
発行所　㈱中　央　経　済　社
発売元　㈱中央経済グループ
　　　　パ ブ リ ッ シ ン グ

〒101-0051　東京都千代田区神田神保町1-31-2
電話　03 (3293) 3371 (編集代表)
　　　03 (3293) 3381 (営業代表)
https://www.chuokeizai.co.jp
印刷／㈱堀内印刷所
製本／誠　製　本　㈱

© 2023
Printed in Japan

＊頁の「欠落」や「順序違い」などがありましたらお取り替えいた
しますので発売元までご送付ください。(送料小社負担)
ISBN978-4-502-45031-0　C3034